CORSO COMUNICATIVO DI ITALIANO

Gruppo META

libro dello studente

PUBLISHED BY THE PRESS SYNDICATE OF THE UNIVERSITY OF CAMBRIDGE
The Pitt Building, Trumpington Street, Cambridge, United Kingdom

CAMBRIDGE UNIVERSITY PRESS
The Edinburgh Building, Cambridge CB2 2RU, UK
40 West 20th Street, New York, NY 10011-4211, USA
10 Stamford Road, Oakleigh, Vic. 3166, Australia

http://www.cambridge.org

Original edition © Bonacci editore, Roma 1993
This edition © Cambridge University Press 1996
Fourth printing 2001

Printed in Italy

ISBN 0 521 57809 4 paperback

Gruppo META: Lorenzo Blini, Francisco Matte Bon, Raffaella Nencini, Nicoletta Santoni.

Due è il frutto della stretta collaborazione tra i componenti del Gruppo META, i quali ne hanno elaborato insieme il sillabo e discusso ogni punto. In particolare, le Unità 4, 6, 10, 11, 21 sono state curate da L. Blini; le Unità 15, 16, 17, 18, 20 da F. Matte Bon; le Unità 3, 8, 12, 13, 19 da R. Nencini; le Unità 1, 2, 5, 7, 9, 14 da N. Santoni. Inoltre, L. Blini e R. Nencini hanno curato la stesura delle attività di fonetica e intonazione nelle Unità 3, 4, 9, 17, 18, 19; F. Matte Bon e N. Santoni nelle Unità 6, 7, 8, 11, 12, 13, 14, 15, 21.

Illustrazioni: Theo Scherling
Collages: Gruppo META
Musica: Marco Faustini

Si ringraziano vivamente:
la Cooperativa Arcobalena, Greenpeace, Franco Perfetti (Qualità – Milano), Stefano Carugno e Anna Pozzi (Radio Studio 93 – Aprilia), Valerio Varrone, Mario Vedaldi;
per il testo della canzone "Vita spericolata" (V. Rossi, T. Ferro): STAR Edizioni musicali/Warner Chappell Music Italiana – Milano;
per il brano "Io no" (Jovanotti S. Celani, L. Cersosimo); D. J.'s Gang srl/Canal 5 Music/Sony Music Publishing;
per gli effetti sonori: Errebiesse – Paderno D'Adda.
per le voci: Lorenza Abati, Federica Avico, Fabrizio Blini, Dario Bombardini, Alessandra Bonacci, José Carbonell, Massimo Carcani, Gabriele Casini, Luigi Contu, Donatella Cortiula, Carlo De Chiara, Domenico Delfino, Gabriele Eminente, Simona Fefè, Alessandra Ferranti, Riccardo Fiori, Lucia Fochi, Alberto Forti, Carlotta Giannini, Alessandro Giuliani, Laura Guarnieri, Luisa Guidi, Giancarlo Izzo, Carmen Leonforte, Luisa Marigliano Gargiulo, Valeria Marino, Nicolás Matte Bon, Hilde Mulbacher, Lucia Panciera, Massimo Pasqui, Stefano Pescosolido, Domenica Pistoia, Daneila Poletti, Francesca Poma, Antongiulio Priolo, Pierandrea Priolo, Pierluigi Priolo, Maria Roncalli, Alessandro Russo, Lucas Schwabeneder, Francesco Taddeucci, Guiliana Trama, Federica Venanzi, Davide Ventura, Letizia Ziaco.

Legenda dei simboli

● ○
▲ △ Interlocutori nelle
■ □ trascrizioni orali

 Esempio

 Attività d'ascolto *

 Attività interattiva orale

 Attività di lettura

 Attività di scrittura

 Fonetica e intonazione

* Le trascrizioni delle registrazioni il cui testo non è presente all'interno delle unità si trovano a partire da p. 210.

Titolo unità e contenuti generali	Contenuti nozionali e funzionali	Contenuti grammaticali	Aree lessicali	Contenuti culturali	Fonetica e ortografia
UNITÀ 1 **Conosciamoci** Unità di introduzione al gruppo e ripresa dell'italiano. Valutazione del livello di ogni studente	- ripresa delle informazioni personali: conoscenza reciproca nel gruppo (provenienza, professione, famiglia, abitudini, gusti...) - opinioni puntuali (**sono d'accordo, secondo me non è vero,...**) - espressione di gusti e preferenze - ripresa dei racconti al passato	- attività di revisione e riutilizzo di quanto acquisito in precedenza	- animali: introduzione - lessico legato all'espressione dei gusti - lessico legato alle attività e ai racconti passati	- lettura: Dino Buzzati, *La goccia* - introduzione al problema delle varietà regionali dell'italiano	
UNITÀ 2 **Il mio corso ideale...** Introduzione al corso Approfondimento della conoscenza reciproca tra i componenti del gruppo + valutazione del percorso individuale di ciascun componente con l'italiano. Negoziazione sui contenuti del corso	- precedenti esperienze di studio dell'italiano: racconto - elementi per esprimere un parere (**credo che sia meglio/giusto/sbagliato** + *infinito*, **bisogna/bisognerebbe/è/sarebbe meglio** + *infinito*) - usi del *futuro* per annunciare (**in questo corso vedremo, faremo, diremo...**)	- coniugazione del *futuro:* verbi regolari e irregolari - *presente del congiuntivo:* introduzione - coniugazione del *presente del congiuntivo* di **essere**	- lessico legato alla scelta e alla descrizione di un corso di lingua	- annunci di pubblicità progresso contro il razzismo e per la protezione dell'ambiente - lettura: Cesare Pavese, *Ancora cadrà la pioggia*	
UNITÀ 3 **In bocca al lupo!** Espressioni e reazioni codificate	- elementi per fare gli auguri, congratularsi, fare le condoglianze e complimentarsi (in forma orale e scritta) - elementi per rispondere nelle stesse situazioni - reazioni codificate: complimenti - lamento codificato	- **che** + *aggettivo* e/o *sostantivo*	- ricorrenze e situazioni particolari nella vita di una persona	- telegrammi, partecipazioni e biglietti - i complimenti in Italia - lettura: Alberto Moravia, *Gli indifferenti*	- consonanti doppie
UNITÀ 4 **Avete saputo di Paolo?** Le notizie: introdurle e raccontarle	- elementi per introdurre notizie - elementi per reagire alle notizie - elementi per organizzare un racconto - elementi per dimostrare interesse per un racconto	- contrasto *passato prossimo/imperfetto* - elementi connettori del discorso	- aggettivi e sostantivi usati per reagire a una notizia	- testate di quotidiani italiani - lettura di quotidiani italiani - lettura: Leonardo Sciascia, *A ciascuno il suo*	- consonanti doppie
UNITÀ 5 **Più che prudente mi sembra saggio** Parlare degli altri e del nostro rapporto con gli altri	- elementi per riferirsi a situazioni che si ripetono ogni tanto - elementi per riferirsi a situazioni possibili - elementi per reagire a un'informazione	- **se** + *presente, presente* - **quando** + *presente, presente* - **mi piace/non mi piace/... che** + *congiuntivo* - coniugazione del *presente del congiuntivo*	- lessico delle emozioni e reazioni che ci provocano gli altri o i loro comportamenti - nomi di animali - aggettivi per parlare del carattere e dei comportamenti	- lettura: Natalia Ginzburg, *Io e lui* - informazioni sociologiche sui consumi delle famiglie in Italia e sull'evoluzione demografica	- rafforzamento sintattico (I)
UNITÀ 6 **Se fossi in te...** Situazioni problematiche: dare consigli, descrivere stati fisici ed emotivi	- elementi per dare consigli o istruzioni - elementi per descrivere stati di malessere fisico - elementi per parlare di sensazioni e stati d'animo	- il *condizionale:* morfologia dei verbi regolari e di alcuni irregolari frequenti - uso di **ci vuole/vogliono/vorrebbe/vorrebbero** - *sostantivi* (relativi al corpo umano) che cambiano genere dal singolare al plurale - l'*imperativo negativo*	- il corpo umano - aggettivi che esprimono una condizione fisica - lessico relativo a sensazioni e stati d'animo	- *Che cosa ci vuole*, di Gianni Rodari - fogli illustrativi di medicinali - lettura: Giorgio Bassani, *Il giardino dei Finzi-Contini*	- rafforzamento sintattico (II)
UNITÀ 7 **Come sarebbe il mondo se...** Sogni, desideri, ipotesi	- elementi per esprimere sogni e desideri - reagire davanti a un desiderio espresso da altri - esprimere condizioni irreali	- usi del *condizionale* nei periodi principali - coniugazione dell'*imperfetto del congiuntivo* - usi dell'*imperfetto del congiuntivo:* introduzione - **se** + *imperfetto del congiuntivo* + *condizionale*	- ampliamento del lessico delle attività - lessico legato alle ipotesi	- canzone: *Vita spericolata*, di Vasco Rossi - pubblicità progresso per i non vedenti contro il parcheggio selvaggio - lettura: Giovanni Papini, *Gog*	- rafforzamento sintattico (III)

Titolo unità e contenuti generali	Contenuti nozionali e funzionali	Contenuti grammaticali	Aree lessicali	Contenuti culturali	Fonetica e ortografia
UNITÀ 8 E come vi siete conosciuti? La narrazione: orale, scritta, letteraria	- elementi per parlare del rapporto con un'attività o una situazione - per chiedere la durata di una situazione o il periodo di tempo trascorso a partire da un avvenimento: **Da quanto tempo...? È da molto che...?** Elementi per rispondere a queste domande - differenze tra narrazioni orali e scritte (lettere) - uso del *passato remoto* nelle narrazioni di tipo letterario	- marcatori temporali - ordinali - il relativo **cui** - uso di **per la prima/seconda/... volta, la prima/seconda/... volta che...** - per esprimere la ripetizione: **di nuovo, nuovamente, ancora, un'altra volta,** prefisso **ri-** - uso di **a causa di, prima di, dopo** + *infinito composto* - uso di **precedentemente, successivamente, in seguito** - il *passato remoto:* morfologia dei verbi regolari e di alcuni irregolari frequenti	- lessico legato alle tappe della vita di una persona	- biografie di personaggi italiani: Silvio Berlusconi, Oriana Fallaci, Federico Fellini, Marco Pannella - lettura: Paola Capriolo, *La grande Eulalia*	- rafforzamento sintattico (IV)
UNITÀ 9 Pensavo che fossi partito Ipotesi, supposizioni	- elementi per esprimere ipotesi - quando siamo sicuri di qualcosa - elementi per esprimere l'accordo e il disaccordo (I) - elementi per escludere un'ipotesi o una supposizione - elementi per richiamare l'attenzione su un aspetto/dettaglio - elementi per presentare le informazioni come supposizioni o opinioni personali di chi parla; come qualcosa che chi parla considera possibile, probabile o sicuro - quando scopriamo qualcosa che non sapevamo o su cui eravamo mal informati - elementi per reagire davanti a un'informazione	- testo sugli usi del *congiuntivo* - **credere/pensare...** + **di** + *infinito;* **credere/pensare...** + **che** + *indicativo/congiuntivo* - **credere, pensare, sembrare,** ecc. + *congiuntivo* - usi del *futuro* per esprimere la probabilità - **probabilmente/forse** + *indicativo*	- ampliamento del lessico relativo alle attività svolte	- lettura: Giuseppe Ungaretti, *Giorno per giorno* - lettura: Antonio Tabucchi, *Donna di Porto Pim*	- contrasto consonanti sorde / consonanti sonore
UNITÀ 10 Probabilmente domani farò tardi Parlare del futuro: progetti, ipotesi, desideri	- elementi per parlare di azioni e/o situazioni future decise e stabilite - elementi per parlare di azioni e/o situazioni future in cui è presente un elemento di dubbio - elementi per esprimere desideri - elementi per fare ipotesi nel futuro	- per parlare del futuro: usi di *presente indicativo,* **dovere, pensare di** + *infinito* - usi del *futuro* per parlare del futuro: quando è presente un elemento di dubbio, annunci, predizioni - operatori che si riferiscono al grado di dubbio o incertezza - usi di **vorrei/mi piacerebbe:** con *infinito* o con **che** + *congiuntivo imperfetto* - uso di **se** + *presente indicativo,* + *presente indicativo/futuro* - usi di **sperare:** con **di** + *infinito* o con **che** + *presente congiuntivo/futuro*	- lessico degli annunci immobiliari - lessico legato alle superstizioni - lessico legato all'oroscopo	- annunci immobiliari - superstizioni italiane - intervista al direttore di Greenpeace Italia - l'oroscopo - lettura: Cesare Pavese, *Passerò per piazza di Spagna*	
UNITÀ 11 Per me è molto più conveniente l'altra... Gli acquisti: fare paragoni, le istruzioni	- elementi per fare paragoni basati su quantità - elementi per fare paragoni basati su altre caratteristiche - istruzioni scritte ed istruzioni orali	- usi di **di/che** + *secondo termine di paragone* - le istruzioni scritte: usi dell'*infinito* e della *2a persona plurale* dell'*imperativo*	- lessico legato alla descrizione e/o all'acquisto di alcuni oggetti di uso comune: macchine fotografiche, elettrodomestici, automobili - lessico legato alle ricette di cucina	- un test della rivista *Qualità:* i pannolini - il costo della vita nelle principali capitali europee - alcune ricette di cucina regionale italiana	- intonazione: aspetti generali

Due

Titolo unità e contenuti generali	Contenuti nozionali e funzionali	Contenuti grammaticali	Aree lessicali	Contenuti culturali	Fonetica e ortografia
UNITÀ 12 **La mia regione è molto verde** La descrizione geografica Il turismo	- elementi per ubicare geograficamente - elementi per parlare di regioni e città - scrivere una lettera per prenotare un albergo	- revisione degli elementi legati alle aree lavorate	- lessico della descrizione geografica fisica - lessico legato alle città - lessico relativo ad alberghi e campeggi - lessico legato alle cartine stradali	- interviste: le più belle regioni e città d'Italia - vari tipi di vacanza in Italia - nuove province italiane: Crotone - Pesaro, Urbino, Rimini e dintorni - le vacanze all'estero degli italiani	- intonazione: le frasi interrogative
UNITÀ 13 **Buon viaggio!** In viaggio: treno, macchina, aereo	- elementi per comunicare in situazioni di viaggio: alla stazione, in officina, alla stazione di servizio, all'aeroporto, in aereo	- revisione degli elementi legati alle aree lavorate	- lessico legato al trasporto ferroviario - lessico relativo alle situazioni della circolazione stradale e alle infrazioni - lessico legato al trasporto aereo	- lettura: Achille Campanile, *Se la luna mi porta fortuna* - orario ferroviario italiano - lettura: Domenico Starnone, *Ex cattedra* - bollettino del traffico: *Onda verde* - un test della rivista *Qualità*: le compagnie aeree	
UNITÀ 14 **Io non sono d'accordo** Le opinioni	- elementi per esprimere l'accordo e il disaccordo (II) - elementi per presentare una nostra opinione personale - elementi per cercare di convincere qualcuno - elementi per aggiungere un argomento a un altro appena dato - elementi per sottolineare che stiamo tenendo conto di un argomento contrario al nostro - elementi per ordinare degli argomenti che contraddicono parzialmente o totalmente qualcuno - elementi per introdurre un argomento che ci sembra decisivo - elementi per interrompere qualcuno	- uso del pronome soggetto per sottolineare un contrasto - **credo che** + *congiuntivo* - **penso che** + *congiuntivo* - **mi sembra che** + *congiuntivo* - **ritengo che** + *congiuntivo* - **di** + *infinito*	- revisione e ampliamento del lessico legato agli argomenti sui quali si esprimono opinioni nelle attività	- alcuni italiani esprimono il loro parere su alcuni grandi argomenti del nostro tempo - lettura: Maria Messina, *Casa paterna* - lettura: Eugenio Montale, *Non chiederci la parola*	
UNITÀ 15 **Secondo me la vita nelle grandi città è stressante** Parlare del modo di essere/vivere degli altri: unità di revisione e riutilizzo di quanto acquisito in precedenza	revisione di: - esprimere pareri - esprimere ipotesi - esprimere l'accordo e il disaccordo - descrizioni (carattere, abitudini, ecc.) - raccontare - paragonare	- revisione degli elementi legati alle aree nozional-funzionali lavorate	- revisione e ampliamento del lessico delle attività quotidiane, e del lessico delle descrizioni	- alcuni italiani parlano della loro vita: un'insegnante, un architetto, uno studente e un giudice - presentazione di un asilo romano - differenze tra le diverse regioni italiane - lettura: Michele Santoro, *Oltre Samarcanda* - lettura: Cesare Pavese, *L'uomo solo*	- intonazione: le frasi negative
UNITÀ 16 **Cercando lavoro** Percorso di attività di revisione e introduzione al mondo del lavoro	- elementi per scrivere lettere di lavoro: come iniziare, come concludere, come introdurre l'argomento, ecc. - revisione del linguaggio dei dibattiti: esprimere accordo e disaccordo, argomentare, convincere, ecc. - revisione degli elementi per fare progetti - revisione dei paragoni - interviste di lavoro	- revisione degli elementi legati alle aree lavorate	- annunci di offerta lavoro - lettere di lavoro	- lessico della gestione dei rapporti di lavoro - problemi di registro e lessico	

Titolo unità e contenuti generali	Contenuti nozionali e funzionali	Contenuti grammaticali	Aree lessicali	Contenuti culturali	Fonetica e ortografia
UNITÀ 17 **Voglio raccontarti una conversazione che ho sentito questa mattina** Il discorso riferito I	- interpretare le parole dette da altri - selezionare le parole che si vogliono riferire - integrare le parole sentite o dette in un nuovo discorso - introdurre il discorso riferito	- trasformazioni formali caratteristiche del passaggio dal discorso diretto al discorso riferito: tempi verbali, pronomi, marcatori temporali e spaziali, ecc. - verbi introduttori del discorso riferito - **domandare/chiedere + se** + *verbo coniugato* - **domandare/chiedere + se** + *congiuntivo/indicativo* - **domandare/chiedere** + *informazione* - **domandare/chiedere/ordinare/consigliare/porporre/ecc. + di** + *infinito*	- verbi che introducono il discorso riferito	- lettera informale	- consonanti doppie e rafforzamento sintattico
UNITÀ 18 **Ha chiamato la dottoressa Rocchi. Ti richiama lei stasera** Il discorso riferito II	- interpretare e riassumere le parole dette da altri o in altre situazioni - riflessione sui diversi modi di formulare ciò che diciamo	- parole che non vengono ripetute nel passaggio dal discorso diretto al discorso riferito e loro possibili interpretazioni: **sai, veramente, mah, il fatto è che, davvero?, senti scusa, mamma mia!, macché!, dici?, certo, forza!, dai!**, ecc.	- verbi che servono a riassumere un breve scambio di battute: invitare, minacciare, insultare, ecc.		- consonanti doppie e rafforzamento sintattico
UNITÀ 19 **La notizia non è stata smentita** Il linguaggio dei media	- uso della forma passiva: differenze tra registri formali e informali, e tra lingua orale e scritta - elementi per presentare informazioni come non certe e/o per sottolineare che si riferiscono informazioni riportate da altri	- la forma passiva - per prendere le distanze dall'informazione che si dà: usi di *condizionale*, **sembra che** + *congiuntivo*, **secondo** + *fonte della notizia* + *indicativo/condizionale* - elementi connettori del discorso scritto	- verbi caratteristici del linguaggio giornalistico usati per introdurre discorsi riferiti	- articoli tratti da quotidiani italiani - notizie dal giornale radio di un'emittente privata - intervista: i media in Italia	- consonanti doppie
UNITÀ 20 **Come sarebbe a dire?** Servizi pubblici (banca, ufficio postale, ecc.) - Protestare	- chiedere informazioni e servizi negli uffici pubblici - protestare	- revisione delle forme legate al protestare ed arrabbiarsi	- lessico della burocrazia - lessico delle banche - lessico degli uffici postali - documenti di identità - modalità di pagamento	- lettere di protesta - moduli di uffici pubblici - informazione culturale sulla burocrazia in Italia	- intonazione: parole messe in risalto
UNITÀ 21 **E per finire…** Letteratura e lingua scritta	- uso del *passato remoto* nella lingua orale - organizzazione di una lettera formale - elementi connettori del discorso scritto	- il *passato remoto*: classificazione delle irregolarità - prefissi negativi: **in-, s-, dis-** - i relativi **il/la quale, i/le quali**	- verbi che descrivono il modo o l'atteggiamento con cui si parla	- lettura: Giuseppe Tomasi di Lampedusa, *Il Gattopardo* - citazioni di vari narratori italiani del '900 - lettura: Alberto Moravia, *L'architetto*	

Trascrizione delle registrazioni
Terminologia grammaticale
Lista alfabetica

Conosciamoci

1

Molti di voi probabilmente si conoscono. Hanno studiato l'italiano insieme o si conoscono per qualche altro motivo. Altri sono nuovi nel gruppo. In quest'unità faremo conoscenza. Ti servirà anche per rivedere e riutilizzare molte cose che già sai. Cominciamo subito.
Siediti vicino a un nuovo compagno e cerca di scoprire tutto quello che puoi sulla sua identità.

2

Ma non parliamo solo della nostra identità. Parliamo anche
delle cose che ci piacciono o che ci piace fare, delle nostre abitudini, dei nostri gusti.
Vediamo chi è il più originale del gruppo!

3

Ascolta queste persone che raccontano alcuni episodi della loro vita.
Prendi appunti e ripeti quello che hai capito.

UNITÀ 1

4 E ora parla tu del tuo passato. Racconta un episodio in cui...

Ti sei sentito importante

Ti sei vergognato *embarassed*

Hai sofferto la fame

Ti sei sentito una "bestia rara"

Ti sei sentito sollevato *relieved*

Non hai potuto dormire per tre giorni di seguito

Ti sei sentito in pericolo di vita

5 Ascolta queste persone e sottolinea le cose di cui parlano.

insetti - ascensori- macchine - topi - libri gialli - animali - ragni - pediatri - malformazioni - persone - animali feroci - film stupidi - bambini - fiori - neonati - spontaneità negli adulti - scarafaggi - idea della morte - pipistrelli - figli - spontaneità nei bambini - conigli - cuccioli

Quali sono tra le cose sottolineate quelle sulle quali esprimono le loro sensazioni? Cosa dicono di ognuna?

6 Ora parla con i tuoi compagni. Quali sono le cose che...

Vi fanno ridere molto
Vi fanno venire voglia di piangere
Vi commuovono
Vi mandano in bestia
Vi fanno impazzire
Vi terrorizzano

- Una cosa che mi terrorizza sono i ragni e gli scorpioni. Ho il terrore di trovarmeli davanti.
○ A me invece non fanno nessuna paura. Io ho paura dei serpenti...

- Mi fanno ridere gli ippopotami. Sono così buffi. Sembrano goffi...

7 A volte basta una goccia d'acqua...
Leggi questo racconto e parlane con i tuoi compagni e il tuo insegnante.

Una goccia d'acqua sale i gradini *[hailes]* della scala. La senti? Disteso in letto nel buio, ascolto il suo arcano cammino. Come fa? Saltella? Tic, tic, si ode a intermittenza. Poi la goccia si ferma e magari per tutta la rimanente notte non si fa più viva. Tuttavia sale. Di gradino in gradino viene su, a differenza delle altre gocce che cascano perpendicolarmente, in ottemperanza alla legge di gravità, e alla fine fanno un piccolo schiocco, ben noto in tutto il mondo. Questa no: piano piano si innalza lungo la tromba delle scale

▶▶

lettera E dello sterminato casamento.
Non siamo stati noi, adulti, raffinati,
sensibilissimi, a segnalarla. Bensí una servetta del
primo piano, squallida piccola ignorante creatura.
Se ne accorse una sera, a ora tarda, quando tutti
erano già andati a dormire. Dopo un po' non
seppe frenarsi, scese dal letto e corse a svegliare la
padrona. "Signora" sussurrò "signora!" "Cosa c'è?"
fece la padrona riscuotendosi. "Cosa succede?" "C'è
una goccia, signora, una goccia che vien su per le
scale!" "Che cosa?" chiese l'altra sbalordita. "Una
goccia che sale i gradini!" ripeté la servetta, e quasi
si metteva a piangere. "Va, va" imprecò la
padrona "sei matta? Torna in letto, marsch! Hai
bevuto, ecco il fatto, vergognosa. E' un pezzo che al
mattino manca il vino nella bottiglia! Brutta
sporca, se credi..." Ma la ragazzetta era fuggita,
già rincantucciata sotto le coperte.
"Chissà che cosa le sarà mai saltato in mente, a
quella stupida" pensava poi la padrona, in
silenzio, avendo ormai perso il sonno. Ed
ascoltando involontariamente la notte che
dominava sul mondo, anche lei udí il curioso
rumore. Una goccia saliva le scale, positivamente.
Gelosa dell'ordine, per un istante la signora pensò
di uscire a vedere. Ma che cosa avrebbe mai potuto
trovare alla miserabile luce delle lampadine
oscurate, pendule dalla ringhiera? Come
rintracciare una goccia in piena notte, con quel
freddo, lungo le rampe tenebrose?

Nei giorni successivi, di famiglia in
famiglia, la voce si sparse
lentamente e adesso tutti lo sanno
nella casa, anche se preferiscono non
parlarne, come di cosa sciocca di cui
forse vergognarsi. Ora molte orecchie restano tese, nel
buio, quando la notte è scesa a opprimere il genere
umano. E chi pensa a una cosa, chi a un'altra.
Certe notti la goccia tace. Altre volte invece, per
lunghe ore non fa che spostarsi, su, su, si direbbe
che non si debba più fermare. Battono i cuori
allorché il tenero passo sembra toccare la soglia.
Meno male, non si è fermata. Eccola che si
allontana, tic, tic, avviandosi al piano di sopra.
So di positivo che gli inquilini dell'ammezzato
pensano ormai di essere al sicuro. La goccia - essi
credono - è già passata davanti alla loro porta, né
avrà più occasione di disturbarli; altri, ad esempio
io che sto al sesto piano, hanno adesso motivi di
inquietudine, non più loro. Ma chi gli dice che
nelle prossime notti la goccia riprenderà il
cammino dal punto dove era giunta l'ultima
volta, o piuttosto non ricomincerà da capo,
iniziando il viaggio dai primi scalini, umidi

sempre, ed oscuri di abbandonate immondizie?
No, neppure loro possono ritenersi sicuri. Al
mattino, uscendo di casa, si guarda attentamente
la scala se mai sia rimasta qualche traccia. Niente,
come era prevedibile, non la più piccola impronta.
Al mattino del resto chi prende più questa storia
sul serio? Al sole del mattino l'uomo è forte, è un
leone, anche se poche ore prima sbigottiva.
O che quelli dell'ammezzato abbiano ragione? Noi
del resto, che prima non sentivamo niente e ci si
teneva esenti, da alcune notti pure noi udiamo
qualcosa. La goccia è ancora lontana, è vero. A noi
arriva solo un ticchettio leggerissimo, flebile eco
attraverso i muri. Tuttavia è segno che essa sta
salendo e si fa sempre più vicina.

Anche il dormire in una camera
interna, lontana dalla tromba delle
scale, non serve. Meglio sentirlo, il
rumore, piuttosto che passare le
notti nel dubbio se ci sia o meno.
Chi abita in quelle camere riposte talora non
riesce a resistere, sguscia in silenzio nei corridoi e se
ne sta in anticamera al gelo, dietro la porta, col
respiro sospeso, ascoltando. Se la sente, non osa più
allontanarsi, schiavo di indecifrabili paure. Peggio
ancora però se tutto è tranquillo: in questo caso
come escludere che, appena tornati a coricarsi,
proprio allora non cominci il rumore?
Che strana vita, dunque. E non poter far reclami,
né tentare rimedi, né trovare una spiegazione che
sciolga gli animi. E non poter neppure persuadere
gli altri, delle altre case, i quali non sanno. Ma
che cosa sarebbe poi questa goccia: - domandano
con esasperante buona fede - un topo forse? Un
rospetto uscito dalle cantine? No davvero.
E allora - insistono - sarebbe per caso una
allegoria? Si vorrebbe, così per dire, simboleggiare
la morte? o qualche pericolo? o gli anni che
passano? Niente affatto, signori: è semplicemente
una goccia, solo che viene su per le scale.
O più sottilmente si intende raffigurare i sogni e le
chimere? Le terre vagheggiate e lontane dove si
presume la felicità? Qualcosa di poetico insomma?
No, assolutamente.
Oppure i posti più lontani ancora, al confine del
mondo, ai quali mai giungeremo? Ma no, vi dico,
non è uno scherzo, non ci sono doppi sensi, trattasi
ahimè proprio di una goccia d'acqua, a quanto è
dato a presumere, che di notte viene su per le scale.
Tic, tic, misteriosamente, di gradino in gradino. E
perciò si ha paura.

Dino Buzzati
La boutique del mistero

8

Abbiamo chiesto a quattro persone la loro opinione su alcune cose.
Ascolta come reagiscono. Cosa pensano?
Prendi appunti e parlane con i tuoi compagni e con il tuo insegnante.

9

E voi cosa ne pensate? Parlatene.

Bisognerebbe fare il test
dell'Aids a tutti.

La Comunità Europea è inutile.

Bisognerebbe legalizzare le droghe.

È giusto che gli omosessuali
si possano sposare.

Bisognerebbe mettere fuori
legge tabacco e alcool.

È giusto che i preti cattolici
si possano sposare.

L'italiano è più difficile dell'inglese
perché viene dal latino.

La cultura è basata principalmente
sulla religione.

L'insegnamento della religione a
scuola dovrebbe essere obbligatorio.

10 Scrivi un testo in cui parli di te stesso/a, della tua famiglia, delle cose che ti piacciono e non ti piacciono, delle tue abitudini, della tua vita, del tuo passato, ecc.

11 Leggi questo testo.

Se hai già avuto occasione di trascorrere un periodo di tempo in Italia, avrai notato che nella nostra penisola esiste una situazione molto particolare per ciò che riguarda le diverse varietà di lingua parlate dalla gente comune. Sicuramente anche nella tua lingua esistono delle differenze, a volte di pronuncia, altre volte di intonazione, altre volte ancora nell'uso di alcune parole e non di altre, che molto probabilmente dipendono dalla zona di provenienza di chi parla. In Italia questo fenomeno, molto marcato e caratteristico, è dovuto alla presenza di innumerevoli dialetti ognuno dei quali rappresenta un vero e proprio sistema linguistico autonomo con una storia e dei caratteri strutturali propri rispetto alla lingua nazionale. Poiché le cause di questo fenomeno sono per lo più storiche e politiche, risalire al perché di tale situazione richiederebbe uno studio lungo e complesso: l'importante è che tu sappia che in Italia due persone legate da un rapporto stretto (familiare, amicizia di lunga data, ecc.) entrambe provenienti da una zona dove ancora è molto diffuso il dialetto, difficilmente, in situazioni informali, useranno l'italiano per comunicare tra loro. Ti potrà pertanto accadere di ascoltare brani di conversazione a te incomprensibili, ma questo può del resto succedere anche a degli italiani originari di un'altra zona. Avrai anche modo di notare come i due parlanti in questione passeranno rapidamente all'italiano non appena la situazione lo richieda: contesti formali, presenza di un'altra persona proveniente da un'altra zona, ambiente scolastico, ecc. Questo passaggio tuttavia non è sempre uguale a se stesso: tra l'italiano standard che viene usato solamente dagli attori, da alcuni professionisti radiotelevisivi o da persone molto colte, e la lingua parlata dalla gente comune ci sono sempre delle differenze. Oltre all'italiano dobbiamo considerare l'italiano regionale, cioè quella lingua che si avvicina moltissimo allo standard ma che è stata tuttavia influenzata, in alcune caratteristiche, dal dialetto originario. Tieni anche conto del fatto che nessun italiano è in grado di riconoscere tutti i dialetti presenti sul territorio, ma quasi tutti sono in grado di giudicare se chi parla è nato al nord, al centro o al sud perché sono in grado di valutare quello che viene normalmente definito accento (intonazione, vocali pronunciate più o meno aperte, velocità del parlato, ecc.).

Si tratta, come puoi ben notare, di una situazione complessa per uno studente dell'italiano come lingua straniera. Per ora leggi l'articolo, tratto dal quotidiano La Repubblica, nell'Unità 1 del libro degli esercizi. In seguito il tuo insegnante ti potrà far notare delle differenze nel modo di parlare delle persone che sentirai durante le attività di ascolto. In questo libro abbiamo infatti cercato di usare, tutte le volte che ci è stato possibile, delle registrazioni di parlanti provenienti da diverse regioni italiane.

Il mio corso ideale...

**Nell'Unità 1 abbiamo cercato di conoscerci meglio come gruppo. In questa unità parleremo un po' del corso che stiamo iniziando.
Ma prima vediamo come siamo arrivati fin qui.**

1
Ascolta queste persone che parlano delle loro esperienze di studio di una lingua e prendi appunti.

ORARIO E CONTENUTI
I corsi di Lingua e cultura italiana si svolgono dal lunedì al venerdì, secondo il seguente orario:

Livello elementare
- Tre
- Un
...aliana
...liana a scelta fra le opzioni

2
E voi come avete imparato l'italiano o altre lingue? *Study*
Parla con i tuoi compagni delle vostre esperienze di studio.

What was it like
Com'era il corso?

Dove avete studiato?

Quanti eravate?

Vi è piaciuto?

Come era organizzato?

Avevate occasione di parlare molto?

Studiavate molta grammatica?

Quale libro usavate?

- E tu che libro usavi?
- ○ Io ho studiato con *Uno*, il primo livello di questo corso.
- Ah... allora già lo conosci... e com'è?

- Noi non parlavamo molto tra di noi, parlava quasi sempre l'insegnante...
- ○ Neanche noi. Noi facevamo soprattutto esercizi scritti e poi li correggevamo insieme.

- Io ho avuto molti problemi con la grammatica, soprattutto con i verbi.
- ○ Ah... io invece non ho mai studiato, ho imparato andando al mare in Italia.

3

Ora pensa a un corso di lingua ideale e scrivi delle brevi frasi su come dovrebbe essere.

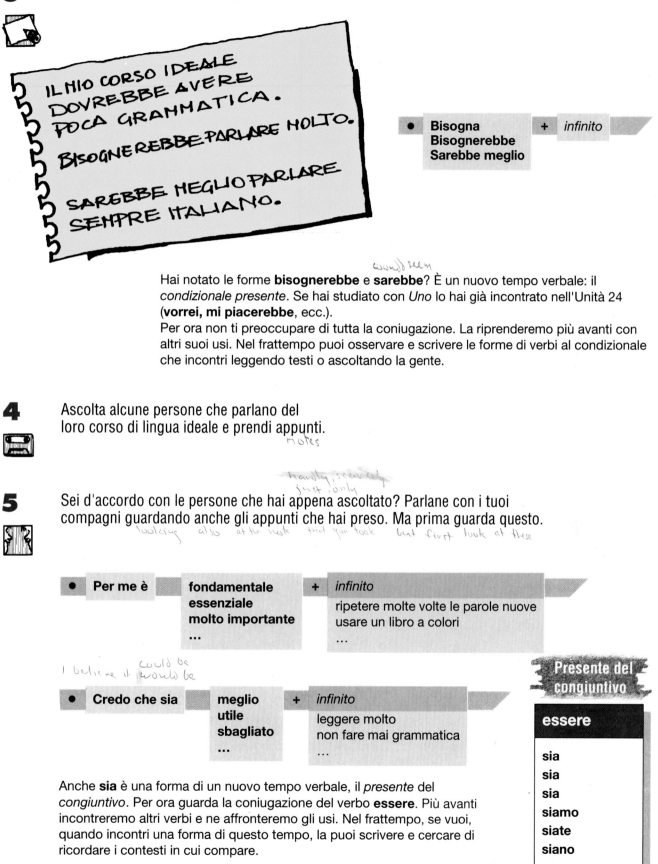

> IL MIO CORSO IDEALE
> DOVREBBE AVERE
> POCA GRAMMATICA.
> BISOGNEREBBE PARLARE MOLTO.
>
> SAREBBE MEGLIO PARLARE
> SEMPRE ITALIANO.

- Bisogna
  Bisognerebbe   + *infinito*
  Sarebbe meglio

Hai notato le forme **bisognerebbe** e **sarebbe**? È un nuovo tempo verbale: il
condizionale presente. Se hai studiato con *Uno* lo hai già incontrato nell'Unità 24
(**vorrei, mi piacerebbe**, ecc.).
Per ora non ti preoccupare di tutta la coniugazione. La riprenderemo più avanti con
altri suoi usi. Nel frattempo puoi osservare e scrivere le forme di verbi al condizionale
che incontri leggendo testi o ascoltando la gente.

4

Ascolta alcune persone che parlano del
loro corso di lingua ideale e prendi appunti.

5

Sei d'accordo con le persone che hai appena ascoltato? Parlane con i tuoi
compagni guardando anche gli appunti che hai preso. Ma prima guarda questo.

- Per me è | fondamentale
                essenziale   + *infinito*
                molto importante ripetere molte volte le parole nuove
                ...   usare un libro a colori
                                  ...

- Credo che sia | meglio
                  utile   + *infinito*
                  sbagliato   leggere molto
                  ...   non fare mai grammatica
                                ...

Presente del congiuntivo

essere
sia
sia
sia
siamo
siate
siano

Anche **sia** è una forma di un nuovo tempo verbale, il *presente* del
congiuntivo. Per ora guarda la coniugazione del verbo **essere**. Più avanti
incontreremo altri verbi e ne affronteremo gli usi. Nel frattempo, se vuoi,
quando incontri una forma di questo tempo, la puoi scrivere e cercare di
ricordare i contesti in cui compare.

6

Vuoi fare un po' di pratica di **Credo che sia...**?
Ascolta di nuovo alcune frasi che hai già sentito nell'Unità 1 e reagisci
usando **Credo che sia giusto** o **Credo che sia sbagliato**.

UNITÀ 2

7 Leggi questo testo e parlane con il tuo insegnante e i tuoi compagni.

Se hai studiato con *Uno*, il primo livello di questo corso, puoi già immaginare come sarà questo secondo livello. Come nel primo, affronteremo progressivamente diversi aspetti dell'italiano, e cercheremo di insegnarti a fare delle cose in italiano: non ci limiteremo, quindi, a presentare nuove strutture e forme grammaticali. Come già sai, la conoscenza di una lingua va ben oltre la semplice capacità di formare delle frasi e far funzionare delle strutture. Bisogna sapere come si fanno spontaneamente le cose in quella lingua, in modo naturale, e per questo serve anche sapere come ci si comporta normalmente nelle diverse situazioni della vita e quali sono le abitudini dei parlanti di quella lingua. Altrimenti si rischia di non saper interpretare i comportamenti altrui, o di dire o fare cose che possono creare imbarazzo o sconcertare il nostro interlocutore. Ed è importante, soprattutto, saper reagire in modo sufficientemente immediato perché la comunicazione non sembri falsa. Per raggiungere questo obiettivo il corso sarà strutturato, come *Uno*, in percorsi di attività: ci preme, soprattutto, che sia tu ad imparare attivamente, utilizzando le forme nuove ed esprimendo i tuoi bisogni. Certo, farai spesso degli errori, ma non devi preoccupartene eccessivamente. Sbagliando si impara! E poi, le attività sono state pensate in modo tale che tu abbia sempre un numero sufficiente di elementi per portarle a termine, spingendoti però a cercare di esprimere anche cose nuove: così ti vedrai costretto a sfruttare al massimo ciò che già sai, ma anche a imparare nuove forme ed espressioni.

Leggeremo molti testi, ascolteremo molto materiale autentico registrato nella cassetta e daremo maggiore spazio alle attività di scrittura. E per concludere vogliamo darti un suggerimento: come sempre quando si studia un argomento nuovo ti potrà capitare di non capire o di non sentirti soddisfatto. Bene, in questo corso non dimenticare di sollevare il problema, parlane con il tuo insegnante e con i tuoi compagni. Solo così potrai vivere il corso come esperienza di vita in italiano, da protagonista. I tuoi compagni di corso diventeranno compagni di percorso. Vi aiuterete reciprocamente, farete conoscenza, alcuni ti staranno simpatici e altri magari antipatici, come nella vita stessa. E anche l'insegnante sarà uno del gruppo, una guida che vi aiuterà a percorrere una certa strada insieme. E come è normale che sia, alcune lezioni ti piaceranno più di altre; a volte sbaglierete, a volte sbaglierà o esiterà il vostro insegnante. Perché l'insegnante non è perfetto e sarebbe assurdo che pretendesse di esserlo. Così l'italiano sarà più ricco e più vivo. E se alla fine del corso vorrete scriverci una lettera per raccontarci la vostra esperienza, per esprimerci i vostri suggerimenti, le vostre critiche, ma anche gli elementi di soddisfazione, ve ne saremo grati.

Hai notato le forme **faremo, diremo, studieremo**, ecc.? È il *futuro*. Ecco la coniugazione.

Il futuro

	dare	**scrivere**	**partire**	**dire**
- **ò**	dar**ò**	scriver**ò**	partir**ò**	dir**ò**
- **ai**	dar**ai**	scriver**ai**	partir**ai**	dir**ai**
- **à**	dar**à**	scriver**à**	partir**à**	dir**à**
- **emo**	dar**emo**	scriver**emo**	partir**emo**	dir**emo**
- **ete**	dar**ete**	scriver**ete**	partir**ete**	dir**ete**
- **anno**	dar**anno**	scriver**anno**	partir**anno**	dir**anno**

Le terminazioni sono uguali per tutti i verbi. Si sostituiscono alla **-e** finale dell'infinito.

Tutti i verbi in -**are** che hanno più di due sillabe cambiano la **a** in **e**.

parlare
parl**erò**
parl**erai**
parl**erà**
parl**eremo**
parl**erete**
parl**eranno**

Verbi irregolari

I verbi irregolari hanno una radice irregolare. Le terminazioni sono le stesse che per tutti gli altri verbi.

essere	sarò, sarai, ...
avere	avrò, avrai, ...
andare	andrò, andrai, ...
potere	potrò, potrai, ...
dovere	dovrò, dovrai, ...
vivere	vivrò, vivrai, ...

cadere	cadrò, cadrai, ...
venire	verrò, verrai, ...
tenere	terrò, terrai, ...
volere	vorrò, vorrai, ...
bere	berrò, berrai, ...
...	

8 Ecco altri testi molto diversi tra loro in cui compaiono usi caratteristici del *futuro* per annunciare cose. Leggili e parlane con i tuoi compagni e con il tuo insegnante.

ANCORA CADRÀ LA PIOGGIA

Ancora cadrà la pioggia
sui tuoi dolci selciati,
una pioggia leggera
come un alito o un passo.
Ancora la brezza e l'alba
fioriranno leggere
come sotto il tuo passo,
quando tu rientrerai.
Tra fiori e davanzali
i gatti lo sapranno.

Ci saranno altri giorni,
ci saranno altre voci.
Sorriderai da sola.
I gatti lo sapranno.
Udrai parole antiche,
parole stanche e vane
come i costumi smessi
delle feste di ieri.
Farai gesti anche tu.
Rispondi parole -
viso di primavera,
farai gesti anche tu.

I gatti lo sapranno,
viso di primavera;
e la pioggia leggera,
l'alba color giacinto,
che dilaniano il cuore
di chi piú non ti spera,
sono il triste sorriso
che sorridi da sola.
Ci saranno altri giorni,
altre voci e risvegli.
Soffriremo nell'alba,
viso di primavera.

10 aprile '50

Cesare Pavese
da *Verrà la morte e avrà i tuoi occhi*

Prepariamoci a vivere in una società multirazziale. Senza pregiudizi, con naturalezza. Ce lo chiede la storia, che ci piaccia o no. Ai bambini di certo l'idea non disturba: ce lo dimostrano tutti i giorni nelle scuole, nei cortili, per le strade. Di fronte ad ogni diversità sanno essere spontanei. E spontaneamente non fanno dell'amicizia una questione di razza, religione o colore. Sono loro il futuro. Guardiamoli e impariamo.

Saranno amici per la pelle.

No al razzismo. Sì alla tolleranza.

Il mondo sta cambiando.

I nostri progetti hanno bisogno di persone pulite. Iscriviti al WWF.

Sì, mi iscrivo perché la Terra è un pianeta intelligente, non ci sopporterà a lungo.
Pagherò la quota associativa al ricevimento della tessera.
Allego assegno non trasferibile intestato a WWF Italia (quota associativa minima L. 30.000)
Desidero maggiori informazioni sull'attività del WWF

Cognome _____ Nome _____
Via _____
Cap _____ Città _____ Età _____
Tel _____
Taglia la pagina e spedisci da a
WWF Italia, Via Salaria, 290, 00199 Roma. Fax 06/84.42869

WWF

● Il titolo, *Sud*, è ormai deciso. Il protagonista, Silvio Orlando (il portaborse di Daniele Luchetti), anche. Gabriele Salvatores torna a ottobre sul set per dirigere un film ambientato tra le vittime del sisma in Irpinia. «È la vicenda di un gruppo di terremotati che si ribellano alla scomparsa dei fondi loro destinati dallo Stato e decidono di occupare, armi in pugno, un seggio elettorale», ha detto il regista presentando il suo progetto ad alcuni giovani produttori, nell'ambito di un seminario organizzato dalla Comunità europea.

ANNA, 19/08/92

PHOTOMOVIE

● *Il regista Gabriele Salvatores.*

«Non sarà, comunque, una pellicola di denuncia: quello che mi interessa mettere a fuoco è il disastro ideologico di questi nostri anni Novanta, e lo sgretolamento che stanno vivendo, nel sud del mondo, uomini e donne alla ricerca di una identità sociale e morale», ha spiegato Salvatores. *Sud*, prodotto dalla Colorado film, la società che il regista ha creato con Diego Abatantuono e Maurizio Totti, faceva parte in origine di un progetto più ampio, che vedeva impegnati a raccontare i loro paesi altri giovani registi, come Doris Dörrie in Germania e Terence Davies in Inghilterra.

Osserva gli usi del *futuro* in questi testi. Ma attenzione, non sempre quando si parla del futuro si usa questo tempo. Ti ricordi dell'Unità 24 di *Uno*? Per ora osserva i casi in cui si usa il *presente* e i casi in cui si usa il *futuro* per parlare del futuro, e cerca di capire le differenze. Ci torneremo su.

In bocca al lupo!

1 Ascolta i dialoghi. In che occasioni ci troviamo?

	A	B	C	D	E	F
compleanno						
onomastico						
matrimonio						
anniversario di matrimonio						
malattia						
morte						
gravidanza						
nascita						
vincita al gioco						
esame da sostenere						
laurea						
nuovo lavoro						

2

Per il compleanno, l'onomastico, il matrimonio o l'anniversario di matrimonio

- **(Tanti) Auguri** !

- **Buon compleanno** !
  onomastico
  anniversario
  ...

Quando si è superata una prova importante (esame, concorso, vincita al gioco, successo sportivo)

- **Congratulazioni** !
  Complimenti
  Bravo/a/i/e
  Bravissimo/a/i/e
  ...

CIN CIN

SALUTE!

UNITÀ 3

Quando ci aspetta una prova importante (esame, concorso, nuovo lavoro, gravidanza, malattia...)

● (Tanti) Auguri !
  Buona fortuna
  In bocca al lupo
  ...

La risposta a tutte queste espressioni è sempre **Grazie**, tranne nel caso di **In bocca al lupo**, a cui si replica con **Crepi (il lupo)**.

crack or kich th lupo

In occasione di un lutto, per comunicare il nostro dolore alle persone vicine allo scomparso usiamo **Condoglianze**.

3 Ti trovi in queste situazioni. Che cosa dici? Parlane con un tuo compagno.

4 Guarda questi messaggi scritti. Si usano anche nel tuo paese?

UNITÀ 3

5 Ora scegli due occasioni da questa lista, e scrivi un biglietto e un telegramma.

compleanno	anniversario di matrimonio	nascita
onomastico	malattia	laurea
matrimonio	morte	

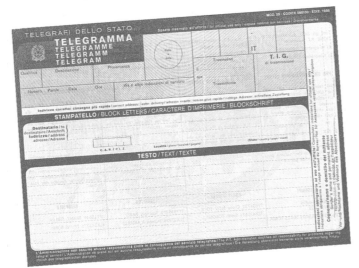

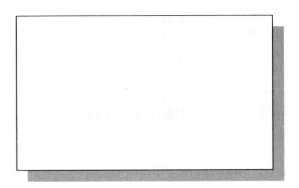

6 Ricostruisci questi quattro dialoghi insieme a un tuo compagno.

5 ● Lei ha una nipotina così grande?
4 ○ Matilde.
3 ● Che bella bambina! Come si chiama?
2 ○ È la mia nipotina...
1 ● E questa bambina chi è?
6 ○ Sì, ha cinque anni.

○ Sì, dove l'hai comprata?
2 ○ Ti piace?
5 ● Ah, ho capito dove, in quel negozio di usato.
4 ○ A Borgo Pio, l'ho pagata pochissimo.
1 ● Bella questa giacca!
jacket

6 ○ E quella serra? *its nothing only a tissue of paper*
3 ● Beh, è giusto un fazzoletto di terra...
2 ○ Che meraviglia!
7 ● Ah, quella è lì provvisoriamente, l'abbiamo ereditata dai miei... *inherited*
4 ○ Ma vuoi scherzare? È bellissimo! E guarda i fiori! *your kidding*
1 ● Vieni, che ti faccio vedere il giardino...
8 ○ È molto bella...
5 ● Quelli sono merito di Roberto, ci passa un sacco di tempo.

really
5 ● Bello, davvero... Me ne faresti uno per il soggiorno? Ci starebbe benissimo.
4 ○ L'ho fatto molto tempo fa, saranno almeno sei anni che è lì. *Its been almost*
1 ● E questo l'hai fatto tu?
6 ○ Va bene, appena ho un po' di tempo comincio a pensarci.
3 ● Mi piace, è un quadro interessante.
2 ○ Sì.

Ti ricordi che in *Uno* avevamo visto **che** + *aggettivo* e/o *sostantivo*? È un modo molto comune di esprimere un giudizio, utilizzato spesso per fare complimenti.

7 Leggi questo testo.

> CHE BELLO! GRAZIE, NON TI DOVEVI DISTURBARE...

> MA FIGURATI! È SOLO UN PENSIERO...

Forse accade anche nella tua lingua: un codice di comportamento linguistico molto preciso regola gli scambi di complimenti. È un codice di attese che non possono essere violate senza deludere o creare imbarazzo, e il loro rispetto è molto importante per un buon funzionamento della comunicazione.

Quando facciamo vedere qualcosa di nuovo, o che il nostro interlocutore non conosce ancora, ci aspettiamo che reagisca commentando in termini positivi quanto ha davanti. Nessuno si sottrae a questa regola quando vengono mostrati per la prima volta bambini piccoli, case o elementi di arredamento, automobili di acquisto recente, oppure quando viene offerto qualcosa di particolare da mangiare. Allo stesso modo bisogna mostrare di gradire i regali che si ricevono (e che vanno scartati subito!) e, tra donne, è usuale manifestare apprezzamento per vestiti, accessori, acconciature ed ogni altra novità di amiche o conoscenti.

A sua volta, chi riceve questi commenti positivi tende a schermirsi, o ad assicurarsi che l'apprezzamento non sia solo di circostanza, minimizzando la portata del complimento: così la casa sarà magari bella ma un po' piccola, il vestito un'occasione, il piatto non sarà riuscito al meglio e così via. Il primo interlocutore ripeterà allora la sua opinione, accompagnandola con espressioni come no, sul serio, veramente, ecc. Difficilmente tuttavia si minimizzano i complimenti riferiti ai bambini e alle automobili. E sarebbe interessante scoprirne il motivo.

8 Ascolta i dialoghi e scegli le risposte giuste.

Ettore e Marisa si complimentano con Flavia e Giulio per...

la loro macchina nuova ☐

la loro casa ☐

la loro biblioteca ☐

il loro cane ☐

il vestito di Flavia ☐

la loro bambina ☐

la pettinatura di Giulio ☐

il dolce fatto da Flavia ☐

9 Ti trovi in queste situazioni. Come reagisci? Cosa dici? E gli altri? Parlane con un tuo compagno. Poi sceglietene due, scrivete dei brevi dialoghi e leggeteli al resto della classe.

Un'amica ti fa vedere il suo motorino nuovo.

Sul portone incontri la tua vicina di casa con il suo bambino appena nato.

Tuo fratello ti fa vedere una foto della sua nuova ragazza.

In camera di un tuo amico vedi un nuovo impianto stereo.

Tua suocera ti offre un piatto cucinato da lei.

Per il tuo compleanno ti regalano un soprammobile orribile.

Entri per la prima volta nella casa di montagna di due tuoi amici.

Un amico ti fa fare un giro sulla sua macchina nuova.

10 Perché la prossima volta non portate in classe qualche cosa di cui siete particolarmente orgogliosi? Può essere un oggetto che vi è caro, oppure qualcosa che vi siete comprati da poco, o anche qualcosa che avete fatto con le vostre mani o con le vostre idee. Potete portare anche delle fotografie di persone a cui volete bene: genitori, mogli, mariti, fidanzati/e, figli... Mostrate tutto ai vostri compagni. Reagiscono come farebbero gli italiani?

11 Ascolta i dialoghi. Ci sono vari modi di rispondere a **Come va**? Che differenze trovi? Parlane con i tuoi compagni.

Hai notato che ci sono risposte che sembrano esprimere un malessere, senza però specificarne la causa? Si tratta ancora una volta di espressioni codificate, utilizzate per evitare di rispondere **bene** senza tuttavia creare allarme in chi ascolta. L'interlocutore accetta infatti queste risposte come una sorta di "lamento codificato", senza aspettarsi le spiegazioni che normalmente seguono qualsiasi espressione di malessere.

12 E adesso un po' di letteratura. Leggi questo brano tratto da *Gli indifferenti*, di Alberto Moravia.

Quel giorno la madre finì assai tardi di vestirsi; era mezzodì e stava ancora seduta davanti la teletta passandosi con molte smorfie e grandissima cura il pennellino del nero sulle palpebre gonfie; appena desta, le immagini della gelosia l'avevano messa di cattivo umore, ma poi improvvisamente, si era ricordata che appunto quel giorno Carla compiva gli anni, ventiquattro di numero, e un brusco, isterico fiotto di amor materno aveva inondato la sua anima: "La mia Carlotta, la mia Carlottina" aveva pensato quasi lacrimando dalla tenerezza; "ecco, non c'è che lei al mondo che mi voglia bene". Si era levata, si era vestita con questo pensiero di Carla, che compiva gli anni; le pareva questa una cosa pietosa, un fatto patetico da piangerci sopra, e non aveva cessato per tutto quel tempo di immaginare i regali e le soddisfazioni che avrebbe elargito alla fanciulla. "Ha pochi vestiti... gliene farò... gliene farò quattro o cinque... le farò anche la pelliccia... è tanto tempo che la desidera..." dove poi avrebbe pescato i quattrini per questa beneficenza la madre non ci pensava neppure. "E che trovi un marito" pensò ancora; "dopo non avrò più desideri". Le venne di riflesso, pensando alla sua figliola ventiquattrenne eppure ancora nubile, una rabbia ingiuriosa contro gli uomini: "Tutti questi cretini di giovinotti... Non vogliono che divertirsi e perdere il loro tempo, mentre dovrebbero pensare a farsi una famiglia". Ma Carla si sarebbe certamente sposata: "È bella" ella si disse contando sulle dita le doti della figlia; "anzi direi bellissima... È buona, di una bontà angelica... e poi è intelligente, colta... ha avuto una eccellente educazione... cosa si può voler di più?". I denari, ecco, i denari mancavano; Carla sarebbe andata in casa di suo marito come era venuta al mondo, tutta nuda, ricca soltanto delle sue virtù, su questo non c'era dubbio; ma era poi così vero che oggigiorno non si sposano che le fanciulle ricche? o non c'erano stati ultimamente casi di ragazze maritate benissimo e senza un soldo di dote?... Un po' rinfrancata, la madre passò dalla camera da letto nell'anticamera.

Un mazzo di magnifiche rose e una scatola stavano posati sulla tavola centrale; un biglietto era tra i fiori; la madre lo prese, lacerò la busta e lesse: "A Carla, alla mia quasi figlia, coi più affettuosi auguri, Leo". Ripose il biglietto tra le rose: "Com'è delicato" pensò contenta; "un altro al suo posto non saprebbe come comportarsi coi figli della sua amica... invece lui toglie ogni ragione di sospetto... è come un padre". Dalla gioia avrebbe voluto battere le mani, se Leo fosse stato presente l'avrebbe abbracciato; poi aprì la scatola; conteneva questa una borsa di seta ricamata con la cerniera di pietra azzurra; la gioia della madre fu al colmo.

Prese la scatola e il mazzo e corse nella stanza di Carla: "Cento di questi giorni" le gridò; "guarda cosa è arrivato per te". Carla era seduta alla tavola con un libro in mano; si alzò e senza dir parola lesse il biglietto; quell'impudenza, quella compiacenza di Leo che la chiamava "sua quasi figlia" le ricondussero in mente, per contrasto e così bruscamente che ne fremette, il senso angoscioso e in un certo modo incestuoso di questo suo intrigo; alzò gli occhi; quelli della madre brillavano di gioia, ella sorrideva commossa stringendo al petto, non senza ridicolaggine, il fascio di fiori: "Molto gentile da parte sua" disse freddamente; "e in quella scatola cosa c'è?".

13 Se hai lavorato con *Uno*, ricorderai che abbiamo visto insieme una serie di problemi relativi alla pronuncia e alla grafia dell'italiano. In *Due* ne riprenderemo alcuni e ne affronteremo altri. Cominciamo dalle consonanti doppie. Ascolta la cassetta e trascrivi le parole che contengono una consonante doppia. Poi leggi ad alta voce le parole che hai scritto.

Avete saputo di Paolo?

1 Guarda come si possono introdurre notizie.

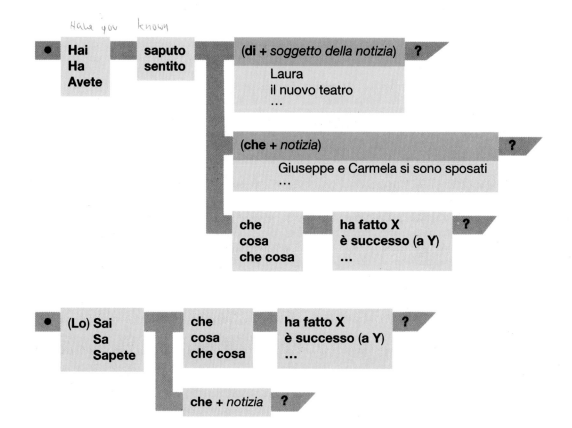

Have you known

Hai / Ha / Avete	saputo / sentito	(**di** + *soggetto della notizia*) Laura il nuovo teatro ...	?
		(**che** + *notizia*) Giuseppe e Carmela si sono sposati ...	?
		che / cosa / che cosa	ha fatto X è successo (a Y) ...	?

| (Lo) Sai / Sa / Sapete | che / cosa / che cosa | ha fatto X è successo (a Y) ... | ? |
| | che + *notizia* | ? |

Le reazioni possono essere diverse a seconda del tipo di notizia.

Se le notizie ci giungono inattese

AVETE SAPUTO CHE MONICA E' INCINTA?

E' INCINTA? DAVVERO?

No!
Non ci posso credere!
Che strano!
Ma va!
Non mi dire!
Davvero?
...

Spesso alle notizie che arrivano inattese reagiamo ripetendo gli elementi principali della notizia stessa con un'intonazione esclamativa.

Se le notizie ci sembrano attese

○ **Era ora!**
Finalmente!
Ce l'hai/ha/avete/hanno fatta!
Lo sapevo!
Me lo immaginavo!
...

All'annuncio di possibili avvenimenti

in your dreams or

○ **Magari!**
Speriamo di no/sì. — *we hope so/no*
Fosse vero! — *could be*
...

fosso = hole

sembrare (to seem) the news seems good

Se le notizie ci sembrano buone

○ **Che** + *sostantivo* **!**
fortuna
bellezza
meraviglia
...

○ **Che** + *aggettivo* **!**
bello
bravo
...

○ **Chissà che** + *sostantivo* **!**
gioia
...

○ **Chissà che** + *aggettivo* **!**
bello
...

○ **Chissà come** + *frase* **!**
sono contenti
...

I am very happy

○ **Mi fa (tanto/proprio) piacere.**
Stupendo!
Perfetto!
Alla grande!
Benissimo!
...

Se le notizie ci sembrano cattive

seems bad

○ **Che** + *sostantivo* **!**
peccato
schifo = *gross / disgusting*
vergogna = *shame*
sfortuna
scandalo
casino = *mess*
...

adjective

○ **Che** + *aggettivo* **!**
cretino = *jerk*
stupido
idiota
... *retardato*

imagine that

○ **Chissà che** + *sostantivo* **!**
paura
...

○ **Chissà che** + *aggettivo* **!**
brutto
...

○ **Chissà come** + *frase* **!**
c'è rimasta male
...

○ **Non ho parole.**
Mi dispiace (tanto/proprio).
...

● Ah sì ?
Ahah
Ma va
...

Quando reagiamo a una notizia molto spesso combiniamo due o più di queste espressioni.

Hai notato che l'elemento fondamentale che determina la reazione a una notizia è l'aspettativa di chi la riceve? La stessa notizia, infatti, può provocare reazioni diverse o opposte, a seconda di quello che ci si aspetta.

Quando, reagendo ad una notizia, vogliamo commentarla in modo critico, possiamo usare anche:

● **Sai che** + *sostantivo* !

● **Sai che** + *aggettivo* !

● **Sai come** + *frase* !

Con queste espressioni spesso il nostro commento è anche marcatamente ironico.

2

Ora ascolta i dialoghi e per ognuno indica di che tipo di notizia si tratta. Ricordati che devi considerare le aspettative di chi la riceve, e che la stessa notizia può essere classificata in più di una colonna (ad esempio una notizia può essere bella e inattesa).

	buona	cattiva	attesa	inattesa	possibile	neutra
A						
B						
C						
D						
E						
F						

Ti sembra che qualche notizia venga commentata con ironia? Quale?

3

Leggi l'inizio del romanzo *A ciascuno il suo*, di Leonardo Sciascia.

La lettera arrivò con la distribuzione del pomeriggio. Il postino posò prima sul banco, come al solito, il fascio versicolore delle stampe pubblicitarie; poi con precauzione, quasi ci fosse il pericolo di vederla esplodere, la lettera: busta gialla, indirizzo a stampa su un rettangolino bianco incollato alla busta.

- Questa lettera non mi piace - disse il postino.

Il farmacista levò gli occhi dal giornale, si tolse gli occhiali; domandò - Che c'è? - seccato e incuriosito.

- Dico che questa lettera non mi piace -. Sul marmo del banco la spinse con l'indice, lentamente, verso il farmacista. Senza toccarla il farmacista si chinò a guardarla; poi si sollevò, si rimise gli occhiali, tornò a guardarla.

- Perché non ti piace?

- È stata impostata qui, stanotte o stamattina presto; e l'indirizzo è ritagliato da un foglio intestato della farmacia.

- Già - constatò il farmacista: e fissò il postino, imbarazzato e inquieto, come aspettando una spiegazione o una decisione.

- È una lettera anonima - disse il postino.

- Una lettera anonima - fece eco il farmacista. Non l'aveva ancora toccata, ma già la lettera squarciava la sua vita domestica, calava come un lampo ad incenerire una donna non bella, un po' sfiorita, un po' sciatta, che in cucina stava preparando il capretto da mettere al forno per la cena.

- Qui il vizio delle lettere anonime c'è sempre - disse il postino. Aveva posato la borsa su una sedia, si era appoggiato al banco: aspettava che il farmacista si decidesse ad aprire la lettera. Gliel'aveva portata intatta, senza aprirla prima (con tutte le precauzioni, si capisce), fidando sulla cordialità e ingenuità del destinatario: «se l'apre, ed è cosa di corna, non mi dirà niente; ma se è minaccia o altro, me la farà vedere». Comunque, non sarebbe andato via senza sapere. Tempo ne aveva.

- A me una lettera anonima? - disse il farmacista dopo un lungo silenzio: stupito e indignato nel tono ma nell'aspetto atterrito. Pallido, lo sguardo sperso, gocce di sudore

sul labbro. E al di là della vibratile curiosità in cui era teso, il postino condivise stupore e indignazione: un brav'uomo, di cuore, alla mano; uno che in farmacia apriva credito a tutti e in campagna, nelle terre che aveva per dote dalla moglie, lasciava che i contadini facessero il comodo loro. Né aveva mai sentito, il postino, qualche maldicenza che sfiorasse la signora.

Di colpo il farmacista si decise: prese la lettera, l'aprì, spiegò il foglio. Il postino vide quel che si aspettava: la lettera composta con parole ritagliate dal giornale.

Il farmacista bevve di un sorso l'amaro calice. Due righe, poi. - Senti senti - disse: ma sollevato, quasi divertito. Il postino pensò: «niente corna». Domandò - E che è, una minaccia?

- Una minaccia - assentì il farmacista. Gli porse la lettera. Il postino avidamente la prese, a voce alta lesse - *Questa lettera è la tua condanna a morte, per quello che hai fatto morirai* - la richiuse, la posò sul banco. - È uno scherzo - disse: e lo pensava davvero.

- Credi che sia uno scherzo? - domandò il farmacista con una punta d'ansietà.

- E che altro può essere? Uno scherzo. C'è gente a cui prudono le corna: e si mette a fare di questi scherzi. Non è la prima volta. Ne fanno anche per telefono.

- Già - disse il farmacista - mi è capitato. Suona il telefono, di notte: vado a rispondere e sento una donna che mi domanda se avevo perso un cane, che lei ne aveva trovato uno mezzo celeste e mezzo rosa e le avevano detto che era mio. Scherzi. Ma questa è una minaccia di morte.

- È la stessa cosa - affermò il postino con competenza. Prese la borsa, si avviò. - Non stia a pensarci - disse come congedo.

- Non ci penso - disse il farmacista: e già il postino era uscito. Ma ci pensava. Come scherzo, era piuttosto pesante. Se era uno scherzo...

Quali sono le aspettative del postino rispetto al contenuto della lettera? E quelle del farmacista? Quali sono le loro reazioni? Parlane con i tuoi compagni e il tuo insegnante.

4 Adesso lavorate a coppie. Ciascuno di voi sceglie una delle due liste di notizie e copre l'altra. Poi presentate le notizie al vostro compagno, che deve reagire secondo le sue idee e la sua personalità.

Notizie dal Mondo

Il Semper è in grado di allungare la vita umana di circa 50 anni

Scoperto l'elisir di lunga vita

Si prende a partire dai trent'anni, e l'effetto si manifesta dopo gli ottanta. Vistosi casi di ringiovanimento nei volontari studiati dai ricercatori

---

Il complesso turistico è situato nella Galassia Nord, tra Marte e la Luna

Vacanze nello spazio, anno zero

In hotel, in campeggio o affittando appartamenti e ville: la ricettività turistica del complesso ammonta a diecimila posti-letto. Golf, nuoto e vela nello spazio gli sport praticabili

---

Dal prossimo gennaio vietato il possesso di animali domestici

Fuori cani e gatti dalle città

Motivi di igiene pubblica all'origine del provvedimento. Pesanti sanzioni per i trasgressori. La Lega Amici degli Animali: "Sarà uno sterminio"

Patate, cereali, verdura di prima qualità ottenibili dai rifiuti

E per pranzo? Un bel piatto di immondizia!

Bassissimi i costi del processo di trasformazione, alta la resa: da un chilo di immondizia è possibile ottenere fino allo stesso peso di prodotti alimentari

---

Indossandolo si comincia immediatamente a parlare come un nativo la lingua prescelta

Quel cappello fa miracoli

In vendita nei grandi magazzini, si presenta come un normale cappellino da base-ball. Disponibile in trenta colori diversi, ciascuno corrispondente ad una lingua

---

Anche quest'anno centinaia di ettari di boschi sono andati irrimediabilmente distrutti

Estate di fuoco

Più colpite le macchie costiere. Dolosi nel 75% dei casi, gli incendi sono favoriti dall'inciviltà e dall'incuria

---

Migliaia di roditori scoperti nei sotterranei della residenza presidenziale

I topi invadono la Casa bianca

Il Presidente costretto a trasferirsi in albergo con la famiglia. La First Lady, colta da leggero malore: "Non ci metterò mai più piede"

Rimane nelle casseforti dello Stato il primo premio della Lotteria di Capodanno

Brucia il biglietto della lotteria: 5 miliardi in cenere

L'incredibile episodio causato da un guasto all'impianto di riscaldamento: per accendere il camino ha incautamente utilizzato il tagliando vincente

---

- Hai sentito che presto non si potranno più tenere in casa animali domestici?
  ○ Non ci posso credere! E perché?
- Per motivi igienici...
  ○ Ma è assurdo!
- ...

5

Hai notato che, quando ci viene riferita una notizia, spesso non ci limitiamo semplicemente a commentarla, ma chiediamo altre informazioni? Ascolta di nuovo i dialoghi del punto 2 e trascrivi le frasi con cui queste informazioni vengono richieste.

cantilagine

6

A queste richieste di informazioni spesso segue un racconto più o meno lungo e dettagliato. Ti ricordi gli elementi che sono normalmente presenti in un racconto?

(marcatore temporale)	→	(descrizione della situazione)	→	avvenimento
		imperfetto		*passato prossimo*

an event

temporary

Di questi tre elementi, i primi due non sempre sono presenti in un racconto. Tuttavia, a differenza della *situazione*, il *marcatore temporale*, anche se non espresso, è quasi sempre presente nel contesto.

Situazione e *avvenimento* non occupano una posizione fissa nel racconto: tutto dipende dal tipo di organizzazione che diamo al racconto stesso. Per far questo usiamo una serie di elementi che ci servono a mettere in rapporto *situazione* e *avvenimento*.

visto che *saw, see / see that*
dato che *given that*
siccome = *since, as*
mentre = *when, during / meanwhile*
e invece *instead of*
e allora = *so*
e quindi = *therefor*
insomma = *to sum up, in short, all in al*
all'improvviso = *suddenly, all of a sudde*
a un certo punto = *at a certain point*

7

Ora ascolta i dialoghi. Sono gli stessi dei punti 2 e 5, ma questa volta alle richieste di ulteriori informazioni si risponde con brevi racconti. Completa lo schema dell'organizzazione di questi racconti, indicando nelle caselle la posizione degli elementi che vengono usati.

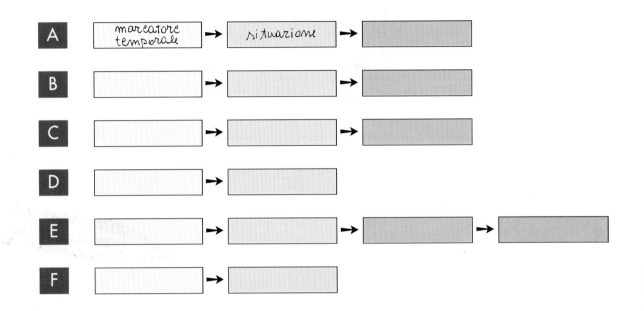

A → marcatore temporale → situazione → ☐

B → ☐ → ☐ → ☐

C → ☐ → ☐ → ☐

D → ☐ → ☐

E → ☐ → ☐ → ☐ → ☐

F → ☐ → ☐

8

Ora pensa a quattro notizie che riguardano la tua vita passata o futura e raccontale a un tuo compagno.

- Lo sai che l'anno scorso sono stato nello Yemen?
○ Ah sì? E come mai?
- Niente, ho un amico che lavora lì da due anni e allora sono andato a trovarlo.
○ ...

- Sai, domani non vengo a scuola.
○ Perché? Cosa fai?
- Vado al mare con Lello. È da tanto che ne parliamo, e siccome in questi giorni il tempo è così bello...
○ ...

9

Ascolta la registrazione.

Hai notato che, normalmente, quando si ascolta un racconto, l'interlocutore manifesta il proprio interesse in vari modi? Lo può fare reagendo alle informazioni che riceve con le espressioni che abbiamo visto al punto 1, oppure sollecitando con domande altre informazioni, o semplicemente segnalando che sta seguendo il racconto con "strane parole" tipo **Ahah**, **Mhmh**.

BLA BLA BLA E ALLORA BLA BLA BLA BLA A UN CERTO PUNTO BLA BLA INSOMMA BLA BLA BLA...

AHAH?

Ora ascolta di nuovo la registrazione e trascrivi le espressioni con cui chi ascolta manifesta il proprio interesse.

10 Lavorate in piccoli gruppi. Ogni gruppo sfoglia un giornale diverso e cerca una notizia interessante. Poi, dopo averla letta, la riferisce al resto della classe, che reagirà, farà domande, ecc. (Se non vi è possibile trovare giornali italiani, il vostro insegnante vi preparerà una serie di articoli tra i quali scegliere).

☞
- Avete sentito delle statue romane trovate in mare a Brindisi?
- ○ No. Cos'è successo?
- Un carabiniere appassionato di sub ha trovato per caso non so quante statue di bronzo. Sembra una scoperta eccezionale.
- □ Ma come ha fatto?
- ...

11  Ascolta la cassetta e scrivi le frasi che ti vengono dettate. Poi leggi ad alta voce le frasi che hai scritto.

Più che prudente mi sembra saggio

In questa unità approfondiremo i modi di parlare degli altri, del nostro e del loro carattere, e del nostro rapporto con gli altri.

1   Ma prima parliamo un po' di noi. Ascolta queste persone che parlano di come reagiscono in alcune situazioni. Cosa dicono? Hanno le stesse reazioni? Prendi appunti.

Quando gli pestano un piede sull'autobus…

Quando hanno bisogno di andare al gabinetto in una situazione formale…

Se durante una cena in piedi si accorgono di avere i pantaloni o la gonna totalmente scuciti…

Se dopo aver invitato qualcuno a cena al ristorante si accorgono di non avere abbastanza soldi per pagare…

Se sono in un negozio di articoli delicati con un bambino che fa cadere delle cose che si rompono…

Se il loro vicino gli attacca un bottone per le scale quando hanno fretta…

Se un amico li invita a cena annunciando un piatto meraviglioso e quando arrivano si accorgono di non poterlo proprio mangiare…

2 Hai notato come sono formulate le frasi dell'esercizio precedente? Guardale di nuovo e facci caso.

Per parlare di situazioni che si riproducono ogni tanto

- **Quando** + *presente, presente*

- Quando fa molto caldo, non riesco a dormire.

- Quando mi fanno un brutto scherzo, mi arrabbio.

Per parlare di situazioni possibili

- **Se** + *presente, presente*

- Se il mio gatto fa la pipì sullo zerbino della vicina e lei non se ne accorge, faccio finta di niente e non glielo dico.

SE LO ABBANDONI LO UCCIDI

Campagna a sostegno dei diritti degli animali.

Quattro zampe
FABBRI RIZZOLI EDIZIONI PERIODICHE

3 E tu, come reagisci nelle stesse situazioni? Pensaci un attimo e scrivi delle frasi.

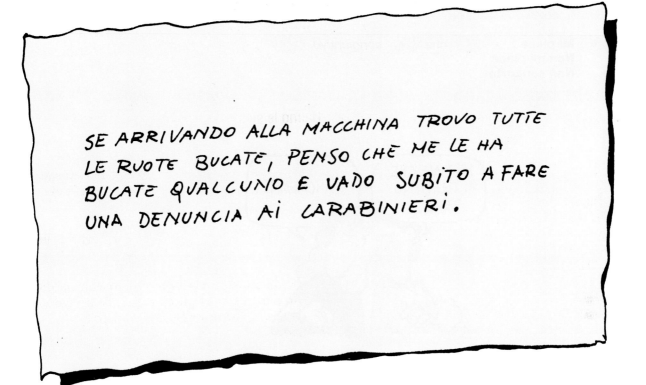

SE ARRIVANDO ALLA MACCHINA TROVO TUTTE LE RUOTE BUCATE, PENSO CHE ME LE HA BUCATE QUALCUNO E VADO SUBITO A FARE UNA DENUNCIA AI CARABINIERI.

4 Ora parla con un tuo compagno di ciò che avete scritto.

- ● Se arrivando alla macchina trovo tutte le ruote bucate penso subito a chi può esser stato e se ho dei sospetti metto la persona alla prova per cercare di incastrarla.
- ○ Io, no, io vado subito a fare una denuncia ai carabinieri.
- ■ Io se trovo tutte le ruote bucate penso di essere molto sfortunato.

5 Ma ognuno di noi ha anche una serie di piccole manie...
Ascolta queste persone che parlano di cose che non sopportano e di cose che apprezzano molto nel comportamento degli altri e segna con una X le loro risposte.

	DI COSA PARLANO?	GLI PIACE	NON GLI PIACE	NON SI CAPISCE
Che gli altri arrivino tardi				
La maleducazione				
L'aggressività				
Che qualcuno salga due piani senza insultarla				
Che gli altri facciano dei progetti senza consultarla				
Che gli altri si sbaglino				
Che gli altri dicano bugie				
Che gli altri si arrabbino				
Che gli altri facciano rumore mangiando				
Che la gente gli dica sinceramente ciò che pensa				

6 Hai notato come sono formulate le frasi dell'esercizio precedente? Guarda queste strategie molto utili.

Per reagire su un elemento di informazione

- **Mi piace**
  Non mi piace
  Non sopporto
  ...

  che + *congiuntivo*

MI PIACE CHE MI TRATTINO BENE.

ANCHE A ME.

NON SOPPORTO CHE MI CONTRADDICANO!

NON MI PIACE CHE MI DICANO BUGIE!

ODIO ARRIVARE IN RITARDO!

DETESTO LE RIUNIONI FORMALI!

Presente del congiuntivo

-are	parlare
-i	parli
-i	parli
-i	parli
-iamo	parliamo
-iate	parliate
-ino	parlino

-ere -ire	vedere	partire
-a	veda	parta
-a	veda	parta
-a	veda	parta
-iamo	vediamo	partiamo
-iate	vediate	partiate
-ano	vedano	partano

Come al solito, queste terminazioni si sostituiscono a quelle dell'infinito di ogni coniugazione.

Hai notato che per le persone **noi** e **voi** le terminazioni sono identiche per le tre coniugazioni?

Guarda anche questi verbi irregolari.

essere	avere
sia	abbia
sia	abbia
sia	abbia
siamo	abbiamo
siate	abbiate
siano	abbiano

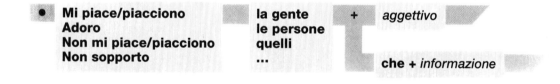

- **Mi piace/piacciono**
  Adoro
  Non mi piace/piacciono
  Non sopporto

  la gente
  le persone
  quelli
  ...

  + *aggettivo*

  che + *informazione*

7

E a te cosa piace e non piace? Ci sono comportamenti che ti piacciono o che non ti piacciono negli altri? Parlane con un tuo compagno.

☞
- Mi mette a disagio che insistano molto quando mi offrono qualcosa.
  ○ Sì, anche a me.

- Non mi piace che gli altri mi bacino e mi abbraccino continuamente.
  ○ A me invece piace.

- Adoro le persone che dicono sempre quello che pensano.
  ○ Sì, anche a me piacciono, però bisogna anche vedere come lo dicono!

UNITÀ 5

8 Qual è il comportamento degli altri che più ti...

[handwritten: conduct]

[handwritten: exasperate / people who are / like / scar scare / make you mad]

esaspera	fa ridere *[laugh]*
fa venir voglia di andartene e piantare tutti in asso	fa sentire a disagio *[uncomfortable]*
	mette ansia *[to make one anxious]*
fa piacere	fa insospettire *[suspect]*
spaventa	stanca *[tire]*
fa arrabbiare	incuriosisce *[curious]*
	...

[handwritten: lacking in curiosity]

- Mi esaspera che la gente arrivi sempre in ritardo.
- ○ Sì, anche a me dà fastidio. Soprattutto se è una persona che non conosco bene. Se la conosco bene e so che arriva sempre in ritardo, non mi importa... Arrivo tardi anch'io...

- Mi sento a disagio quando la gente mi fa i complimenti in pubblico.
- ○ Dai...! A me invece piace.

- Mi incuriosiscono le persone imprevedibili...
- ○ Io invece non le sopporto. Non mi piace non sapere chi ho davanti.

- Mi mette ansia che mi cambino sempre i programmi.
- ○ Davvero? A me invece non fa né caldo né freddo. Tanto anch'io cambio continuamente i miei programmi.

9 Come sono fisicamente questi animali? E di carattere, secondo te, come sono? Parlane con un tuo compagno.

Ecco alcuni nomi.

Ed ecco alcuni aggettivi che puoi usare.

mucca cavallo gallina
coniglio maiale pavone
pecora lumaca serpente
leone zebra giraffa
orso scimmia farfalla
elefante ippopotamo
pulcino pesce

intelligente stupido
veloce lento
tranquillo placido
prudente imprevedibile
traditore pericoloso
feroce permaloso
inaffidabile affidabile
amichevole affettuoso
coccolone viscido
pauroso coraggioso
ingordo vanitoso
fanatico dispettoso
indipendente dinamico
infido furbo

Guarda anche questa strategia che ti può essere molto utile.

Per paragonare due caratteristiche rispetto ad uno stesso soggetto

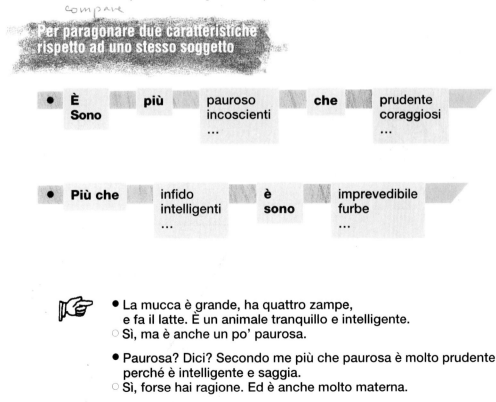

| • È
Sono | più | pauroso
incoscienti
… | che | prudente
coraggiosi
… |

| • Più che | infido
intelligenti
… | è
sono | imprevedibile
furbe
… |

- La mucca è grande, ha quattro zampe,
  e fa il latte. È un animale tranquillo e intelligente.
- Sì, ma è anche un po' paurosa.

- Paurosa? Dici? Secondo me più che paurosa è molto prudente
  perché è intelligente e saggia.
- Sì, forse hai ragione. Ed è anche molto materna.

- …

10 Ora ascolta queste persone che parlano di alcuni degli animali dell'esercizio precedente. Cosa dicono?

Sei d'accordo con i pareri che hai appena ascoltato?
E i tuoi compagni cosa ne pensano? Parlatene.

11 Ascolta i dialoghi e prendi appunti. Di chi parlano? Cosa dicono?

Hai notato che spesso, quando si parla degli altri, oltre a darne delle descrizioni e a parlare di aspetti del loro carattere o del loro modo di comportarsi, che ci piacciono o non ci piacciono, raccontiamo o ci riferiamo a episodi piacevoli o sgradevoli, come per giustificare quanto stiamo dicendo? Ascolta di nuovo i dialoghi e facci caso.

12 Pensa a due persone che non sopporti e a due che ti piacciono molto.
Parlane al resto della classe: fanne prima una descrizione fisica, poi parla del loro
carattere. Ricordati anche di dire come mai le conosci...

UNITÀ 5

13 Leggi questo testo di Natalia Ginzburg. Poi, senza guardare il libro, cerca di riassumerlo.

Lui ha sempre caldo; io sempre freddo. D'estate, quando è veramente caldo, non fa che lamentarsi del gran caldo che ha. Si sdegna se vede che m'infilo, la sera, un golf.

Lui sa parlare bene alcune lingue; io non ne parlo bene nessuna. Lui riesce a parlare, in qualche suo modo, anche le lingue che non sa.

Lui ha un grande senso dell'orientamento; io nessuno. Nelle città straniere, dopo un giorno, lui si muove leggero come una farfalla. Io mi sperdo nella mia propria città; devo chiedere indicazioni per ritornare alla mia propria casa. Lui odia chiedere indicazioni; quando andiamo per città sconosciute, in automobile, non vuole che chiediamo indicazioni e mi ordina di guardare la pianta topografica. Io non so guardare le piante topografiche, m'imbroglio su quei cerchiolini rossi, e si arrabbia.

Lui ama il teatro, la pittura, e la musica: soprattutto la musica. Io non capisco niente di musica, m'importa poco della pittura e m'annoio a teatro. Amo e capisco una cosa sola al mondo, ed è la poesia.

Lui ama i musei, e io ci vado con sforzo, con uno spiacevole senso di dovere e fatica. Lui ama le biblioteche, e io le odio.

Lui ama i viaggi, le città straniere sconosciute, i ristoranti. Io resterei sempre a casa, non mi muoverei mai.

Lo seguo, tuttavia, in molti viaggi. Lo seguo nei musei, nelle chiese, all'opera. Lo seguo anche ai concerti, e mi addormento. [...]

Tutt'e due amiamo il cinematografo, e siamo disposti a vedere, in qualsiasi momento della giornata, qualsiasi specie di film. Ma lui conosce la storia del cinematografo in ogni minimo particolare; ricorda registi e attori, anche i più antichi, da gran tempo dimenticati e scomparsi; ed è pronto a fare chilometri per andare a cercare, nelle più lontane periferie, vecchissimi film del tempo del muto, dove comparirà magari per pochi secondi un attore caro alle sue più remote memorie d'infanzia.

Natalia Ginzburg
Le piccole virtù

Quale dei due personaggi del testo ti piace di più? Perché?

14 Dagli individui alle masse. Vuoi sapere qualcosa di più sulla vita degli italiani? Leggi questi testi.

L'Istat (Istituto nazionale di statistica) il 17 agosto 1992 ha reso noti i risultati di un'indagine svolta sui consumi degli italiani delineando il profilo di un cittadino italiano medio sempre più spendaccione nelle sue abitudini consumistiche.
Secondo l'edizione 1992 de "I conti degli italiani", tra il 1980 e il 1991 i consumi delle famiglie sono cresciuti del 36,1% soprattutto a partire dalla seconda metà degli anni '80 fino al 1988 circa. Dal 1988 alla fine del 1991 hanno invece subìto un lieve rallentamento. Ogni 100

consumi", ovvero la crescita delle spese per i divertimenti, la cultura, l'istruzione, le comunicazioni, i trasporti e la sanità.
Decisamente in diminuzione le cifre destinate al risparmio.
Dall'indagine risulta anche che, pur cambiando le abitudini degli italiani, non cambiano, purtroppo, i difetti del paese: la percentuale delle famiglie che vive in povertà è diminuita ma rimane molto alto - come sempre - il divario tra il reddito pro-capite delle regioni del centro-nord e quello delle regioni del Mezzogiorno.

lire di spesa di una famiglia italiana può essere così suddivisa: 20,2 lire per l'alimentazione, 15,4 per la casa, 9,9 per i vestiti, 12,1 per viaggiare, 9,5 per l'arredamento, 6,7 per curarsi, 9,1 per divertirsi, 17,1 per altri beni e servizi.
Ma come si traduce tutto questo in termini di modi e di abitudini di vita? Dall'analisi dei consumi emerge una fotografia dell'italiano medio sempre più vicina a quella di altri cittadini europei: leggermente in diminuzione risultano le cifre spese per l'alimentazione anche se sono aumentate quelle destinate ai cibi pregiati come carne e pesce. Nuova la tendenza definita come "terziarizzazione dei

Nel 1991 l'Italia ha toccato il minimo storico mai raggiunto sulla Terra: sono nati 1,27 figli per ogni donna italiana. Si tratta di egoismo o di prudenza. Per il 51% degli italiani il fenomeno è da attribuirsi a una maggiore consapevolezza. Oltre ai problemi economici c'è infatti anche la preoccupazione di non potere dedicare abbastanza tempo a più di un bambino a causa degli impegni lavorativi.
Le conseguenze? Nel paese della mamma e del mammismo in tempi brevi gli ultrasessantenni saranno più numerosi dei ventenni e entro il 2021 la popolazione diminuirà di tre milioni e mezzo. Le famiglie saranno composte in media da due persone.

Che informazioni puoi trarre da questi testi sul carattere e la vita degli italiani?
Parlane con i tuoi compagni e con il tuo insegnante.

15 Leggi queste frasi ad alta voce.

Abita proprio qui dietro l'angolo.	Se vieni possiamo andare al cinema.
Oggi ho molto da fare.	Che fai?
Ciao! Che ci fai da queste parti?	Vado a casa, sono stanco.
Che dici?	Hai sentito? Marco ha fatto tredici.
Che cosa hai visto?	Io ti consiglio di chiamarlo e dirglielo.
	È proprio carino.

Ora ascolta le stesse frasi lette da italiani.

Hai notato che in alcuni casi, nella pronuncia, viene raddoppiata la consonante iniziale della parola? Questo fenomeno si chiama rafforzamento sintattico.
Ascolta di nuovo le frasi e facci caso.

Per sapere quando si raddoppia la consonante iniziale di una parola bisogna guardare la parola precedente. D'ora in poi stai attento a questo fenomeno e cerca di fare un elenco delle parole che incontri che provocano il raddoppiamento.

Se fossi in te...

1 Immaginate di trovarvi in queste situazioni. Chiedete consigli o istruzioni ai vostri compagni.

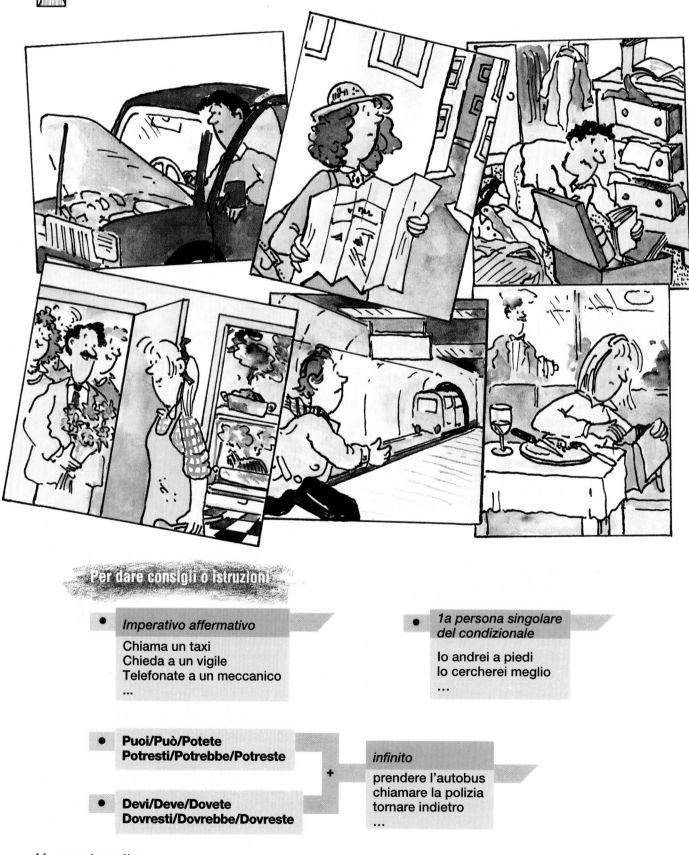

Per dare consigli o istruzioni

- *Imperativo affermativo*

  Chiama un taxi
  Chieda a un vigile
  Telefonate a un meccanico
  ...

- *1a persona singolare del condizionale*

  Io andrei a piedi
  Io cercherei meglio
  ...

- **Puoi/Può/Potete**
  Potresti/Potrebbe/Potreste

- **Devi/Deve/Dovete**
  Dovresti/Dovrebbe/Dovreste

  +

  infinito

  prendere l'autobus
  chiamare la polizia
  tornare indietro
  ...

Il condizionale

	dare	scrivere	partire	dire
-ei	darei	scriverei	partirei	direi
-esti	daresti	scriveresti	partiresti	diresti
-ebbe	darebbe	scriverebbe	partirebbe	direbbe
-emmo	daremmo	scriveremmo	partiremmo	diremmo
-este	dareste	scrivereste	partireste	direste
-ebbero	darebbero	scriverebbero	partirebbero	direbbero

Come nel caso del *futuro,*
tutti i verbi in **-are** che hanno
più di due sillabe cambiano la **a** in **e**.

parlare
parlerei
parleresti
parlerebbe
parleremmo
parlereste
parlerebbero

Verbi irregolari

I verbi irregolari sono gli stessi del *futuro*: hanno una radice irregolare. Le terminazioni sono le stesse degli altri verbi.

essere	sarei, saresti, ...
avere	avrei, avresti, ...
andare	andrei, andresti, ...
potere	potrei, potresti, ...
dovere	dovrei, dovresti, ...
vivere	vivrei, vivresti, ...

cadere	cadrei, cadresti, ...
venire	verrei, verresti, ...
tenere	terrei, terresti, ...
volere	vorrei, vorresti, ...
bere	berrei, berresti, ...
...	

Andreste nudi ad una riunione importante?

UNITÀ 6

2 Ascolta il dialogo e completa la scheda del signor Paolucci.

DISTURBI ACCUSATI DAL PAZIENTE	
DISTURBI ACCUSATI IN PASSATO	
DIAGNOSI	
ESAMI E CURE PRESCRITTE	
CONSIGLI VARI	

3 Ascolta una filastrocca per bambini che in Italia ha avuto molto successo.
Si intitola *Che cosa ci vuole*, ed è di Gianni Rodari.

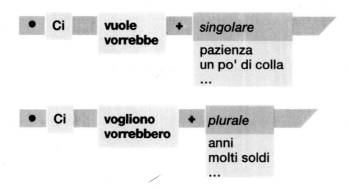

- Ci **vuole vorrebbe** + *singolare*
  pazienza
  un po' di colla
  ...

- Ci **vogliono vorrebbero** + *plurale*
  anni
  molti soldi
  ...

4 Hai notato, nel dialogo del punto 2, come il signor Paolucci spiega al medico i suoi problemi? Ecco alcune di queste espressioni.

● **Mi fa male** + *singolare*

un piede
un ginocchio
...

● **Mi fanno male** + *plurale*

i reni
le dita
...

● **Ho** **mal di** testa
denti
stomaco
...

● **Mi sento** un po'
abbastanza
molto
...

male
debole
stanco
affaticato
giù
...

Attenzione!

singolare	plurale
un braccio	le braccia
un dito	le dita
un ginocchio	le ginocchia
un labbro	le labbra
un orecchio	le orecchie

5 Ora immagina di essere queste persone. Cosa diresti al medico?

6 Hai mai avuto problemi di salute? Parlane con un tuo compagno.

● A cinque anni mi hanno operato
agli occhi. Sai, ero strabico.
○ Ma va! E sei stato molto in ospedale?
● Una settimana.

○ Io ci sono stato quindici giorni
quando mi sono rotto la gamba.
● E come te la sei rotta?
○ ...

7 Ecco i fogli illustrativi di alcuni medicinali. Quale daresti a queste persone?
In che dosi? Se non capisci parole che ti sembrano importanti, chiedine il significato
al tuo insegnante. Ma attenzione! Prendere medicine sbagliate può essere pericoloso!

	MEDICINALE	QUANTITA'
UNA PERSONA CHE HA LA TOSSE		
UN BAMBINO DI 6 ANNI CON IL RAFFREDDORE		
UNA DONNA INCINTA CON IL MAL DI TESTA		
UNO SPORTIVO CON PROBLEMI MUSCOLARI		
UNA PERSONA ANZIANA CHE HA L'INFLUENZA		
UN RAGAZZO CHE HA MAL DI DENTI		
UNA DONNA CON IL TORCICOLLO		
UN UOMO CHE HA MAL DI STOMACO		

MuscoRil

INDICAZIONI
Fiale e capsule: esiti spastici di emiparesi, malattia di Parkinson e parkinsonismo da medicamenti, con particolare riguardo alla sindrome neuro-dislettica. Fiale, capsule, crema, pomata: lombosciatalgie acute e croniche, nevralgie cervico-brachiali, torcicolli ostinati, sindromi dolorose post-traumatiche e post-operatorie.

POSOLOGIA
Per via intramuscolare: 2 fiale nelle 24 ore o secondo prescrizione medica. - Per via orale: 2 capsule dopo i pasti principali o secondo prescrizione medica. - Per via topica: 2-3 applicazioni il giorno.

AVVERTENZE
"L'uso, specie se prolungato, dei prodotti per uso topico può dare origine a fenomeni di sensibilizzazione. In tal caso è necessario interrompere il trattamento ed istituire una terapia idonea".

CONTROINDICAZIONI
Paralisi flaccida, ipotonie muscolari. Ipersensibilità individuale accertata verso il prodotto.

CONFEZIONI
- Scatola da 6 fiale da 2 ml - Scatola da 20 capsule - Tubo da 30 g di crema - Tubo da 30 g di pomata.
Tenere fuori dalla portata dei bambini.
Inverni della Beffa Spa

Guaiacalcium complex sciroppo

INDICAZIONI
Nel trattamento della tosse in corso di laringiti - tracheiti - bronchiti acute o croniche ed in genere di tutte le affezioni infiammatorie a carico dell'apparato respiratorio.

POSOLOGIA
adulti e ragazzi oltre i 13 anni: 1 cucchiaio 2-3 volte al giorno - **ragazzi da 8 a 13 anni:** 2 cucchiaini 2-3 volte al giorno - **bambini da 3 a 8 anni:** 1 cucchiaino 2-3 volte al giorno - **bambini da 1 a 3 anni:** 1/2 cucchiaino 2-3 volte al giorno.

MODALITA' D'USO
Nella stagione fredda è consigliabile somministrare lo sciroppo «caldo» come punch medicinale, diluendo la dose in acqua, the o latte molto caldi.

CONTROINDICAZIONI
Malattie cardiache gravi, ipertensione, ipertiroidismo, glaucoma, ipertrofia prostatica, soggetti con riconosciuta ipersensibilità al farmaco.

REAZIONI SECONDARIE
Particolarmente in soggetti sensibili e con alte dosi sono talora riferiti segni di iperstimolazione da efedrina con eccitazione e, più raramente, aritmie, tachicardie, tremori muscolari che, per lo più, scompaiono con l'aggiustamento del dosaggio. Non sono comuni sintomi a carico dell'apparato gastroenterico e cefalea. Talora può verificarsi secchezza del naso e della gola.

PRESENTAZIONE
Flacone da 230 g pari a 200 ml
Tenere fuori dalla portata dei bambini

Celsius Spa Peschiera Borromeo (MI)

Moment 200

INDICAZIONI
Dolori di varia origine e natura (mal di testa, mal di denti, nevralgie, dolori osteo-articolari e muscolari, dolori mestruali). Coadiuvante nel trattamento sintomatico degli stati febbrili e influenzali.

CONTROINDICAZIONI
Non somministrare al di sotto dei 12 anni. Ipersensibilità individuale accertata verso il prodotto o verso altri antireumatici (acido acetilsalicilico, ecc.). Ulcera gastroduodenale attiva o grave o altre gastropatie.

EFFETTI COLLATERALI
Talvolta si possono verificare eruzioni cutanee su base allergica (eritemi, prurito, orticaria).
Tuttavia gli effetti collaterali più comuni sono quelli a carico dell'apparato gastro-intestinale (senso di peso epigastrico, dolori addominali, talora stipsi o diarrea). Scarsa la frequenza di nausea e vomito. Del tutto eccezionalmente con l'uso dell'ibuprofen, è stata riferita la comparsa di ulcere, alcune complicate con gastro enterorragia. Tali fenomeni regrediscono rapidamente con la sospensione del trattamento.

POSOLOGIA
Adulti e ragazzi oltre i 12 anni: 1-2 confetti, due-tre volte al giorno, preferibilmente a stomaco pieno. Non superare la dose di 6 confetti al giorno. Non superare le dosi consigliate; in particolare i pazienti anziani dovrebbero attenersi ai dosaggi minimi sopraindicati.

AVVERTENZE
Dopo tre giorni di trattamento senza risultati apprezzabili consultare il medico.
L'uso del prodotto è sconsigliabile in gravidanza.
In pazienti asmatici il prodotto deve essere utilizzato con cautela consultando il medico prima di assumere il prodotto.
Tenere fuori dalla portata dei bambini.
Acraf Spa - Roma

Cemirit *compresse adulti*

COMPOSIZIONE
Una compressa contiene 0,8 g di acido acetilsalicilico in forma microincapsulata con etilcellulosa.

INDICAZIONI
Affezioni reumatiche caratterizzate da lagie e flogosi; poliartrite cronica progressiva, poliartrite acuta (malattia reumatica), artrite reumatoide e sue varietà, artropatie degenerative, reumatismo muscolare, mialgie, lombalgie, sindrome vertebrale e cervicale, nevralgie, sciatalgie, radicoliti, nevralgie cervico-brachiali e del trigemino, reumatica e coadiuvante delle forme influenzali, delle malattie da raffreddamento e degli stati febbrili. Terapia sinto-

CONTROINDICAZIONI
Malattia ulcerosa gastro-duodenale, ipersensibilità all'acido acetilsalicilico e ai salicilati, diatesi emorragica.

DOSI E MODALITÀ D'IMPIEGO
La posologia media consigliata è la seguente:
1 compressa 2-3 volte al giorno. Le dosi indicate possono essere aumentate in funzione della gravità del quadro clinico, sul parere del medico curante. Le compresse vanno ingerite dopo averle disgregate direttamente in acqua e bevendo immediatamente dopo un altro po' di liquido. L'assunzione del prodotto deve avvenire a stomaco pieno.
Nel trattamento di pazienti anziani la posologia deve essere attentamente stabilita dal medico che potrà valutare una eventuale riduzione dei dosaggi sovraindicati.

PRECAUZIONI
Utilizzare con prudenza in casi di asma, gotta.

AVVERTENZE
L'impiego ad alte dosi e/o per lungo tempo va effettuato sotto controllo medico. L'impiego in gravidanza per lunghi periodi e la somministrazione negli ultimi tre mesi della gravidanza devono avvenire soltanto dietro prescrizione medica. Durante gli ultimi tre mesi ed in particolare nelle ultime settimane di gravidanza, sarebbe comunque opportuno evitare l'uso di acido acetilsalicilico. In caso di affezioni virali, quali influenza o varicella, consultare il medico prima di somministrare il prodotto a bambini e ragazzi. Se durante il trattamento compaiono vomito prolungato e profonda sonnolenza, interrompere la somministrazione.

CONFEZIONE
30 compresse da 0,8 g. - CEMIRIT è disponibile anche in compresse da 0,2 g per uso pediatrico aromatizzate al sapore di frutta, in supposte da 1,2 g e in supposte pediatriche da 0,3 g.

Non lasciare medicinali alla portata dei bambini.
Bayer S.p.A. - Milano

UNITÀ 6

8

Ora vai alla fine del libro e leggi il testo del dialogo al punto 2. Trascrivi
le forme verbali con cui il medico sconsiglia al paziente di fare qualcosa.

Fatto? In vari casi si tratta di voci del **lei** *formale* (*3ª persona singolare*)
dell'*imperativo negativo*. Ecco la coniugazione completa.

L'imperativo negativo

tu   ● **Non** ✦ *infinito*

aspettare
ti preoccupare
...

lei   ● **Non** ✦ *3ª persona singolare del congiuntivo presente*

perda troppo tempo
ci faccia caso
...

voi   ● **Non** ✦ *2ª persona plurale del presente indicativo*

fate rumore
ve la prendete
...

Ma ci sono anche altre espressioni che usiamo per dare consigli.

● **Cerca**
Cerchi
Cercate   **di** + *infinito*

lavorare meno
non pensarci
...

● **Prova**
Provi
Provate   **a** + *infinito*

tirare più forte
lasciarlo perdere
...

9 Perché non date insieme qualche consiglio a queste persone?
Immaginate di parlare con loro. Ricordatevi di usare anche l'*imperativo negativo*.

UNITÀ 6

10 Ascolta il dialogo e segna con una X le affermazioni che ti sembrano vere.

☐ Il corso di laurea in Farmacia dura 5 anni

☐ Le lauree brevi in Italia sono di recente istituzione

☐ La laurea in Medicina prevede 30 esami

☐ In Italia ci sono molti medici e farmacisti disoccupati

☐ Le facoltà di Medicina sono più affollate di quelle di Farmacia

☐ Le lauree brevi garantiscono degli sbocchi professionali

Hai notato che insieme ai consigli spesso si danno anche degli argomenti per convincere l'interlocutore? Ascolta ancora il dialogo e trascrivi i consigli che vengono dati con i rispettivi argomenti.

CONSIGLI	ARGOMENTI

11 Ora pensa a qualche argomento per far fare qualcuna di queste cose a uno dei tuoi compagni. Poi cerca di convincerlo. Oltre alle espressioni che conosci, puoi usare:

● **Se fossi in** te + *condizionale*
lei
voi

● **Io al posto** tuo + *condizionale*
suo
vostro

andare a vivere all'estero

fare un corso di cucina

smettere di fumare

imparare a leggere la mano

cambiare lavoro

diventare un eremita

smettere di studiare l'italiano

sposarsi con una persona della classe

regalarti il suo orologio

...

12 Ora leggi questo brano e rispondi.

«Ma a parte questo», continuava mio padre, «e a parte un mucchio di altre considerazioni, mi permetti di esporti con franchezza... di darti un consiglio da amico?»

«Di' pure».

«Mi rendo conto che quando uno, specie alla tua età, perde la testa per una ragazza, non sta tanto lì a calcolare... Mi rendo conto anche che il tuo è un carattere un po' speciale... e non credere che due anni fa, quando quel disgraziato del dottor Fadigati...»

Da quando Fadigati era morto, in casa non l'avevamo più nominato. Che cosa c'entrava Fadigati, adesso?

Lo guardai in viso.

«Ma sì, lasciami dire!», fece lui. «Il tuo temperamento (ho l'impressione che tu abbia preso dalla nonna Fanny), il tuo temperamento... Sei troppo sensibile, ecco, e così non ti accontenti... vai sempre a cercare...»

Non finì. Accennava con la mano a mondi ideali, popolati da pure chimere.

«Comunque perdonami», riprese, «ma anche come famiglia i Finzi-Contini non erano adatti... non erano gente per noi... Sposando una ragazza di quel genere là, sono convinto che presto o tardi ti saresti trovato male... Ma sì, sì», insistette, temendo forse qualche mio gesto o parola di protesta, «lo sai pure qual è sempre stata la mia opinione in proposito. È gente diversa... non sembrano neanche dei judìm... Eh, lo so: Micòl, lei, ti piaceva tanto forse per questo... perché era superiore a noi... socialmente. Ma da' retta a me: meglio che sia andata a finire così. Dice il proverbio: "Mogli e buoi dei paesi tuoi". E quella là, nonostante le apparenze, non era affatto dei paesi tuoi. Neanche un poco».

Avevo di nuovo chinato il capo, e mi fissavo le mani posate aperte sui ginocchi.

«Ti passerà», continuava, «ti passerà, e molto più presto di quanto tu non creda. Certo, mi dispiace: immagino quello che senti in questo momento. Però un pochino anche t'invidio, sai? Nella vita, se uno vuol capire, capire sul serio come stanno le cose di questo mondo, deve morire almeno una volta. E allora, dato che la legge è questa, meglio morire da giovani, quando uno ha ancora tanto tempo davanti a sé per tirarsi su e risuscitare... Capire da vecchi è brutto, molto più brutto. Come si fa? Non c'è più tempo per ricominciare da zero, e la nostra generazione ne ha prese talmente tante, di cantonate! Ad ogni modo, se Dio benedetto vuole, tu sei così giovane! Tra qualche mese, vedrai, non ti sembrerà neanche vero di essere passato in mezzo a tutto questo. Sarai magari perfino contento. Ti sentirai più ricco, non so... più maturo...»

«Speriamo», mormorai.

«Sono felice di essermi sfogato, di essermi tolto dallo stomaco questo magone... E adesso un'ultima raccomandazione. Posso?»

Annuii.

«Non andarci più, a casa loro. Ricomincia a studiare, occupati di qualcosa, mettiti magari a dare delle lezioni private, che sento dire in giro che ce n'è tanta richiesta... E non andarci più. È più da uomo, fra l'altro».

Aveva ragione. Fra l'altro era più da uomo.

«Proverò», dissi, rialzando gli sguardi. «Farò di tutto per riuscirci».

«Così va bene!»

Guardò l'ora.

«E adesso va' a dormire», soggiunse, «che ne hai bisogno. Anche io cercherò di chiudere un momento gli occhi».

Mi levai, mi chinai su di lui per baciarlo, ma il bacio che ci scambiammo si trasformò in un abbraccio lungo, silenzioso, tenerissimo.

Giorgio Bassani
Il giardino dei Finzi-Contini

Qual è, secondo te, il "consiglio da amico" che il padre dà al protagonista?
Puoi sintetizzarlo in una frase?
In quali parti del dialogo lo trovi espresso? Prova a sottolinearle.

Come puoi notare, in nessuna delle parti che hai sottolineato si dà esplicitamente un consiglio: infatti il padre, dopo averlo annunciato, si limita a una serie di argomenti. Si tratta di una strategia che possiamo adottare quando vogliamo evitare di essere troppo diretti. Solo alla fine, quando la tensione è calata ed ha la sensazione che le sue parole non feriscano il figlio, gli fa "un'ultima raccomandazione" utilizzando forme dell'imperativo. Ci hai fatto caso?

UNITÀ 6

13   Ascolta i dialoghi. Che tipo di consigli si danno?

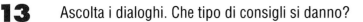

A	*NON PRENDERSELA TANTO*
B	
C	
D	
E	

In questi dialoghi appaiono diverse espressioni con cui si esprimono delle sensazioni e degli stati d'animo. Le hai notate? Ascolta ancora una volta le registrazioni e prova a trascriverle. Poi confronta i tuoi appunti con quelli dei tuoi compagni.

14   Ecco alcune espressioni che puoi usare per parlare delle tue sensazioni e dei tuoi stati d'animo.

Per esprimere uno stato d'animo

- **Sono**
  Sei
  ...

- **Mi sento**
  Ti senti
  ...

> **infelice**
> **triste**
> **depresso**
> **angosciato**
> **insoddisfatto**
> **teso**
> **stressato**
> **un po' giù**
> **nervoso**
> **a pezzi**
> **euforico**
> **felice**
> **...**

- **Sono**
  Sei
  ...
  | **preoccupato**
  nero
  disperato
  arrabbiato
  soddisfatto
  contento
  ...

- **Ho**
  Hai
  ...
  | **paura**

Per mettere l'accento sulla causa (o descrivere se stessi)

- **Mi**
  Ti
  ...
  | **preoccupa**
  deprime
  angoscia
  manda in bestia
  fa arrabbiare
  fa paura
  dà fastidio
  spaventa
  innervosisce
  amareggia
  diverte
  tranquillizza
  ...
  | + *singolare*

  + *che* + *congiuntivo*

  + *infinito*

- **Mi**
  Ti
  ...
  | **preoccupano**
  deprimono
  angosciano
  mandano in bestia
  fanno arrabbiare
  fanno paura
  danno fastidio
  spaventano
  innervosicono
  amareggiano
  divertono
  tranquillizzano
  ...
  | + *plurale*

- Questa situazione ci preoccupa abbastanza.

- Ti dà fastidio che dicano queste a cose a tutti?

- Mi innervosice aspettare a lungo.

- I giochi di parole la divertono molto.

UNITÀ 6

15

Come ti senti di solito in queste situazioni? Parlane con i tuoi compagni.

prima di un esame

salendo in aereo

la prima volta che esci con una
persona che ti piace

nella sala di attesa del dentista

l'ultimo giorno di lavoro/scuola/
università prima delle vacanze

il giorno del tuo compleanno

chiuso dentro un ascensore che si è
fermato tra due piani

la sera di un giorno in cui sul lavoro
ti è andato tutto storto

faccia a faccia con un pastore tedesco
che non ti conosce

...

☞
- Io prima di un esame sono sempre nervoso.
○ Io non tanto. Più che altro sono preoccupata,
  soprattutto se non ho studiato abbastanza. Invece
  mi innervosisce molto prendere l'aereo.
- ...

16

Che effetto ti fanno queste immagini? Provocano in te qualche reazione emotiva?
Parlane con un tuo compagno.

17

C'è una sensazione o uno stato d'animo
che provi frequentemente? E in questo periodo?
Parlane con i tuoi compagni.

18 Ora leggi questa lettera. Perché non provi a scrivere una risposta?

Sono un giovane di 24 anni e mi sento grande, o almeno ci provo. Nella mia famiglia mi trovo abbastanza bene e viviamo tutti (siamo in 5) in un clima sereno, rispettando ognuno il proprio ruolo di genitori e figli. I miei genitori sono come tanti, un po' all'antica, buoni e generosi, e io sono cresciuto affrontando i problemi e le gioie della vita, sbagliando o cavandomela, ma sempre da solo. Non ho mai chiesto ai miei dei veri consigli e loro non mi hanno imposto nulla, regalandomi tanta libertà, così tanta che spesso non sapevo come gestirla. Per questa mancanza di guida ho sofferto e insomma non abbiamo mai comunicato molto, pur volendoci bene. Adesso ho voglia di una vera indipendenza, di farmi una vita mia lontano da loro, ma non voglio litigare, lottare: per questo avrei bisogno di sapere almeno una volta cosa pensano veramente di queste mie esigenze, per essere più tranquillo: vorrei che fossero loro a dirmi che sono cresciuto e che se voglio posso andarmene. Sono bloccato emotivamente, sto aspettando che siano loro a dirmi queste cose, sapendo benissimo che il permesso per andarmene non ci sarà: so che dovrei almeno provare a parlarne, ma non ne ho il coraggio.

Andrea
Reggio Emilia

19 Continuiamo con il raddoppiamento sintattico.
Ecco un elenco con alcune delle parole che di solito provocano questo fenomeno. Guardale e insieme ai tuoi compagni e al tuo insegnante fai delle frasi in cui le usi davanti a una consonante. Poi allenatevi a pronunciare le frasi.

alcune preposizioni: a, da (solo in alcune zone), su, tra, fra
alcune forme verbali di una sillaba: è (essere), ho, ha (avere), do, dà (dare), so, sa (sapere), dì (dire), fa (fare), sta (stare), va (andare)
alcune forme del futuro e del passato remoto accentate sull'ultima vocale: sarò, sarà, farò, farà, dirò, dirà, arriverò, arriverà,

ecc.; andò, parlò, ecc.
alcune parole interrogative ed esclamative: chi, che, perché, come (solo in alcune zone), dove (solo in alcune zone)
alcuni marcatori temporali e spaziali (avverbi): qui, qua, giù, lì, là, sopra, già
alcune congiunzioni: ma, però, o, e, se, poiché
inoltre: qualche, tu, blu, caffè, tè, Perù

Hai notato che si tratta quasi sempre di parole che hanno una sola sillaba (monosillabiche) oppure con l'ultima vocale accentata? Comunque, sono sempre parole che finiscono in vocale.

Guarda di nuovo quest'elenco e facci caso.

D'ora in poi, stai attento ai contesti in cui appaiono queste parole.

Come sarebbe il mondo se...

1

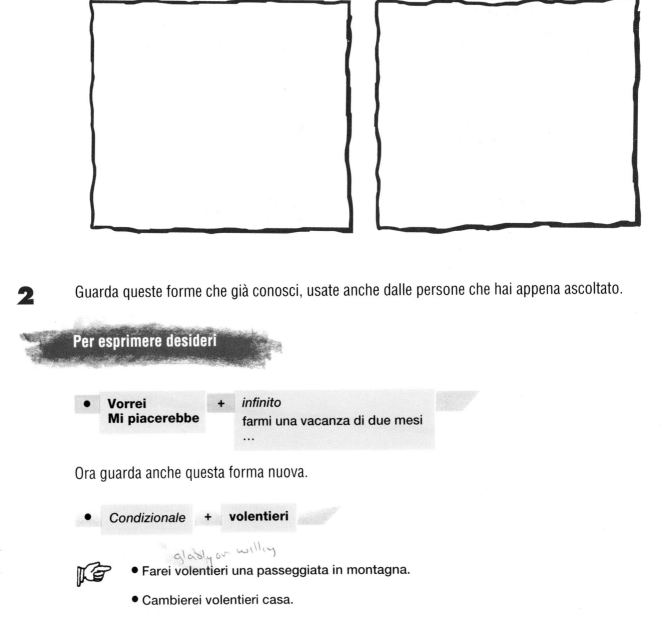

Ascolta queste persone che parlano di cose che vorrebbero fare e segna le cose di cui parlano.

A BREVE SCADENZA

A LUNGA SCADENZA

2

Guarda queste forme che già conosci, usate anche dalle persone che hai appena ascoltato.

Per esprimere desideri

- **Vorrei**
  Mi piacerebbe + *infinito*
  farmi una vacanza di due mesi
  ...

Ora guarda anche questa forma nuova.

- *Condizionale* + **volentieri**

gladly or willing

- Farei volentieri una passeggiata in montagna.

- Cambierei volentieri casa.

Ti ricordi del *condizionale*? L'hai già visto nell'Unità 6. Serve per parlare di cose che dipendono o sono condizionate da altre cose. Ma, come negli usi che abbiamo qui, non sempre vi è una condizione espressa nel contesto. Più avanti riprenderemo il discorso e potremo *not the only way to use this tense* parlare anche di altri suoi usi. Continua a osservarlo ogni volta che lo incontri. *later on*

3

Ora esprimi tu i tuoi desideri, immediati e non. Parla con i tuoi compagni.

- In questo momento berrei volentieri una birra.
  ○ Se vuoi la andiamo a comprare.

- Mi piacerebbe cambiare lavoro.
  ○ A chi lo dici!

4 E quest'uomo cosa vuole? Parlane con i tuoi compagni.

reckless (daredevil

Vita spericolata

bad manners

Voglio una vita maleducata
di quelle vite fatte fatte così
Voglio una vita che se ne frega (care)
che se ne frega di tutto sì all this stuff
Voglio una vita che non è mai tardi
di quelle che non dormono mai
Voglio una vita
di quelle che non si sa mai
E poi ci troveremo come le star
a bere del whisky al Roxy bar
E forse non ci incontreremo mai
ognuno a rincorrere i suoi guai
Ognuno col suo viaggio
ognuno diverso
ognuno in fondo perso dentro i fatti suoi
Voglio una vita spericolata
Voglio una vita come quelle dei film
Voglio una vita esagerata
Voglio una vita come Steve Mc Queen
Voglio una vita che non è mai tardi
di quelle che non dormi mai
Voglio una vita
la voglio piena di guai) full of trouble)
E poi ci troveremo come le star
a bere del whisky al Roxy bar
Oppure non ci incontreremo mai
ognuno a rincorrere i suoi guai
Ognuno col suo viaggio

ognuno diverso
ognuno in fondo perso dentro i fatti suoi
Voglio una vita maleducata
di quelle vite fatte così
Voglio una vita che se ne frega
che se ne frega di tutto sì
Voglio una vita che non è mai tardi
di quelle che non dormi mai
Voglio una vita
Vedrai che vita vedrai
E poi ci troveremo come le star
a bere del whisky al Roxy bar
E forse non ci incontreremo mai
ognuno a rincorrere i suoi guai
E poi ci troveremo come le star
a bere del whisky al Roxy bar
E forse non ci incontreremo mai
ognuno a rincorrere i suoi guai
Voglio una vita spericolata
Voglio una vita come quelle dei film
Voglio una vita esagerata
Voglio una vita come Steve Mc Queen
Voglio una vita maleducata
di quelle vite fatte fatte così
Voglio una vita che se ne frega
che se ne frega di tutto sì

(V. Rossi - T. Ferro)

5 Spesso però i desideri non si avverano perché dipendono da condizioni che purtroppo non sono reali! Ascolta queste persone e segna le risposte esatte.

Farei molti pranzi.	☐	Io pagherei una tangente.	☐
Farei rifare i giardini che sono stati tolti.	☐	Se non avessi più soldi farei la persona onesta.	☐
Non sarei capace di gestire tutto quel denaro.	☐	Io un uomo armato lo lascerei fare.	☐
Non avrei tutti quei soldi.	☐	Mi sorprenderei molto.	☐
Non ci terrei.	☐	Gli direi «ma proprio la mia?».	☐
Vorrei saperlo pilotare.	☐	Gli ruberei la borsa.	☐
Mi dispiacerebbe saperlo pilotare.	☐	Saluterei.	☐
Io farei un viaggio.	☐	Cercherei di essere riconosciuto.	☐
Io andrei in Giappone.	☐	Cercherei di fare amicizia.	☐
Io andrei in Germania.	☐	Il mio peggior nemico lo eliminerei.	☐
Mi indignerei.	☐	Sarei il suo peggior nemico.	☐
Denuncerei la persona.	☐	Potrei accettare.	☐
		Non accetterei.	☐

UNITÀ 7

6

Hai sentito bene tutte le domande del punto precedente? Ascoltale di nuovo e cerca di trascriverle. Poi controlla i tuoi appunti con quelli di un tuo compagno. Sono uguali? Sono diversi? Chi di voi ha ragione? Controllatelo ascoltando di nuovo le interviste.

Capisci bene anche il significato delle domande che avete appena trascritto? Parlane con un tuo compagno. Naturalmente vi potete aiutare anche con le risposte.

Ora ascolta ancora una volta le registrazioni e fai attenzione alle forme verbali usate dopo **se** per evocare situazioni non vere.

7

Hai notato che nelle domande che hai appena ascoltato viene usato un nuovo tempo verbale? È l'*imperfetto del congiuntivo.* Eccone la coniugazione.

Imperfetto del congiuntivo

	parlare	potere	partire
-ssi	parlassi	potessi	partissi
-ssi	parlassi	potessi	partissi
-sse	parlasse	potesse	partisse
-ssimo	parlassimo	potessimo	partissimo
-ste	parlaste	poteste	partiste
-ssero	parlassero	potessero	partissero

Le terminazioni sono uguali per tutti i verbi. Si sostituiscono al -re finale dell'*infinito*.

I verbi irregolari sono pochissimi.

essere	dire *(dicere)*	fare *(facere)*	stare	dare
fossi	dicessi	facessi	stessi	dessi
fossi	dicessi	facessi	stessi	dessi
fosse	dicesse	facesse	stesse	desse
fossimo	dicessimo	facessimo	stessimo	dessimo
foste	diceste	faceste	steste	deste
fossero	dicessero	facessero	stessero	dessero

L'*imperfetto del congiuntivo* si usa soprattutto in periodi subordinati
(condizionali, finali, concessivi, ecc.). Poco a poco vedremo i suoi principali usi.
Per ora, nota quello che ti presentiamo qui, per esprimere condizioni con **se**.

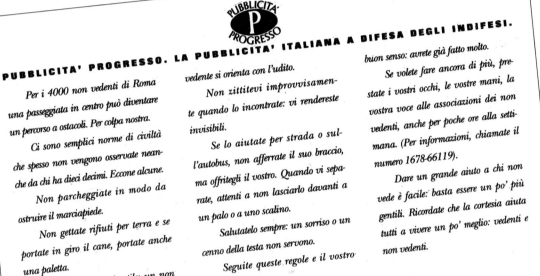

PUBBLICITA' PROGRESSO. LA PUBBLICITA' ITALIANA A DIFESA DEGLI INDIFESI.

Per i 4000 non vedenti di Roma una passeggiata in centro può diventare un percorso a ostacoli. Per colpa nostra.

Ci sono semplici norme di civiltà che spesso non vengono osservate neanche da chi ha dieci decimi. Eccone alcune.

Non parcheggiate in modo da ostruire il marciapiede.

Non gettate rifiuti per terra e se portate in giro il cane, portate anche una paletta.

Non fate rumore inutile: un non vedente si orienta con l'udito.

Non zittitevi improvvisamente quando lo incontrate: vi rendereste invisibili.

Se lo aiutate per strada o sull'autobus, non afferrate il suo braccio, ma offritegli il vostro. Quando vi separate, attenti a non lasciarlo davanti a un palo o a uno scalino.

Salutatelo sempre: un sorriso o un cenno della testa non servono.

Seguite queste regole e il vostro buon senso: avrete già fatto molto.

Se volete fare ancora di più, prestate i vostri occhi, le vostre mani, la vostra voce alle associazioni dei non vedenti, anche per poche ore alla settimana. (Per informazioni, chiamate il numero 1678-66119).

Dare un grande aiuto a chi non vede è facile: basta essere un po' più gentili. Ricordate che la cortesia aiuta tutti a vivere un po' meglio: vedenti e non vedenti.

I NON VEDENTI USCIREBBERO PIU' VOLENTIERI SE NON GLI METTESSIMO LE RUOTE FRA I BASTONI.

Via Serra, ore 14.20

Via del Melone, ore 11.10

Via della Farnesina, ore 12.50

IL MESSAGGERO 25/08/92

8   E tu cosa faresti nelle situazioni evocate al punto 5? Completa le frasi.

Se fossi il Presidente della Repubblica...

Se fossi l'uomo più ricco della terra...

Se potessi partire e lasciare tutto...

Se avessi a disposizione un aereo privato...

Se scoprissi che mi rimangono
soltanto tre giorni di vita...

Se mi chiedessero di pagare una tangente...

Se non riuscissi a trovare lavoro
e non avessi più soldi per vivere...

Se tornando a casa trovassi mia moglie/mio
marito a letto con un altro/un'altra...

Se mi accorgessi che un uomo armato
mi sta rubando la macchina...

Se mi trovassi da solo in ascensore con un
personaggio famoso (politico, giornalista,
attore, ecc.) che ammiro molto...

Se mi trovassi su un'isola deserta
con il mio peggior nemico...

Se il mio capo mi facesse delle proposte...

Se vincessi alla lotteria di Merano...

9 Ora parla con un tuo compagno di come avete risposto alle domande del punto precedente.

- Io, se vincessi alla lotteria di Merano, con un miliardo mi comprerei una casa, una villa.
○ E con l'altro miliardo?

E il resto della classe come ha risposto? Parlatene tutti insieme.

10 Hai immaginazione? Proviamo a immaginare come sarebbe il mondo se...

non esistesse il fuoco

non conoscessimo il cerchio

finisse il petrolio

non ci fossero più i soldi

si scoprisse la medicina dell'eterna giovinezza

venisse abolito il matrimonio

non esistesse più nessun tipo di governo

un'unica persona dominasse il mondo

non esistesse più l'avidità

per una strana epidemia diventassimo alti 20 centimetri

non ci fosse più bisogno di lavorare

non ci fossero i frigoriferi

- Se non conoscessimo il cerchio, non avremmo nemmeno la ruota e non ci sarebbero né auto, né treni, né aerei, né biciclette...
○ Sì, e molte macchine non potrebbero funzionare perché non funzionerebbero gli ingranaggi dei motori.
■ Le pentole sarebbero quadrate...
- Sì, e anche gli anelli, gli orecchini...
○ Anche molte lettere sarebbero diverse...
□ ...

11 Hai notato che queste condizioni con **se** + *imperfetto del congiuntivo* si possono riferire sia al futuro (se si tratta di qualcosa che sembra improbabile), sia al presente (se si tratta di qualcosa di non vero)? Guarda di nuovo le frasi dei punti 8 e 10 e facci caso.

UNITÀ 7

12   Vuoi continuare il gioco d'immaginazione del punto 10?
Inventa tu altre situazioni ipotetiche e scrivile.

Come sarebbe il mondo se avessimo due teste?

Come sarebbe questo paese se tutti i partiti politici fossero d'accordo su tutto?

13   Ora discuti le situazioni che hai inventato con i tuoi compagni.

- Come sarebbe il mondo se avessimo due teste?
- Secondo me sarebbe tutto più complicato...
  I maglioni avrebbero due buchi per la testa...
- Pensa che bello! Potremmo chiacchierare con noi stessi.
- Sì, però sarebbe un problema mangiare:
  dovremmo mangiare con le due mani,
  una per ogni bocca.

14 Vuoi scoprire chi è il più coraggioso, il più cinico, il più generoso, il più avaro, il più egoista, il più ingenuo, il più furbo, il più attaccato ai soldi, il più sicuro di sé, il più pigro, ecc. tra i tuoi compagni? Scegli un argomento e inventa delle situazioni per metterli alla prova. Poi scrivi delle domande come nel punto 6. Ma attenzione! Scegliete argomenti diversi!

- Cosa faresti se ti offrissero un milione per catturare un insetto velenoso vivo: cercheresti di prenderlo o rinunceresti al milione?

- Se per conquistare una ragazza dovessi sfidare in duello il padre, cosa faresti?

15 Ora fai un'indagine tra i tuoi compagni facendogli le domande che hai appena preparato.

- • Se per arrivare in un posto dovessi fare cinque chilometri a piedi oppure attraversare appeso a una corda una gola profonda venti metri e larga tre, cosa faresti?

○ Io preferirei fare cinque chilometri a piedi.
■ Io, no. Io attraverserei la gola appeso a una corda.

16 Un altro gioco. Pensa a una persona che conoscete tutti o a un personaggio famoso e rispondi alle domande dei tuoi compagni, che ti chiederanno come sarebbe se fosse un personaggio storico, un animale, un oggetto, ecc. Vince chi indovina a chi stai pensando. Se entro cinque minuti non indovina nessuno, hai vinto tu.

- • Se fosse una macchina, che macchina sarebbe?
○ Una Rolls Royce.
- • E se fosse una pianta?
○ Sarebbe una pianta grassa ma senza spine.
- • ...

- • Come sarebbe se fosse un leone?
○ Se fosse un leone... non gli piacerebbe la carne.

- • Se fosse un libro?
○ ...

- • Se fosse un attore, che attore sarebbe?
○ ...

17 Leggi questo testo e parlane con i tuoi compagni e con il tuo insegnante.

L'avvocato Francis Malgaz sembra, a vederlo, un bifolco montanaro vestito da signore. Cubico, mal squadrato, rozzo, ossuto e adusto. Testa enorme, mani grosse, piedi giganteschi, occhi di bove e denti di cavallo. Ma poi, a starci insieme, si scopre ch'è un uomo di grande ingegno e di spirito, colto e di buona conversazione. Ho passato con lui piú di un'ora piacevole. Ieri sera, ad esempio, mi ha confidato le sue idee sulla giustizia.

- Il nostro sistema, diceva, è assurdo e complicato. L'eredità del diritto romano ci opprime. Il diritto romano, con tutte le sue precauzioni e misurazioni, fu l'opera di contadini avari e diffidenti che vedevano il gastigo dei delitti sotto l'aspetto d'una mercuriale. Non si può punire il delitto, che ormai è commesso e non si può rimediare, ma soltanto sequestrare il delinquente perché non ne commetta altri. Quando leggo nelle sentenze che un tale è stato condannato a tre anni, otto mesi e ventisette giorni sento puzzo di mercanzia. Par che i giudici vogliano far pagare al colpevole l'atto commesso secondo una tavola di prezzi che arriva fino ai centesimi. Quando avrà pagato quegli anni, quei mesi e quei giorni il debitore sarà in pari - puro come prima. È un errore. Un delitto è irreparabile epperciò non si paga mai e in nessun modo può essere scontato perché non potete ridare alla vittima la pace o la vita perduta.

"D'altra parte, se un giudice va in fondo alle cose, e nei processi moderni lunghissimi non ne può fare a meno, finisce coll'accorgersi che l'accusato non poteva fare a meno di commettere quel che ha commesso, dato il temperamento, le idee, i bisogni, le passioni e tutto il resto. Se ci fondiamo sulla psicologia ogni colpevole dovrebbe essere assolto; se badiamo alla difesa della società ogni colpevole dovrebbe essere eliminato per sempre. Quelle graduatorie minuziose di pene sono illogiche e arcaiche - e i processi sono, per me, perditempi inutili.

"L'importante è togliere di circolazione i delinquenti, senza sottigliezze superflue e spese gravose. Io dividerei i delitti in tre categorie: maggiori, medi e minori. E ad ogni categoria assegnerei una pena unica. I maggiori, come ad esempio il parricidio, il tradimento della patria ecc., dovrebbero esser puniti colla morte immediata. I medi - ferimenti, furti, frodi e simili - colla deportazione a vita. I minori – appropriazione, diffamazione - col sequestro delle proprietà o una grossa multa una tanto. A questo modo sarebbero aboliti i tribunali, i giudici, i cancellieri, i giurí, le procedure, le prigioni con i loro direttori e carcerieri e la società sarebbe protetta lo stesso, con immensa economia di tempo e di denaro. I processi sono scuole di delinquenza e le prigioni semenzai di criminalità. Una buona polizia provvederebbe a tutto. Acciuffato il delinquente è facile a un commissario stabilire la qualità del suo delitto ed è facile liberarsene. O si ammazza o si espelle dal paese o si fa pagare. Sicurezza, rapidità e risparmio. In pochi anni diminuirebbe la spesa della giustizia e il numero dei delitti.

"I processi, però non sarebbero del tutto soppressi. E sapete a chi dovrebbero esser fatti? Ai cosiddetti innocenti. Processare i delinquenti è una sciocchezza costosa ma processare gli innocenti è il dovere supremo d'uno stato consapevole dei suoi doveri. Quando un delitto è stato commesso tutta la scienza dei giudici, l'eloquenza degli avvocati e la severità degli aguzzini non possono far sí che il danno e l'offesa non siano avvenuti e incancellabili. Ma si potrebbe invece, impedire almeno la metà dei delitti che saranno commessi se i pretesi "incensurabili", i sedicenti "onesti", fossero sorvegliati e sottomessi a giudizio.

"Ogni comune dovrebbe avere una giunta di vigilanza e denunzia, composta di psicologi e di moralisti, ai quali si potrebbe aggiungere, se occorre, un medico e un prete. Questa giunta dovrebbe tener d'occhio e, in certi casi, accusare tutti coloro, e sono innumerevoli, che vivono in modo tale da essere esposti, presto o tardi, alla tentazione e alla contagione del delitto. Vi sono dappertutto vagabondi notori, oziosi sforniti di rendite, esseri collerici, sanguigni, ombrosi, prodighi, fanatici, passionali. Tutti li conoscono e tutti prevedono che un giorno o l'altro finiranno male - almeno nella proporzione del trenta per cento. Se un uomo ha un'idea fissa, se quell'altro cambia mestiere ogni stagione, se questo è inclinato alla malinconia, ai sospetti o al lusso esagerato, potete star sicuro che non tarderanno molto a commettere qualche vergognosa e criminosa azione. Sono, in apparenza, persone dabbene, ma in realtà delinquenti in fieri. E allora i processi possono essere necessari, piú che utili. Se per i delinquenti maturati sono intempestivi per quelli in potenza sono tempestivi e utilissimi. "Chiamate davanti ai giudici gl'irosi, i libertini, i fannulloni, gli avari; ammoniteli e, se occorre, puniteli. Ai tiranni della famiglia togliete la potestà paterna, ai sospettosi troppo suscettibili togliete i calcoli biliari, agli scialacquatori e dilapidatori togliete il patrimonio, agli appassionati togliete un po' di sangue e mille e mille delitti futuri saranno scongiurati. Questi processi preventivi saranno la gloria del legislatore e il trionfo del giudice. La salvezza della morale e della società non si ottiene coi vani e dispendiosi processi ai colpevoli ma con instancabili processi agli innocenti. La maggior parte dei crimini è compiuta da uomini che parevano, un'ora

prima, innocenti e che tali erano al cospetto della legge. I pretesi innocenti sono il pericoloso serbatoio dal quale escono via via i malfattori piú ripugnanti. Dobbiamo smettere di guardare soltanto gli atti esterni - semplici conseguenze materiali d'uno stato d'animo - e badare, invece alla condotta, alle opinioni, al genere d'esistenza, ai sentimenti e alle abitudini di tutti i cittadini. Nessuno, sulla terra, esaminato dentro e fuori, può dirsi innocente. Processare un cosiddetto innocente significa, spesso, salvare lui e noi dal delitto che potrebbe commetter domani".
Per quanto il sistema dell'avvocato Malgaz mi sembri troppo semplicista e propizio agli abusi, bisogna riconoscere che non manca d'una certa vernice di logica e di buon senso. Ma per abolire cento processi non se ne dovrebbero istituire almeno ventimila?

Giovanni Papini, *Gog*

18 Guarda queste frasi e sottolinea i punti in cui credi che ci debba essere un raddoppiamento sintattico nella pronuncia.
Ma attenzione: in alcune frasi ce n'è più di uno e in altre non ce n'è nessuno.

Ha visto Giacomo?
Non so chi possa averlo fatto.
Ci vediamo tra mezz'ora, vi va?
Di dove sei?
Fa freddo o sbaglio?
Non ne trovo neanche mezzo.
Gli mando un cappuccino?
Tu resta qui e non ti muovere.
Ma lei non sa dove va costruito?
Ti do tutto quel che ho purché mi lasci in pace.
Io lo dico a te, e tu lo dici a lui. Va bene?
Se mi chiami prima delle otto, forse ci potremo vedere.
Di chi è questo libro?
Per favore, per una volta almeno, sii sincero e dì cosa pensi.
Mi puoi prestare le forbici? Te le ridò subito.

Ora ascolta le stesse frasi e controlla le tue risposte.

E come vi siete conosciuti?

1 Ecco alcune espressioni per parlare del tuo rapporto con un'attività o una situazione.

cominciare a smettere di	+	*infinito*
		studiare
		lavorare
		...

● Non	+	*tempo semplice*	+	più mai
		fumo		
		gioco		
		...		

● Non	+	*essere/avere*	+	più mai	+	*participio passato*
		ho				suonato
		sono				uscito
		...				...

2 Ora ascolta quello che dicono alcuni italiani e cerca di scrivere più frasi che puoi utilizzando le espressioni che abbiamo appena visto.

Lucia non fuma più...

3 E tu? Fai abitualmente qualcuna di queste cose? Quando hai cominciato? E se hai smesso di farle, quando è successo? Parlane con uno dei tuoi compagni.

fare una dieta	bere alcolici
fumare	lavorare
suonare uno strumento	studiare
fare uno sport	guidare la macchina
studiare una lingua straniera	...

● Fumi?
○ Sì.
● Quando hai cominciato?
○ A diciott'anni. E tu?
● Io non fumo più. Ho smesso due anni fa.

● Fai sport?
○ No.
● Non l'hai mai fatto?
○ Sì, prima giocavo a tennis.
● E perché hai smesso?
○ ...

4 In *Uno* abbiamo visto che, parlando del passato, alle domande introdotte da **Quando?** possiamo rispondere con una *data*, oppure facendo un salto indietro nel tempo con un'espressione con **fa** (**una settimana fa**, **due anni fa**...). Te lo ricordi? Guarda ora cosa diciamo quando, più che a un momento preciso del passato, la domanda si riferisce al periodo di tempo che è trascorso.

● **Da quanto tempo** + *verbo* ?
È da molto che

conosci Dario
studi l'italiano
...

Anche in questo caso abbiamo a disposizione più di un modo di rispondere:

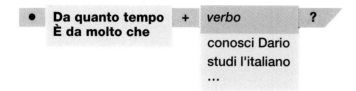 **riferendoci al periodo trascorso**

○ **Da** + *quantità di tempo*

vent'anni
sei mesi
...

● **(È)** + *quantità di tempo*
(Sono)

una vita
due anni
...

riferendoci a un momento del passato

○ **Da** + *data*

il 1976
gennaio
...

○ **Da quando** + *avvenimento (passato prossimo)*

ho cambiato casa
ci siamo sposati
...

situazione (imperfetto)

faceva il liceo
lavoravo con mio padre
...

Final write a short story — any topic, or your self
1 page minimum

5 Ora compila questa scheda e passala a un tuo compagno, che ti chiederà da quanto tempo hai un rapporto con le persone e le cose che hai scritto. Tu fagli domande sulla sua scheda.

PROFESSIONE	
INDIRIZZO	
HOBBY	
SPORT	
NOME DEL PARTNER	
NOME DEL MIGLIORE AMICO	
ANIMALI POSSEDUTI	
MEZZO DI TRASPORTO	

- Da quanto tempo conosci Enrico?
- ○ Da quando andavamo a scuola. E tu, da quanto tempo abiti in via degli Aranci?
- Da sempre.
- ○ ...

6 Ecco altre espressioni che puoi usare raccontando qualcosa.

| un giorno |
| una domenica |
| una volta |
| ... |

il giorno	dopo
una settimana	prima
quattro mesi	
due anni	
...	

dopo	tre giorni
	una settimana
	sei mesi
	...

storto = wrong. bent, twist

Ora perché non racconti ai tuoi compagni...

how

come hai conosciuto il compagno o la compagna della tua vita
un giorno in cui ti è andato tutto storto   *a day that everything went wrong*
un giorno in cui ti è capitata una cosa straordinaria
il giorno in cui hai mangiato il miglior pasto della tua vita
un avvenimento che ha cambiato il corso della tua vita   *an event that changed colour*
l'esame più difficile che hai fatto
una strana coincidenza
...

7 Ascolta le interviste e completa il quadro.

	Gabriele	Francesca	Federica
È sposato/a?			
Da quanto tempo?			
Da quanto tempo stanno insieme?			
Da quanto tempo si conoscono?			
Dove si sono conosciuti?			
Come si chiama lui/lei?			

8 "La prima volta non si scorda mai". C'è qualche "prima volta" che ricordi particolarmente? Parlane ai tuoi compagni. (Se vuoi, puoi parlare anche della seconda volta, e della terza, della quarta...). Oltre alle espressioni che già conosci, ecco alcuni altri elementi che puoi usare.

- *verbo*   **+**   **per la**   **prima**   **volta**
  Ho guidato   **seconda**
  Mi sono ubriacato   **terza**
  ...   ...

- **La**   **prima**   **volta che**   **+**   *verbo*
       seconda
       terza   sono stato in Italia
       ...   ho baciato un ragazzo
                                  ...

1	**primo/a/i/e**	7	**settimo**	13	tredic**esimo**
2	**secondo/...**	8	**ottavo**	20	vent**esimo**
3	**terzo**	9	**nono**	61	sessantun**esimo**
4	**quarto**	10	**decimo**	100	cent**esimo**
5	**quinto**	11	undic**esimo**	1000	mill**esimo**
6	**sesto**	12	dodic**esimo**	...	**ultimo**

Dal numero 11 in poi, l'ordinale si forma sostituendo l'ultima vocale con il suffisso **-esimo**.

Per esprimere la ripetizione di qualcosa, puoi usare **di nuovo, nuovamente, ancora, un'altra volta,** oppure aggiungere il prefisso **ri-** davanti al verbo (**riandare, risposarsi...**).

- La prima volta che sono salito su un aereo è stato quando avevo sei anni. Ero emozionatissimo, e quando la hostess mi ha portato in cabina di pilotaggio non volevo più uscire.
- E la seconda volta?
- La seconda volta... Ho preso di nuovo l'aereo a quindici o sedici anni e... beh, da allora ogni volta che devo riprenderlo ho una paura tremenda.

UNITÀ 8

9 Leggi questo articolo e completa con i nomi degli autori e i titoli la classifica dei libri più venduti della settimana.

Molto movimentata la classifica della settimana: solo *Il gioco di Gerald*, l'ultimo brivido di Stephen King, mantiene la stessa posizione. All'attacco Luciano De Crescenzo, che con *Il dubbio* dal terzo posto conquista la vetta della classifica, seguito dalla *Compagnia dei Celestini*, di Stefano Benni, che guadagna tre posizioni. Perdono quota *Bagheria*, di Dacia Maraini, che scivola al quarto posto, e *Il dio del fiume*, l'ultimo romanzo di Wilbur Smith, che la precede. Stessa sorte per Paolo Rossi,

che con il divertentissimo *Si fa presto a dire pirla* passa dal quarto al quinto posto. Sulla scia del successo del film di Francis Ford Coppola, sale un gradino il *Dracula* di Stoker, così come il saggio di Leo Buscaglia *Nati per amare*, che si installa in ottava posizione. Al nono posto fa il suo ingresso in classifica *Il mascalzone*, l'ultima raccolta di vignette di Giorgio Forattini, mentre perde ben tre posizioni *L'inferno* di Giorgio Bocca, che sostituisce all'ultimo posto il saggio di Enzo Biagi *Un anno di vita*.

1 Mondadori — Nell'ultima fatica dell'eclettico napoletano, le grandi domande che da sempre affascinano ed inquietano gli uomini di pensiero, tra i quali lo stesso autore ama ascriversi.

2 Feltrinelli — Orfanelli, frati e un sinistro dittatore inseguiti da una misteriosa profezia nella tetra e stranamente famigliare terra di Gladonia.

3 Longanesi — Attraverso gli occhi di un umile schiavo, amori e avventure alla corte dei faraoni, in una grandiosa ricostruzione storica che ha ritmo di un film d'azione.

4 Rizzoli — Ricordi, impressioni e sensazioni di una terra e di un tempo lontani: la Sicilia, l'infanzia.

5 Baldini & Castoldi — Trenta esilaranti monologhi del giovane comico raccolti per perpetuarne i successi televisivi.

6 Sperling e K. King / Il gioco di Gerald — Il re dell'horror colpisce ancora. Una donna, una casa isolata, l'angosciosa attesa della morte. E una sola possibilità di salvezza.

7 Mondadori Stoker / Dracula — Il mito del grande Conte: gusti, debolezze, abitudini e attitudini, avventure rosso sangue.

8 Mondadori — Capire l'amore per non soffrire, cercarlo senza arrendersi, aprirsi agli altri: ecco la ricetta semplice alla base di questo "corso" in duecento lezioni.

9 Mondadori — Come sempre corrosivo, Forattini continua a prendere di mira, nelle sue vignette, soprattutto il mondo politico, che con le sue gesta gli fornisce abbondanti spunti satirici.

10 Mondadori — Sottotitolo: *Profondo Sud. Male oscuro.* Quattro giorni di viaggio in altrettante regioni: Campania, Puglia, Calabria e Sicilia. Il resoconto appassionato e pessimista in un libro che ha provocato le più accese polemiche.

10 Ascolta cosa è successo a una giovane coppia di italiani e segna con una X le affermazioni che ti sembrano esatte.

Alcuni frammenti del proiettile sono stati trovati sul tappeto ☐
I carabinieri sono venuti a vedere cosa è successo ☐
La stessa cosa è successa al vicino del piano di sopra ☐
Il colpo potrebbe essere partito dal giardino di fronte ☐
Adesso i due protagonisti sono preoccupati, anche per i loro gatti ☐
I carabinieri pensano che si tratti di una ragazzata ☐

sto comprando = I'm buying
sto venendo = I'm comy

Cowe = come

11 Ecco lo stesso episodio che hai ascoltato al punto 10, questa volta raccontato per lettera.

Roma 21/3

Cara Margherita,
come stai? Scusa se ti rispondo con tanto ritardo, ma ultimamente non ho avuto un momento libero. Oltre al lavoro e alla casa sto aiutando quei ragazzi di cui ti ho parlato l'altra volta ad allestire uno spettacolo per la fine dell'anno scolastico.
È un giallo di Agatha Christie che i ragazzi hanno sceneggiato. Malgrado faccia più ridere che paura mi sembra che non stia venendo male, e ad ogni modo ci stiamo divertendo tutti molto.
A proposito di gialli, a me e a Francesco ci è successa una cosa strana, un paio di giorni fa.
Rientrando a casa la sera abbiamo trovato un piccolo foro nel vetro della finestra del salotto. Poiché sembrava proprio il foro di un proiettile, ci mettiamo a cercarlo. Niente, del proiettile non c'era traccia. La stessa cosa tra l'altro, era successa ai nostri dirimpettai una settimana prima, ma i carabinieri a cui ti erano rivolti li avevano tranquillizzati, dicendo che forse il colpo era stato sparato dal giardino con un fucile ad aria compressa.
Una ragazzata, insomma. Tuttavia la cosa non ci convince, anche perché il giardino è privato e dalla strada da quel punto della finestra non si vede, e i palazzi di fronte sono troppo lontani. Cosa può essere?
Non sappiamo che pensare, ma siamo un po' preoccupati. Intanto teniamo le serrande abbassate il più possibile.
A parte questo piccolo mistero, tutto bene. Hai già pensato al regalo per Lucia e Stefano? In caso fammi sapere.
Saluta Marco anche da parte di Francesco. Baci
Letizia

Hai già notato che, a differenza di altre lingue, in italiano le lettere informali non hanno una struttura rigida? Gli unici elementi che ricorrono spesso sono la data e l'inizio con **Caro/a** + *nome*, ma ci sono anche persone che non li usano.

12 Che differenze puoi notare tra il racconto orale e quello scritto? Ci sono cose che ti sembrano caratteristiche della lingua orale o di quella scritta? Parlane con il tuo insegnante e i tuoi compagni. Ecco alcuni aspetti che puoi considerare.

ripetizioni di parole o contenuto
organizzazione del racconto
espressioni tipiche della lingua orale

espressioni tipiche della lingua scritta
correzioni
...

UNITÀ 8

13

Ti ricordi che in *Uno* abbiamo visto l'uso del relativo **che**?
Quando dobbiamo usare un pronome relativo con una preposizione,
utilizziamo **cui**. Riprendi la lettera del punto 11 e sottolinea tutti i relativi che trovi.

14

Ascolta le schede biografiche di tre famosi personaggi
italiani. Ti conviene prendere appunti, perché poi dovrai
rispondere alle domande del tuo insegnante.

15

Ecco alcuni elementi molto utili nelle narrazioni.

cause on in case of

a causa di	**+**	*sostantivo*
		un incidente
		la sua passione per il cinema
		...

before

prima di mangare
prima di comprar

prima di	**+**	*infinito*
		partire per il Cile
		lavorare all'ONU
		...

after have(ing) studied a Madri

dopo	**+**	**essere avere**	**+**	*participio passato*
				stato a Madrid
				studiato Economia
				...

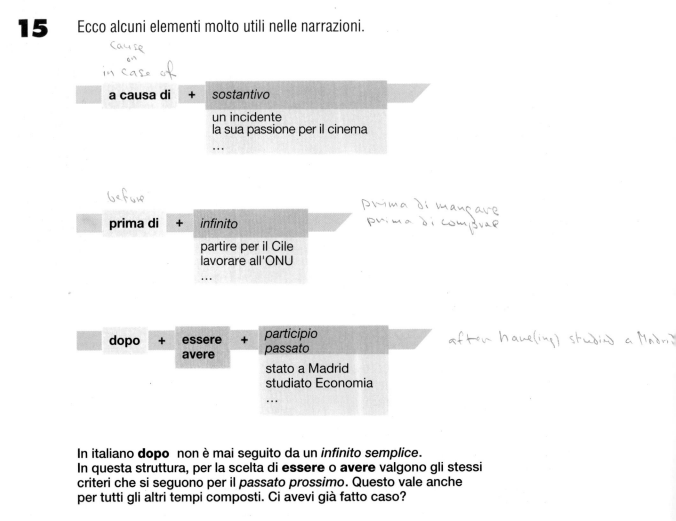

In italiano **dopo** non è mai seguito da un *infinito semplice*.
In questa struttura, per la scelta di **essere** o **avere** valgono gli stessi
criteri che si seguono per il *passato prossimo*. Questo vale anche
per tutti gli altri tempi composti. Ci avevi già fatto caso?

16 Ora collega e organizza queste notizie in un testo che racconti la vita di Federico Fellini. Se vuoi, puoi cambiare l'ordine delle informazioni e/o selezionarle.

Oltre alle espressioni che già conosci, puoi utilizzare...

> Precedentemente
> Successivamente
> In seguito

1920	Nasce a Rimini il 20 gennaio. La famiglia è modesta: la madre è casalinga, il padre fa il rappresentante. Federico ha due fratelli minori. Riccardo e Maddalena.
1926	In collegio a Fano, nelle Marche, per le scuole elementari e medie presso il collegio dei Padri Carissimi.
1933	Torna a Rimini, dove frequenta il liceo classico.
1938	Per guadagnare qualcosa, apre con un amico un piccolo studio di ritratti e caricature. Terminato il liceo lascia la città natale con la «scusa» ufficiale di iscriversi alla facoltà di Giurisprudenza. Per due mesi vive a Firenze, dove collabora a due riviste umoristiche e di fumetti, disegnando, scrivendo e lavorando in redazione.
1939	Al seguito di una ricca signora bionda approda finalmente a Roma. Nella capitale cerca di introdursi come può negli ambienti che lo interessano. Continua a disegnare, collabora alla rivista umoristica «Marc'Aurelio», scrive per la radio.
1940	Comincia ad occuparsi di cinema. Viene notato dal regista Mario Mattoli, che gli commissiona sceneggiature e soggetti di film comici. Riesce a sfuggire fortunosamente al servizio militare quando l'ospedale di Forlì in cui stavano visitandolo per arruolarlo viene bombardato.
1943	Ad ottobre sposa l'attrice Giulietta Masina, che interpreta alla radio una serie di scenette scritte da Fellini per il «Marc'Aurelio».
1944	Durante l'occupazione di Roma arrotonda le entrate riesumando l'antico mestiere di caricaturista e ritrattista.
1945	Roberto Rossellini gli offre di sceneggiare un cortometraggio sulla vita del prete antifascista Don Morosini. Il cortometraggio diverrà *Roma città aperta*. La collaborazione con Rossellini frutta a Fellini solo diecimila lire, ma segna una svolta nella sua futura carriera.
1946	Partecipa a *Paisà* di Rossellini: scrive il soggetto, la sceneggiatura e prende parte alla realizzazione.
Anni '40	Scrive sceneggiature per Roberto Rossellini, Pietro Germi e Alberto Lattuada. Fa amicizia con Tullio Pinelli, che sarà poi lo sceneggiatore dei suoi più grandi film.
1950	Con Alberto Lattuada produce e dirige il suo primo film, *Luci del varietà*.
1953	*I vitelloni* vince il Leone d'Argento al Festival di Venezia. Grande successo di critica e di pubblico.
1954	Fellini riceve il suo primo premio Oscar per il film *La strada*, la cui protagonista è Giulietta Masina. Per il lancio del film accetta di partecipare a un giro promozionale che, con enorme successo, lo porta in varie città europee e americane.
1957	Vince il suo secondo Oscar con *Le notti di Cabiria*.
1960	Con *La dolce vita* segna un'epoca e vince la Palma d'Oro al Festival di Cannes.
1963	Esce *Otto e mezzo*, generalmente ritenuto il suo capolavoro, e il film ottiene il premio Oscar.
1973	Ancora un premio Oscar, con *Amarcord*.
1993	Quinto premio Oscar, questa volta alla carriera. Muore a Roma il 31 ottobre.

17   Nell'Unità 23 di *Uno* abbiamo avuto un primo contatto con il *passato remoto*.
Te lo ricordi? È un tempo che usiamo soprattutto nella lingua letteraria. Ecco la coniugazione.

domand**are**	cred**ere**	pot**ere**	part**ire**
domand**ai**	cred**etti**	pot**ei**	part**ii**
domand**asti**	cred**esti**	pot**esti**	part**isti**
domand**ò**	cred**ette**	pot**é**	part**ì**
domand**ammo**	cred**emmo**	pot**emmo**	part**immo**
domand**aste**	cred**este**	pot**este**	part**iste**
domand**arono**	cred**ettero**	pot**erono**	part**irono**

Normalmente i verbi in - **tere** si coniugano come **potere**

Purtroppo il *passato remoto* è un tempo che presenta diverse irregolarità. Eccone alcune.

avere	essere	dare	fare *(facere)*
ebbi	**fui**	**diedi/detti**	**feci**
avesti	fosti	desti	facesti
ebbe	**fu**	**diede/dette**	**fece**
avemmo	fummo	demmo	facemmo
aveste	foste	deste	faceste
ebbero	furono	**diedero/dettero**	**fecero**

chiedere	rispondere	accorgersi	vivere
chiesi	**risposi**	mi **accorsi**	**vissi**
chiedesti	rispondesti	ti accorgesti	vivesti
chiese	**rispose**	si **accorse**	**visse**
chiedemmo	rispondemmo	ci accorgemmo	vivemmo
chiedeste	rispondeste	vi accorgeste	viveste
chiesero	**risposero**	si **accorsero**	**vissero**

dire *(dicere)*	sapere	volere	nascere
dissi	**seppi**	**volli**	**nacqui**
dicesti	sapesti	volesti	nascesti
disse	**seppe**	**volle**	**nacque**
dicemmo	sapemmo	volemmo	nascemmo
diceste	sapeste	voleste	nasceste
dissero	**seppero**	**vollero**	**nacquero**

Hai notato che nel *passato remoto* le irregolarità riguardano quasi sempre la 1ª persona singolare e le due 3ᵉ persone? È facile ricordarlo: basta pensare al numero 133!

18 Ora lavorate a coppie. Leggete l'inizio del racconto di Paola Capriolo *La grande Eulalia*, e completatelo usando i verbi della lista con i tempi adatti.

volere	parlare	potere
dire	chiedere	guardare
avere	offrire	fare
ripetere	esserci	piacere
suonare	posarsi	andare
essere	venire	sapere
vestire	rispondere	ridere
muovere	vedere	
tornare	restare	

V i racconterò ogni cosa, esattamente come si svolse, a cominciare dalla sera in cui la vidi per la prima volta.

Si accostò ai nostri carri, mentre dicevamo le parti raccolti intorno al fuoco, ed _____ una ragazza come se ne trovano in tutti i paesi, timida, né brutta né bella. Non ricordo che nome portasse, ma certo _____ diverso da quello, noto a ciascuno, che in seguito assunse.

_____ da contadina, e si avvicinava esitante. I suoi occhi si posavano sui costumi di noi attrici, adorni di trine e di ricami, sulle parrucche alte, simili a quelle delle dame. _____ sugli arredi di scena, sui fondali dipinti che giacevano ammucchiati davanti a uno dei carri, e i riflessi mobili della fiamma vi scoprivano un intrico di rami, o il marmo di un verone, o il pallido disco della luna sulle acque di un lago, scure e profonde. _____ sugli strumenti che usavamo nelle recite per far meglio apparire l'accento delle passioni: legno lucido, ottone splendente, pelle d'asino tesa sulla cassa del tamburo incoronata di chiodi.

Su ogni cosa _____ gli occhi della giovane contadina, e ogni cosa contemplavano con uguale stupore. _____ il piede con cautela, come se a ciascun passo temesse di veder svanire tutte quelle meraviglie e ritrovarsi sola nella notte senza incanti della campagna.

Fui io, ricordo, a parlarle per prima. - Chi _____, ragazza? Cosa _____? - Così le _____, pressappoco, e risi nel vederla piegare a terra il ginocchio e chinare il capo, intimidita dagli stracci dorati che ancora indossavo, poiché quella sera, al villaggio, avevo recitato una parte di regina.

E risero anche i miei compagni, il vecchio capocomico, la coppia degli innamorati e quella dei servi. Solo il musico non rise, che fra noi _____ il più giovane, e _____ mani delicate e il cuore gentile. _____ incontro alla ragazza, le _____ il braccio e la condusse accanto al fuoco.

Lei sedette, con gli occhi fissi a terra. Le pose, i gesti erano privi di grazia, ma _____ qualcosa di commovente nel modo come stava seduta, senza dire parola, le guance rosse per l'emozione. Sembrava una supplice alla corte di qualche potente.

- Cosa c'è, bambina? - _____ di nuovo. - Perché _____?

- Signora - _____ lei - _____ le loro eccellenze questa sera, nella piazza del villaggio. I miei fratelli non _____, dicono che non sta bene per una ragazza _____ fuori casa dopo il tramonto...

- Hai disobbedito ai tuoi fratelli?

- Ah, signora, e come _____ obbedire? Da che sono al mondo, non avevo mai visto niente di così bello. La musica, e le luci, e queste vesti che portate... Tutto _____ così diverso, e anche voi _____ gente diversa, dei principi, dei sovrani. Perciò _____.

- Per dirci queste cose?

- No, signora, se permettete. _____ a chiedervi di portarmi con voi.

▶▶

Ci _____ perplessi. Il capocomico accostò agli occhi le lenti che teneva appese al collo, e squadrò la figura della ragazza. - Non ha certo il fisico della prima attrice, e nemmeno la voce. Di servette ne abbiamo già una... Dimmi tu, ragazza: che cosa _____ _____?

- Che cosa so fare? - _____ lei senza capire. Mi rivolse uno sguardo supplichevole, in cerca d'aiuto.

- Sai cantare? Sai ballare? _____ qualche strumento?

Divenne ancora più rossa, e si mise a ridere. - No, no, i signori non mi hanno intesa. Non pretendo di salire anch'io là sopra, in mezzo a tutte quelle luci. Mi _____ tanto, ma so che non è per me.

- E dunque?

- Io pensavo... Se qualcuna delle signore, magari, avesse bisogno di una cameriera... I miei compagni, di nuovo, scoppiarono a _____.

- _____ a casa - _____ il capocomico. - Le signore qui presenti sono abituate a fare da sole.

La ragazza _____ le lacrime agli occhi. - Ma io pensavo... Tutti quei vestiti, quelle parrucche, ci vorrà pure qualcuno per tenerli in ordine. E io mi accontento di poco, non _____ denaro. Mi basta un piatto di minestra, e poter venire con voi, e guardarvi ogni sera mentre recitate.

_____ così, col pianto nella voce. Allora _____ io, e non so ancora se feci bene.

Paola Capriolo
La grande Eulalia

19 Hai notato che, nelle narrazioni di tipo letterario, spesso il *passato remoto* sostituisce il *passato prossimo*, mentre l'uso dell'*imperfetto* rimane lo stesso? E hai notato che nei dialoghi (che sono trascrizioni della lingua orale) il *passato remoto* non viene usato? Leggi ancora una volta il brano e facci caso.

20 Ascolta le frasi e scrivile.

Ho comprato alcune mele e qualche pera.	Quando è partito?
Stasera tornerò tardi.	Non gli hai nemmeno chiesto scusa.
Mi dà un tè freddo?	Ma come ti viene in mente di dire una cosa
Hai visto quanto è contenta di vederti?	del genere?

Ascoltale di nuovo e sottolinea i punti in cui vi è un rafforzamento sintattico.

Ma in molte regioni italiane non esiste il rafforzamento sintattico. Infatti, questo è uno dei fenomeni che distingue le diverse varietà regionali dell'italiano. E anche laddove esiste, ci sono piccole differenze rispetto al cosiddetto italiano standard.

Ascolta le stesse frasi pronunciate da una parlante emiliana.

Hai notato l'assenza del raddoppiamento sintattico? Infatti, nella maggior parte delle varietà regionali del Nord dell'Italia questo fenomeno non esiste.

Pensavo che fossi partito

1 Guarda queste immagini. Cosa sono secondo te le cose rappresentate?

- ● Secondo me questa è una cosa per mettere i fogli di carta.
- ○ Sì, anche secondo me. Probabilmente è una cartellina.
- □ No, secondo me no, non può essere una cartellina: guarda questo pezzo. A cosa servirebbe?
- ● Non lo so... Sì, forse hai ragione, non è una cartellina. Forse è una rubrica per i numeri telefonici...

Prima però guarda queste strategie per presentare ipotesi e supposizioni e per reagire alle cose dette dagli altri.

● Forse Probabilmente	+	*informazione (indicativo)*
		è una cartellina
		serve a mettere i fogli di carta
		...

UNITÀ 9

Quando siamo sicuri di qualcosa

- *informazione (indicativo)* + **(ne) sono sicuro.**

  È una cartellina
  ...

- **Sono sicuro che** + *informazione. (indicativo)*

  è una sedia
  ...

Per esprimere l'accordo

- Sì, hai ragione
  sono d'accordo
  è vero

Per esprimere il disaccordo in modo esplicito

- **Non sono d'accordo.** + *spiegazione*

  Secondo me non può essere una cartellina.
  ...

Per esprimere il disaccordo in modo rispettoso
(quando non siamo convinti di qualcosa che ci hanno appena detto)

- Dici? *you say?*

Per escludere un'ipotesi o una supposizione

- **Non** + *potere* + *ipotesi o supposizione da escludere/scartare*

  ☞ • Non può essere una cartellina.
      • Non può essere una sedia, guarda quanto è piccola.

Per richiamare l'attenzione su un aspetto/dettaglio

Hey look
- **Guarda** + *dettaglio sul quale si vuol richiamare l'attenzione*

  questo pezzo
  qui
  ...

Senti (listen)

2 Ora ascolta queste persone che parlano di alcuni degli oggetti dell'esercizio precedente. Riesci a capire di quale oggetto stanno parlando ogni volta?

Primo oggetto di cui parlano.	n°
Secondo oggetto di cui parlano.	n°
Terzo oggetto di cui parlano.	n°
Quarto oggetto di cui parlano.	n°
Quinto oggetto di cui parlano.	n°
Sesto oggetto di cui parlano.	n°
Settimo oggetto di cui parlano.	n°
Ottavo oggetto di cui parlano.	n°

Ascolta di nuovo e per ogni oggetto dì cosa pensano che possa essere.

Oggetti	Cosa pensano possa essere
Primo oggetto di cui parlano…	
Secondo oggetto di cui parlano…	
Terzo oggetto di cui parlano….	
Quarto oggetto di cui parlano…	
Quinto oggetto di cui parlano…	
Sesto oggetto di cui parlano…	
Settimo oggetto di cui parlano…	
Ottavo oggetto di cui parlano…	

Ascolta ancora una volta le conversazioni e scrivi le forme usate per presentare un'informazione come una nostra ipotesi o come qualcosa di cui non siamo sicuri.

3 Ora copri il testo, ascolta i dialoghi e segna a quale disegno corrispondono.

A

- Mi sono scordato l'orologio. Che ore saranno?
- Oddio, a me si è fermato.
- Come facciamo?
- Mah... Dal sole... Saranno circa le undici...

B

- Marcello?
- Chi?
- Marcello, mio marito.
- Ah, non lo so. Un minuto fa era qui. Deve essere andato via.
- Via!?! E io?

C

- Come mai Luca non è ancora tornato?
- Veramente non lo so... Avrà fatto tardi.
- Non sarà mica uscito con la moto?
- Non lo so... Bisognerebbe vedere giù in garage.

D

- Deve essere piovuto da poco, guarda com'è limpido il cielo.
- No... Non credo... Sarebbe tutto bagnato...

E

- Cos'è quest'odore di bruciato?
- Oddio! Le patate! Saranno tutte bruciate!

F

- È arrivato il fax da Bruxelles?
- No, arriverà verso le due, come al solito.
- Beh, io alle due non ci sarò. Lasci inserito l'automatico, per favore.

Ascolta di nuovo i dialoghi guardando il testo, e sottolinea le forme usate per presentare le informazioni come supposizioni o opinioni personali di chi parla, o come cose che a chi parla sembrano possibili, probabili o molto probabili.

Ora parla con i tuoi compagni e con il tuo insegnante delle differenze tra le diverse forme che avete sottolineato.

4   Guarda questo.

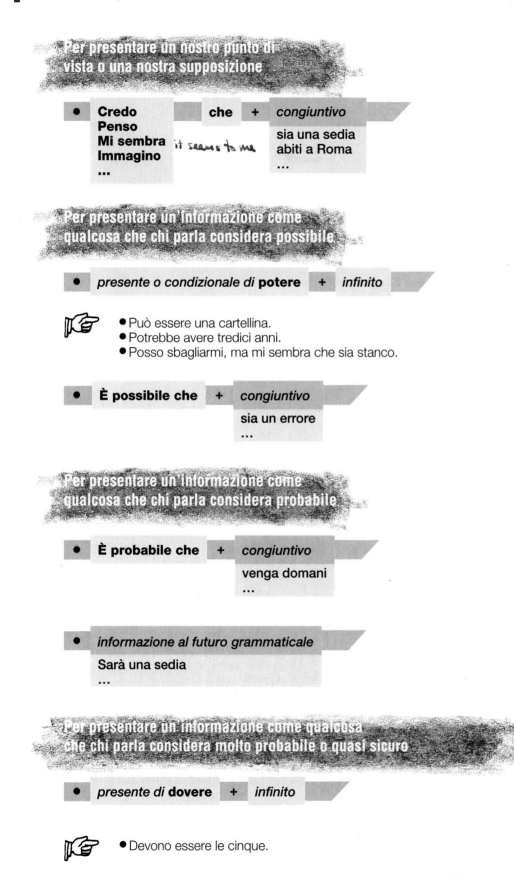

Per presentare un nostro punto di vista o una nostra supposizione

● **Credo**   **che**   +   *congiuntivo*
  Penso
  Mi sembra *it seems to me*   sia una sedia
  Immagino   abiti a Roma
  ...   ...

Per presentare un'informazione come qualcosa che chi parla considera possibile

● *presente o condizionale di* **potere**   +   *infinito*

☞ ● Può essere una cartellina.
   ● Potrebbe avere tredici anni.
   ● Posso sbagliarmi, ma mi sembra che sia stanco.

● **È possibile che**   +   *congiuntivo*
                          sia un errore
                          ...

Per presentare un'informazione come qualcosa che chi parla considera probabile

● **È probabile che**   +   *congiuntivo*
                          venga domani
                          ...

● *informazione al futuro grammaticale*
  Sarà una sedia
  ...

Per presentare un'informazione come qualcosa che chi parla considera molto probabile o quasi sicuro

● *presente di* **dovere**   +   *infinito*

☞ ● Devono essere le cinque.

Con questi usi del verbo **dovere** generalmente la persona che parla sente di avere elementi o indizi che le permettono di dire ciò che dice.

5

Al punto 4, hai riconosciuto alcune delle forme e espressioni che avevi notato ai punti precedenti? Ascolta di nuovo i dialoghi dei punti 2 e 3 e trascrivi le forme usate per presentare un'informazione come un punto di vista di chi parla o come qualcosa che a chi parla sembra probabile o molto probabile.

6

Ascolta questi dialoghi. Di cosa si tratta? A cosa si riferiscono? Parlane con un tuo compagno.

A

● Ecco, con questa abbiamo finito.
○ Aspetta che controllo... Oddio, ma non sarà troppa?
● Perché? Hai paura che non ci sia abbastanza posto?
○ Eh... Il frigo è già pieno... Bisogna vedere se entra in cantina.

B

● Non è un po' troppo aderente?
○ Non lo so... Effettivamente stringe un po'...
● La farmacista mi ha detto che è meglio così...
○ Sì, ok, però è sempre meglio non esagerare, no? Aspetta che l'allargo un po'.

C

● Secondo me lì non c'entra.
○ Ma è la sua scatola. Quando l'ho comprata stava qui dentro.
● Sì, ma adesso è usata. È chiaro che si è allargata.
○ E allora, dove la metto?
● Forse in una busta.

D

● Sì? Pronto?
○ Ingegner Pozzi, buongiorno, sono Borelli.
● Oh, Borelli. Stavo per chiamarla.
○ Allora? Come le sembra?
● Bene. Mi sembra ottimo. L'unica cosa... Forse è un po' troppo lungo. Dovrà accorciarlo un pochino.
○ Accorciare? Non so se sarà possibile.
● Il fatto è che così rischiamo di essere monotoni.

● Secondo me questi due stanno parlando di un vestito.
○ Dici?
● Sì, guarda, dicono che è troppo lungo e che bisogna accorciarlo.
○ Sì, ma uno dei due dice che è "ottimo". È un po' strano per un vestito, non credi?
● No, perché?
○ E poi, guarda, quello che telefona sembra impaziente di sapere cosa ne pensa l'altro, come se fosse qualcosa di molto importante...
● E allora perché l'altro risponde che "rischiano di essere monotoni"? Per me parlano di altro.

7

Il *congiuntivo* ti pone molti problemi? Non ti devi preoccupare. Piano piano affronteremo i suoi principali usi, e se fai regolarmente le attività del libro degli esercizi, arrivato alla fine del corso ti accorgerai di saperlo usare. Ad ogni modo, se vuoi soffermarti un momento a riflettere su questo importante aspetto della lingua italiana, leggi il testo della pagina a fianco e parlane con i tuoi compagni e con il tuo insegnante.

Hai notato che i verbi al *congiuntivo* non costituiscono mai vere e proprie *informazioni* sul loro soggetto grammaticale? Sfogliando il libro e i tuoi appunti, facci caso. Quando la persona che parla vuole evocare il rapporto *soggetto - verbo,* riferirsi a tale rapporto per informare su qualcos'altro, mette il verbo al *congiuntivo.* Così, ad esempio, dopo aver sentito la frase:

> Anna dice molte parolacce.

sappiamo qualcosa di più su *Anna: dice molte parolacce.* Invece, dopo aver sentito le frasi:

> A Paolo non piace che Anna dica le parolacce.
> Maria non vuole che Anna dica le parolacce.

non sappiamo niente di più su Anna, soggetto dei verbi al *congiuntivo*: non sappiamo cioè *se Anna dica effettivamente le parolacce oppure no.* Sappiamo, invece, che *a Paolo non piace che ci sia un rapporto tra Anna e dire le parolacce,* e che *Maria non vuole che esista tale rapporto.* Abbiamo, cioè, delle informazioni nuove su Paolo e su Maria, che riguardano Anna, ma che non ci dicono niente di esplicito su di lei.

8

Guarda queste foto. Come immagini queste persone? Cosa immagini della loro vita? Qual è secondo te il loro carattere?

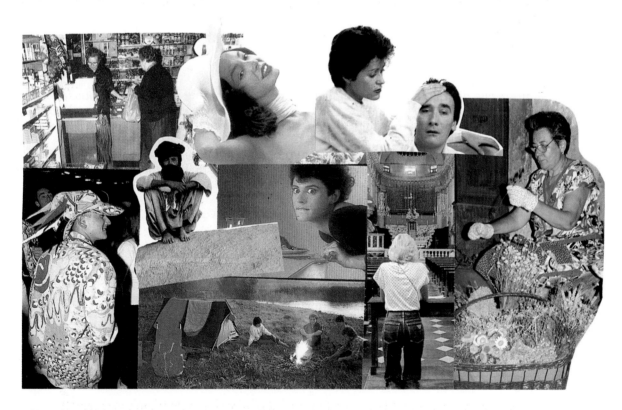

● Io penso che questa signora sia una persona molto tranquilla. Probabilmente non si annoia mai... Guarda com'è indaffarata...
○ Forse è il suo lavoro...
● Sì, può essere, ma sembra molto rilassata... Io credo che sia in vacanza e che questo sia il suo hobby.
○ Secondo me avrà circa cinquant'anni. È probabile che sia nonna...

UNITÀ 9

9

Puoi rispondere a queste domande? Prova insieme a uno o due tuoi compagni. Se non siete sicuri della risposta, formulate delle ipotesi usando le diverse possibilità che avete incontrato al punto 1 e al punto 3.

Quanti chilometri separano Roma da Milano?

Quanti bambini nascono per ogni donna italiana ogni anno?

Quanti autori ha questo libro?

Qual è lo stato che ha la maggiore estensione geografica nel mondo?

Che cos'è la legge della relatività? Di chi è? Sai qual è la formula?

Di quale regione è il Chianti? Che cos'è?

Cosa sono le melanzane alla parmigiana?

Di dove sono gli gnocchi?

Chi ha inventato la radio?

Qual è lo stato più piccolo del mondo?

Qual è il punto più a Sud dell'Italia?

Quanti anni ha il Capo di Stato del tuo paese? E il Presidente del Governo?

Qual è il capoluogo della Sardegna? E della Sicilia?

Quanti minuti formano un anno?

- ● Che cos'è il Chianti?
- ○ Mi sembra che sia un vino.
- ● E di dov'è?
- ○ Di una zona che si chiama Chianti. Credo che si trovi in Toscana.

- ● Quanti abitanti ha Firenze?
- ○ Mah, ne avrà quattrocentomila.
- ● Dici? Così pochi? Io credo che ne abbia un po' di più... Circa seicentomila.
- □ Ma sei sicuro? Io pensavo che ne avesse più di un milione.
- ● No, no, mi sembra che ne abbia circa seicentomila. Credo di averlo letto da qualche parte.

Ricordati che per presentare una risposta come una tua opinione soggettiva puoi anche usare **secondo me**, e per presentare una quantità approssimativa puoi usare **circa** e **più o meno**. Se proprio non sai una cosa puoi dire **non lo so** (formale e informale) o **non ne ho idea** (informale).

Hai notato, nell'esempio, la frase **Io pensavo che ne avesse più di un milione**? Quando scopriamo qualcosa che non sapevamo o su cui eravamo male informati usiamo spesso:

● **Credevo** **Pensavo**	**che**	**+**	*imperfetto del congiuntivo*

10

Ascolta queste persone che parlano di alcuni comportamenti...
Di cosa parlano? Cosa ne pensano?

Di cosa parlano?

a	
b	
c	
d	
e	

Cosa pensa il primo personaggio?

a	
b	
c	
d	
e	

Cosa risponde l'altro?

a	
b	
c	
d	
e	

Ascolta di nuovo i dialoghi facendo attenzione alle forme usate
per esprimere opinioni.

Ascolta ancora una volta i dialoghi. Se c'è qualcosa che non
capisci parlane con i tuoi compagni e con il tuo insegnante.

11 Guarda questo.

Quando il soggetto di **credere/pensare/...** è lo stesso del verbo che segue, il verbo che segue
anziché al *congiuntivo* va all'*infinito*, preceduto da **di**.

○ **credere/pensare** + **di** + *infinito*

● Penso di saper rispondere.

Soggetto di **pensare: io**
Soggetto di **saper rispondere: io**

Se i **soggetti** sono diversi.

○ **credere/pensare** + **che** + *congiuntivo*

● Penso che sappia rispondere.

Soggetto di **pensare: io**
Soggetto di **saper rispondere: tu/lui/lei**

12

E tu? Ci sono cose, fatti o comportamenti di altre persone (che conosci o no), recenti o abituali, che ti sembrano strani o che non capisci?
E nei comportamenti degli italiani ci sono cose che ti sorprendono o ti sembrano strane? Parlane con uno o due tuoi compagni.

● A me in Italia sembra sempre strano, quando fai un regalo a qualcuno, che la gente lo apra subito.
○ Perché? Nel tuo paese non si aprono subito i regali?
● No, uno lo mette da parte e lo apre dopo. Così, almeno, se non ti piace, non devi per forza dire che è bellissimo e non si crea imbarazzo per nessuno.

Prima però guarda questo.

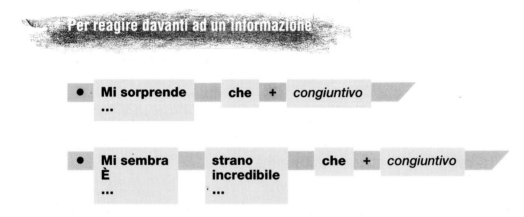

Per reagire davanti ad un'informazione

● **Mi sorprende ...** | **che** + *congiuntivo*

● **Mi sembra È ...** | **strano incredibile ...** | **che** + *congiuntivo*

13

Guarda queste immagini. Come ti spieghi le situazioni rappresentate?
Cosa sta succedendo? Perché? Chi sono queste persone?
Insieme a un tuo compagno, formulate le vostre ipotesi.

Ras. Dal presente imperfetto al futuro sicuro.

Domani tutto andrà meglio. Quante persone, ogni giorno, ci ripetono questo ritornello? Gli amici (o le amiche), la moglie (o il marito), i leader dei partiti, gli astrologi, gli allenatori, il capufficio, ecc. Purtroppo le loro promesse rimangono spesso tali.

E allora? Allora è arrivato il momento di pensare a Ras. Una grande Compagnia che, da più di 150 anni, trasforma il presente imperfetto nel futuro sicuro. Con i suoi servizi, sempre più innovativi. Con le sue polizze Vita, studiate proprio per tutte le esigenze.

Con i suoi piani di previdenza integrativa, che rivalutano il vostro capitale. E con l'esperienza di chi lavora davvero, ogni giorno, per garantirvi un futuro piacevole.

Con tutto il rispetto per gli amici (o le amiche), le mogli (o i mariti), i leader dei partiti, gli astrologi...

RAS

Certo, Ras.

Dappertutto. Con i migliori agenti.

• Secondo te cosa sta facendo questa signora?
○ Mah, probabilmente starà facendo un film, o uno spettacolo per la TV…
• Dici? Non so, per me potrebbe essere anche una che sta cercando di battere qualche record, sai quelli che vogliono finire nel «Guinness dei primati»…
○ Sì… O magari è possibile che sia semplicemente una sonnambula…
• Beh, però è strano, in pieno giorno…

14 Ma a volte le nostre ipotesi si riferiscono anche a cose successe prima del momento in cui parliamo, cioè nel passato. Anche in questi casi si usano le stesse espressioni che abbiamo visto finora. Cambiano solo i tempi verbali. Guarda questo.

Abbiamo già visto al punto 9 che se usiamo **credere**, **sembrare**, **pensare**, ecc. all'*imperfetto* per parlare di una situazione passata, vanno seguiti da un verbo all'*imperfetto del congiuntivo*.

● **Credevo** **Pensavo** **Mi sembrava** *it seems to me* **Immaginavo** ...	**che** +	*imperfetto del congiuntivo*

  ● Pensavo che Firenze avesse settecentomila abitanti.

Se vogliamo esprimere un'ipotesi su qualcosa di anteriore ad un altro momento o situazione, presente o passata, usiamo un tempo composto.

  ● Hai visto Gianni?
  ○ Mi sembra che sia andato via.
  □ Parlavate di me?
  ○ Ah, sei qui? Credevo che fossi andato via.

In questi casi, come in tutti gli usi dei tempi composti, basta mettere l'ausiliare al tempo richiesto e farlo seguire dal participio *passato*. Così, per parlare di qualcosa di anteriore al presente, si usa l'ausiliare al presente (*indicativo* o *congiuntivo*, secondo i casi), e lo si fa seguire dal *participio passato*. Per parlare di qualcosa di precedente a una situazione del passato, si usa l'ausiliare all'imperfetto (*indicativo* o *congiuntivo*) e lo si fa seguire dal *participio passato*. Guarda di nuovo gli esempi e facci caso. Se hai dubbi parlane con i tuoi compagni e con il tuo insegnante.

15 Inoltre, per esprimere ipotesi o presentare qualcosa come probabile nel passato a volte usiamo anche il *futuro*. Se presentiamo un'informazione come qualcosa che ci sembra probabile nel presente, usiamo il *futuro semplice*. Se la presentiamo come qualcosa che ci sembra probabile nel passato, usiamo il *futuro composto*.

  ● Che ore sono?
  ○ Saranno le tre.

  ● Che ora era?
  ○ Saranno state le tre.

16  Rispondi a queste domande. Se non sei sicuro presenta la risposta come probabile. Parla con un tuo compagno.

Quante persone (conosciute e non) hai visto in tutto ieri?

Con quante persone hai parlato nell'ultima settimana?

A che ora ti sei alzato ieri mattina?

A che ora sei andato a letto ieri sera? E a che ora ti sei addormentato?

Quanti anni aveva l'ultima persona sconosciuta con cui hai parlato?

Quanti metri o chilometri hai fatto ieri?

Quanto hai speso in tutto la settimana scorsa?

Quante pagine aveva l'ultimo libro che hai letto?

● Quante pagine aveva l'ultimo libro che hai letto?
○ Mah, avrà avuto centotrenta o centoquaranta pagine... Non so esattamente.

17 Leggi questa poesia. A cosa si riferisce? Cos'è successo? Parlarne con un tuo compagno.

Giorno per giorno

"Nessuno, Mamma, ha mai sofferto tanto..."
E il volto già scomparso
ma gli occhi ancora vivi
dal guanciale volgeva alla finestra,
e riempivano passeri la stanza
verso le briciole dal babbo sparse
per distrarre il suo bimbo...

Ora potrò baciare solo in sogno
le fiduciose mani...
E discorro, lavoro,
sono appena mutato, temo, fumo...
Come si può ch'io regga a tanta notte?...

Mi porteranno gli anni
chissà quali altri orrori,
ma ti sentivo accanto,
m'avresti consolato...

Mai, non saprete mai come m'illumina
l'ombra che mi si pone a lato, timida,
quando non spero piú...

Ora dov'è, dov'è l'ingenua voce
che in corsa risuonando per le stanze
sollevava dai crucci un uomo stanco?...
La terra l'ha disfatta, la protegge
un passato di favola.

Ogni altra voce è un'eco che si spegne
ora che una mi chiama
dalle vette immortali...

Giuseppe Ungaretti
da Il dolore

18 Leggi questo testo. Di cosa si tratta? Chi è che parla? Di chi o di che cosa parla? Discutine con uno o due tuoi compagni. Per formulare le vostre ipotesi ricordatevi di usare le diverse forme che abbiamo incontrato in questa unità. Poi il vostro insegnante vi darà la risposta.

Sempre così affannati, e con lunghi arti che spesso agitano. E come sono poco rotondi, senza la maestosità delle forme compiute e sufficienti, ma con una piccola testa mobile nella quale pare si concentri tutta la loro strana vita. Arrivano scivolando sul mare, ma non nuotando, quasi fossero uccelli, e danno la morte con fragilità e graziosa ferocia. Stanno a lungo in silenzio, ma poi tra loro gridano con furia improvvisa, con un groviglio di suoni che quasi non varia e ai quali manca la perfezione dei nostri suoni essenziali: richiamo, amore, pianto di lutto. E come dev'essere penoso il loro amarsi: e ispido, quasi brusco, immediato, senza una soffice coltre di grasso, favorito dalla loro natura filiforme che non prevede l'eroica difficoltà dell'unione né i magnifici e teneri sforzi per conseguirla.

Non amano l'acqua, e la temono, non si capisce perché la frequentino. Anche loro vanno a branchi, ma non portano femmine, e si indovina che esse stanno altrove, ma sono sempre invisibili. A volte cantano, ma solo per sé, e il loro canto non è un richiamo ma una forma di struggente lamento. Si stancano presto, e quando cala la sera si distendono sulle piccole isole che li conducono e forse si addormentano o guardano la luna. Scivolano via in silenzio e si capisce che sono tristi.

Antonio Tabucchi
Donna di Porto Pim

Avevate indovinato? Raccontate al resto della classe le vostre supposizioni.

● Io pensavo che fosse un uomo che parlava di qualche tipo di scimmia.
○ Davvero?

19 Riprendiamo un altro argomento che abbiamo già trattato in *Uno*: il contrasto tra suoni sordi e sonori. Ascolta la cassetta e scrivi le frasi che ti vengono dettate. Poi leggi ad alta voce le frasi che hai scritto.

Probabilmente domani farò tardi

1 Ti ricordi che nell'Unità 24 di *Uno* abbiamo visto una serie di modi per parlare del futuro? Rivediamoli insieme.

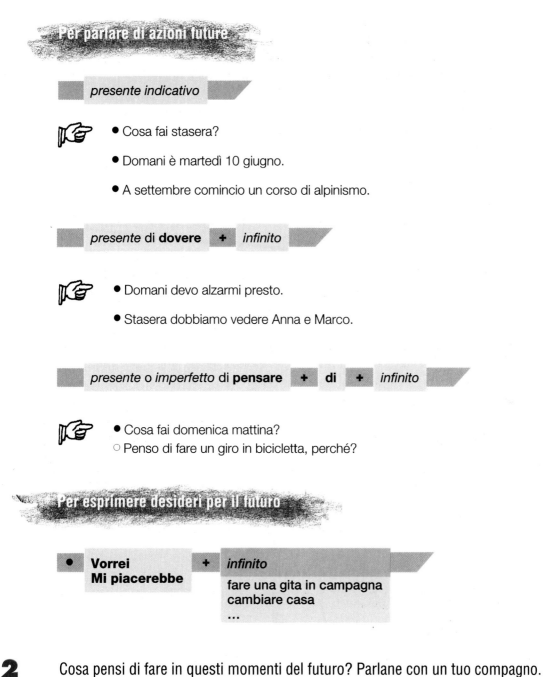

Per parlare di azioni future

presente indicativo

☞
- Cosa fai stasera?
- Domani è martedì 10 giugno.
- A settembre comincio un corso di alpinismo.

presente di **dovere** + *infinito*

☞
- Domani devo alzarmi presto.
- Stasera dobbiamo vedere Anna e Marco.

presente o imperfetto di **pensare** + **di** + *infinito*

☞
- Cosa fai domenica mattina?
- Penso di fare un giro in bicicletta, perché?

Per esprimere desideri per il futuro

- **Vorrei**
  Mi piacerebbe + *infinito*
  fare una gita in campagna
  cambiare casa
  ...

2 Cosa pensi di fare in questi momenti del futuro? Parlane con un tuo compagno.

dopo la lezione   domenica
stasera   la prossima estate
domani mattina   a Natale
domani sera   a Capodanno
sabato   ...

3 Ascolta alcune persone che parlano del loro futuro e completa le frasi.

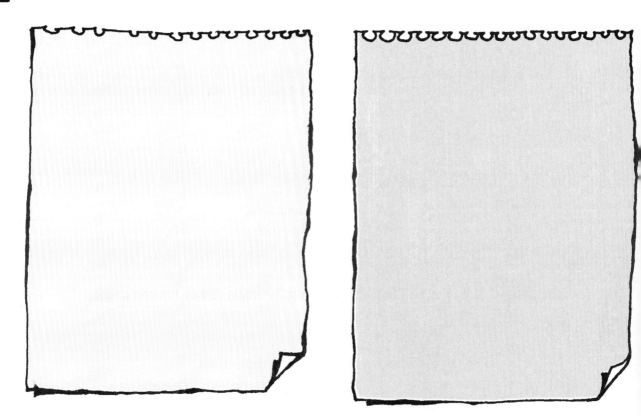

VALERIA
Alle 8...
Alle 10 e mezzo...
A Firenze...

LUCIA
A Pasqua...
Lunedì...

FRANCESCA
L'estate prossima...
A Pasqua...

FRANCESCO
Stasera...
A Pasqua...

FABRIZIO
Stasera...
A Pasqua...

4 Ascolta ancora le interviste del punto 3 e prova a trascrivere da una parte
le cose che ti sembrano decise e stabilite, e dall'altra quelle che invece sono ancora in dubbio.

Che tipo di espressioni verbali vengono usate nei due gruppi?
Parlane con i tuoi compagni e con il tuo insegnante.

5

Avrete notato che usiamo il *futuro* solo quando si
tratta di cose nelle quali è presente un elemento di dubbio.

● Che progetti hai per la settimana
prossima?
○ Mah, lunedì non so. Martedì e mercoledì
devo andare a Bologna. Giovedì e
venerdì lavorerò un po' a casa, e
domenica credo che andremo al mare o
a fare una gita in montagna.

● Tornerete anche l'anno prossimo?
○ Eh! Chi lo sa?
■ No, vedrai che l'anno prossimo in
questo periodo dovremo lavorare come
matti!

**Spesso questi usi del *futuro* si trovano in combinazione con operatori che
si riferiscono al grado di dubbio o incertezza.**

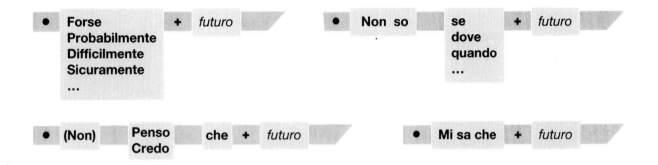

● **Forse / Probabilmente / Difficilmente / Sicuramente / ...** + *futuro*

● **Non so** **se / dove / quando / ...** + *futuro*

● **(Non)** **Penso / Credo** **che** + *futuro*

● **Mi sa che** + *futuro*

6

Hai in mente qualche progetto? Chiedi al resto del
gruppo se hanno le stesse intenzioni. Ecco alcune idee.

> andare (o tornare) in Italia
> andare al cinema
> sposarsi
> andare a vivere in un altro paese
> andare a cena fuori
> avere un figlio
> fare un altro corso di italiano
> comprarsi una casa
>
> ...

● Andrai mai a vivere in un altro paese?
○ No, credo che non lo farò mai.

● Quando pensi di sposarti?
○ L'abbiamo già deciso. Ci sposiamo il 19 giugno.

UNITÀ 10

7 Pensa a questi momenti del futuro. Cosa vorresti che accadesse? Come ti piacerebbe che fossero? Parlane con un tuo compagno.

domani	a Natale
dopodomani	l'anno prossimo
il prossimo fine settimana	fra dieci anni
il prossimo giorno di lavoro	...
le prossime vacanze	

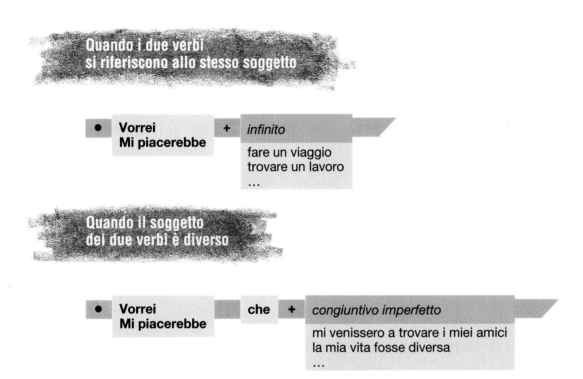

Quando i due verbi si riferiscono allo stesso soggetto

● **Vorrei / Mi piacerebbe** + *infinito*
fare un viaggio
trovare un lavoro
...

Quando il soggetto dei due verbi è diverso

● **Vorrei / Mi piacerebbe** **che** + *congiuntivo imperfetto*
mi venissero a trovare i miei amici
la mia vita fosse diversa
...

8 Ora lavorate a piccoli gruppi. Dovete affittare una casa a Roma per un mese, durante il quale frequenterete un corso di italiano in una scuola del centro. Abbiamo selezionato una serie di annunci con le caratteristiche di ogni zona. Leggili e scegli la casa in cui preferiresti vivere.

CASSIA-VIGNA CLARA

CASSIA via Casal Saraceno uso transitorio arredato soggiorno due camere servizi 1 milione 400 mila mensili.

Periferia nord. Lungo la via Cassia, molto trafficata, si alternano zone residenziali eleganti ad altre più modeste. Distanza dal centro: 25/30 min. in macchina, 45/60 minuti in autobus.

VIGNA CLARA salone doppio pranzo tre letto tripli servizi terrazzo arredato 3 milioni 200 mila.

CAMILLUCCIA Stresa salone triplo tre letto due bagni ampi servizi due posti auto 3 milioni 700 mila mese.

Zone moderne ed eleganti nella parte Nord di Roma. Buoni servizi commerciali. Distanza dal centro: 15 min. in macchina, 20/30 min. in autobus.

CENTRO STORICO

FONTANA DI TREVI adiacente secondo piano ascensore ristrutturato arredato due letto bagno angolo cottura possibilità posto auto 3.220.000.

NAVONA stupendo terrazzatissimo panorama monumentale mq.310 coperti 6 milioni.

Il "cuore" monumentale e commerciale di Roma. Alterna zone di grande traffico ad angoli tranquilli e suggesti-

vi. Gran parte della vita notturna cittadina è concentrata qui.

TRASTEVERE salone doppio due camere cameretta doppi servizi due ripostigli balconi arredato 2.800.000

Antico quartiere popolare, oggi centro di vita notturna. Una delle zone più "alla moda" della città, conserva molti aspetti della Roma di una volta.

EUR-ARDEATINA

ARDEATINA Meropia nel verde salone studio tre letto due bagni cucina box arredato 2 milioni 500 mila non residenti

VIA DEI CORAZZIERI mq.160 + 70 terrazzi arredato 2 milioni 500 mila.

EUR-SERAFICO prestigioso panoramico 165 mq terrazzatissimo foresteria 2 milioni 800 mila.

Zone moderne alla periferia sud della città. Sorgono intorno al quartiere dell'EUR, sede di uffici e servizi vari. Il collegamento al centro è assicurato dalla metropolitana (20 min.).

MONTE MARIO-TRIONFALE

BALDUINA via Lucilio mq.170 primo piano salone doppio quattro camere cameretta doppi servizi cucina terrazzo cantina box 2 milioni 400 mila.

BALDUINA piazza Giovenale affittasi attico arredato ampio ingresso soggiorno due camere servizi balcone terrazzo 1 milione 700 mila.

ARREDATO Balduina Ugo De Carolis due camere soggiorno accessori giardino non residenti 2 milioni.

Tranquillo quartiere borghese, non lontano dal Vaticano. Viali alberati e buoni servizi commerciali. Distanza dal centro: 20 min.

PARIOLI-FLAMINIO

PARIOLI Archimede ammobiliato mq 120 doppio ingresso salone tre camere accessori box 3 milioni.

Il più prestigioso ed elegante dei quartieri residenziali, fiancheggiato da grandi parchi: Villa Borghese, Villa Ada e Villa Glori. Alcuni cinema molto frequentati. Distanza dal centro: 10/15 min.

FLAMINIO Via Pinturicchio arredato soggiorno due camere bagno cucina 2.200.000.

LUNGOTEVERE Flaminio salone quat-

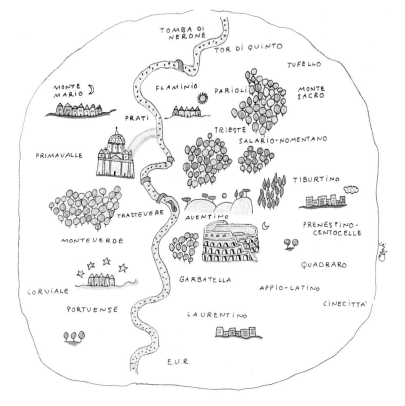

tro camere due bagni cucina terrazza elegante ammobiliato solo stranieri 3 milioni.

Quartiere borghese a nord del centro storico, lungo il Tevere, nelle vicinanze dello Stadio Olimpico. Ben servito dai mezzi pubblici (10 min. dal centro).

PRENESTINA-CASILINA

AFFITTASI appartamento piano attico arredato 3 camere via Casilina 1 milione.

PRENESTINA terzo piano ingresso salotto cucina due letto bagno arredato 1 milione mensili.

Zone periferiche a est della città. Distanza dal centro: 30/40 min. in macchina, 60 min. in autobus.

CASTELLI ROMANI

VELLETRI splendido casale 450 metri arredi antiquariato famosa residenza 3 milioni 500 mila.

Cittadina sulle colline a sud-est di Roma. Aria fresca e vino buono. Molti romani amano trascorrere il fine settimana in questa zona (chi se lo può permettere, in magnifiche case di campagna). In treno, la stazione Termini di Roma è raggiungibile in circa 45 minuti.

Ora confronta la tua scelta con gli altri componenti del gruppo, e cercate di mettervi d'accordo. Se non ci riuscite, potete cambiare idea o cercare nuove alternative che vadano bene a tutti. Oltre alle espressioni che conoscete potete usare:

● **Se** + *presente indicativo* + *presente indicativo futuro*

☞
- ● Sentite, secondo me se prendiamo un appartamento in centro siamo più vicini alla scuola...
- ○ Sì, e poi se vogliamo fare qualcosa la sera non abbiamo problemi di autobus.
- ■ D'accordo, ma voi ce li avete i soldi? Con questi prezzi se troviamo un buco in periferia sarà già un successo...

9

Sei superstizioso? Molti italiani lo sono. Ecco alcune delle superstizioni più comuni.
Ma c'è un po' di confusione: provate insieme a unire ogni situazione alle sue conseguenze.

- incrociare le dita
- un gatto nero che attraversa la strada
- aprire l'ombrello in casa
- rompere uno specchio
- trovare un quadrifoglio
- toccare ferro
- rompere una bottiglia d'olio
- trovare una coccinella
- fare le corna
- prendere il bouquet lanciato dalla sposa
- passare sotto una scala
- rovesciare il sale
- scendere dal letto con il piede sinistro

- avere 7 anni di guai
- allontanare la sfortuna
- avere una brutta giornata
- essere fortunato
- portare sfortuna
- sposarsi entro l'anno
- piovere
- portare fortuna

NON E' COSI' CHE SI COMBATTE IL CANCRO.

LEGA ITALIANA
PER LA LOTTA
CONTRO I TUMORI

ASSOCIATEVI.

Ora, per ogni superstizione, forma una frase che comincia con **se**.

SE UN GATTO NERO TI ATTRAVERSA LA STRADA TI PORTA SFORTUNA

SE TROVI UN QUADRIFOGLIO SARAI FORTUNATO

10 Leggi questo articolo e rispondi alle domande insieme ai tuoi compagni.

L'INTERVISTA

STOP AL BUCO DELL'OZONO

Lo strato di ozono che ci protegge dai raggi ultravioletti diminuisce. E il "buco" si è aperto anche sull'Europa. Come fermarlo? Ce ne parla il direttore di Greenpeace.

Tre millimetri appena ci proteggono da troppo sole. Tre millimetri di un gas azzurrino che si trova a 15-25 chilometri di altitudine, nella stratosfera. Si chiama ozono, diventa uno strato sempre più sottile e noi siamo in pericolo. Perché, se sparisce, niente ci difenderà più dai dannosissimi raggi ultravioletti. A "mangiarselo" sono i clorofluorocarburi, comunemente detti CFC, gas che non esistono in natura, ma che dagli anni Trenta vengono massicciamente usati negli aerosol, come isolanti e refrigeranti nei frigoriferi e nei condizionatori d'aria, per fabbricare solventi e schiume espanse. Sono inodori, evaporano in fretta e hanno una straordinaria longevità: una volta fuoriusciti da una bomboletta spray restano nell'atmosfera dai 70 ai 130 anni. E quando arrivano lassù, a causa di una complessa reazione chimica, ogni molecola di CFC distrugge parecchie molecole di ozono. Risultato: una bella fetta dello strato che ci protegge dalle radiazioni UV se ne è già andata. È il famoso "buco dell'ozono".

Scienziati e governi stanno cercando di correre ai ripari. Nell'87 oltre cinquanta nazioni hanno sottoscritto un protocollo a Montreal, impegnandosi a dimezzare la produzione e il consumo di CFC entro il 1999. Ma in seguito gli scienziati hanno avvertito: il "buco" avanza con ritmi più veloci del previsto. Il 24 e il 25 a Copenaghen ci sarà un altro vertice internazionale sul problema, e sarà un appuntamento importantissimo, perché si deciderà il futuro. È per questo che Greenpeace (è appena uscito un volume sulla sua storia, *La storia di Greenpeace*, La Spiga, 50mila lire) e il mensile *La Nuova Ecologia* hanno deciso di promuovere il 20 novembre l'*Ozono Day*: una giornata dedicata alla raccolta di firme per sollecitare il Parlamento ad approvare una legge che metta al bando tutte le sostanze "divoraozono". Abbiamo chiesto a Gianni Squitieri, direttore di Greenpeace Italia, di parlarci dell'iniziativa.

È vero che si è aperto un "buco" anche sull'Europa?

«All'inizio di quest'anno uno studio scientifico della NASA, confermato da altre ricerche commissionate dalla CEE, ha certificato una consistente rarefazione dello strato d'ozono sulla Scandinavia e sulla regione eurasiatica settentrionale, Mosca, Amsterdam e Londra incluse. È stata una notizia shock, perché è la prima volta che il "buco" colpisce in maniera seria anche l'emisfero nord e non si prevedeva che succedesse in tempi così rapidi.

Oggi gli scienziati concordano sul fatto che la quantità di cloro presente nell'atmosfera è già sei volte superiore ai livelli naturali ed è destinata ad aumentare del 20-40 per cento. Questo significa che, anche se si smettesse immediatamente di immettere nell'aria i CFC, l'ozono continuerebbe a diminuire per decenni. È assolutamente necessario intervenire subito, tenendo presente che se le nazioni ricche non aiutano quelle del Terzo Mondo a sviluppare tecnologie alternative, sarà tutto inutile. Ci sono paesi, come la Cina, in cui il frigorifero sta arrivando ora nelle case di centinaia di milioni di persone. O come la Thailandia, dove tra l'86 e il '91 i consumi di CFC sono aumentati del 300 per cento».

Quali sono, concretamente, i danni provocati dalla rarefazione dell'ozono?

«Lo strato di ozono ci protegge dai raggi solari ultravioletti. L'Unep (il programma dell'Onu per l'ambiente, ndr) stima che per ogni punto in percentuale in meno di ozono sono previsti 300mila casi di tumore alla pelle, 150.000 casi di cecità e un milione e mezzo di cataratte in più ogni anno. Il "buco" è stato scoperto per la prima volta nel 1974 in Antartide e oggi nella vicina Nuova Zelanda le autorità consigliano già ai genitori di far indossare ai bambini speciali cappellini protettivi quando giocano all'aperto a lungo. Nel Cile meridionale si sono verificate sospette malformazioni agli occhi nelle pecore e gli scienziati sospettano che possano essere state favorite dalla rarefazione dell'ozono. Anche in questi tempi di crisi economica l'ecologia non è un lusso: il "buco" significherà un aggravamento delle spese sanitarie».

Ci sono sostanze che potrebbero essere usate al posto dei CFC?

«Sì, gli HFC (idrofluorocarburi) e gli HCFC (idroclorofluorocarburi), che sono meno dannosi sul lungo periodo ma hanno l'inconveniente di raggiungere lo strato d'ozono ancora più velocemente dei CFC e quindi possono avere effetti boomerang. Per questo noi di Greenpeace chiediamo che vengano messe subito al bando anche queste sostanze e si diano incentivi economici alle aziende che investono in tecnologie alternative. Oggi, per esempio, produrre frigoriferi senza sostanze mangiaozono è possibile, a Londra ne è stato di recente presentato uno. Da aprile lo stabilimento Ford di Atlanta produce vetture modello Taurus senza CFC e dal '94 lo saranno tutti i veicoli Ford».

Ma noi, in concreto, che cosa possiamo fare?

«Non molto purtroppo. Possiamo eliminare i condizionatori d'aria, acquistare frigoriferi che contengano meno CFC, informarci sulla composizione dell'imbottitura in gomma del divano... Ma la cosa più importante è che il Parlamento approvi in fretta una legge. In Italia non solo non c'è una legge che regolamenti la produzione di clorofluorocarburi, ma vige il segreto industriale, per cui è impossibile verificare se il nostro paese rispetta gli accordi internazionali o no. Secondo i nostri calcoli in Italia nel '91 sono state prodotte 32mila tonnellate di CFC. Altro problema: il recupero dei rifiuti. Per evitare che quando buttiamo via un vecchio frigorifero, i CFC volino nel cielo».

Rossella Venturi

MARIE CLAIRE, novembre 1992

Secondo l'articolo, quali zone della Terra sono maggiormente interessate dal problema del "buco dell'ozono"? Che tipo di danni può provocare la rarefazione dell'ozono? Che cosa si potrebbe fare per risolvere il problema? E nel tuo paese? Si sta facendo qualcosa per difendere la fascia d'ozono?

UNITÀ 10

11

Ma alcune volte per parlare del futuro si usa necessariamente il *futuro*. È il caso degli annunci e delle predizioni. Ne hai già avuto un esempio al punto 7 dell'Unità 2, dove si annuncia quello che faremo insieme lavorando con *Due*, e anche nell'articolo del punto 10. Lo hai notato? Un caso in cui gli annunci sono molto frequenti è il linguaggio giornalistico. Ascolta alcuni brani presi da un notiziario radiofonico e prendi appunti, cercando di individuare le notizie-annuncio.

12 Un altro caso in cui è possibile usare il *futuro* è
quello delle predizioni. Ecco l'oroscopo della settimana.

ARIETE
21 marzo - 20 aprile

Potrete chiarire piuttosto bene alcuni aspetti della vostra vita sentimentale in modo da avere un legame più stabile e congeniale. Buoni i rapporti nell'ambito familiare, specie con i figli. Nel lavoro avrete delle prospettive abbastanza favorevoli, tuttavia continuano ad esserci delle situazioni un po' moleste che rallenteranno la vostra marcia. Marte vi è comunque favorevole, quindi riuscirete a chiarire meglio gli impegni quotidiani.

TORO
21 aprile - 20 maggio

Non forzate troppo i rapporti e mostratevi più accondiscendenti: solo così riuscirete ad avere una vita affettiva serena e ben sintonizzata. Alcune questioni personali potranno momentaneamente turbarvi, ma la loro soluzione v'insegnerà molte cose. Siate diplomatici nella vita di relazione e non parlate a ruota libera. Le nuove iniziative nel lavoro non procederanno come speravate ma non demoralizzatevi: aspettate.

GEMELLI
21 maggio - 20 giugno

Avrete rapporti affettivi molto affiatati, ma dovrete impegnarvi se volete consolidarli. Aumenta il vostro desiderio di viaggiare, di stare in compagnia, di fare nuove esperienze. Realizzerete qualche soluzione utile alla convivenza familiare. Nel lavoro: sarete spronati a fare meglio e di più, e quindi realizzerete molti progetti. Dovrete però cercare di non disperdervi in mille rivoli diversi. Molto buona la situazione finanziaria.

CANCRO
21 giugno - 22 luglio

Buona la posizione di Mercurio e di Venere che si trova nel vostro segno, quindi situazione affettiva gratificante, specie se sarete più calmi e fiduciosi. Rapporti cordiali con gli amici, ma non esagerate a fare confidenze. Impegni sociali abbastanza piacevoli. In famiglia parlate con più franchezza, soprattutto con i vostri figli. Nel campo del lavoro avete dei progetti chiari, seguiteli senza farvi influenzare nelle decisioni.

LEONE
23 luglio - 23 agosto

La buona posizione di Marte e di Giove vi renderanno molto intraprendenti ed estremamente sicuri di voi stessi, ma non è comunque il caso di forzare le situazioni, siate più spontanei. Anche con amici e conoscenti moderate la vostra voglia di dominare a tutti i costi. Successo personale e approvazioni gratificanti. Intesa con Bilancia e Sagittario, difficoltà con Acquario e Toro. Marte favorisce la buona riuscita nel lavoro.

VERGINE
24 agosto - 23 settembre

Venere e Mercurio propongono molte gioie sul piano affettivo e una migliore comprensione con il partner. Vi sentirete anche liberi dai soliti preconcetti e quindi accetterete più facilmente le persone così come sono. Farete nuove conoscenze. Intesa con Cancro e Scorpione. Difficoltà sul lavoro, ma grazie alla vostra intuizione saprete come affrontarle e anche risolverle. Rappresenteranno una sorta di sfida intellettuale. Siate più sereni.

BILANCIA
24 settembre - 23 ottobre

Saprete crearvi un rifugio sicuro nella vita sentimentale, ma dovrete avere un atteggiamento adeguato. Siate più coerenti con voi stessi e con gli altri. Molta tenacia negli studi. Intesa con Acquario e Gemelli, difficoltà con Capricorno e Cancro. Riuscirete piuttosto bene nel lavoro e godrete sia di appoggi sia di riconoscimenti. Sarete peraltro sospinti da una buona dose d'ambizione. La situazione economica è favorevole: agite quindi con fiducia e slancio. La salute riprende quota.

SCORPIONE
24 ottobre - 23 novembre

Lasciate da parte certi discorsi che potrebbero crearvi problemi nella vita affettiva: con gli amici si rischia di discutere, ma ci si capisce forse meglio. Intesa con Capricorno e Gemelli, difficoltà con Toro e Leone. La posizione favorevole di Urano e di Nettuno vi aiuterà ad affrontare meglio i problemi di lavoro: agite con circospezione. La situazione economica va tenuta d'occhio. La salute è discreta ma cercate di rilassarvi.

SAGITTARIO
23 novembre - 23 dicembre

Ci sono buone premesse per il futuro nell'ambito della vostra vita sentimentale, ma dovrete mostrarvi più assidui e disponibili. Intesa con Toro e Bilancia, difficoltà con Gemelli e Vergine. Nel lavoro seguite la linea che avete prescelto: state per dare il via a qualcosa di completamente nuovo e più gratificante. Anche dal punto di vista finanziario la situazione si sta stabilizzando. Nella salute non trascurate i sintomi e iniziate una dieta.

CAPRICORNO
24 dicembre - 20 gennaio

I rapporti con la persona amata sono simpatici e ben sintonizzati: trovate il modo di stare più tempo insieme. Non trascurate gli impegni mondani: si concretizza forse un importante progetto di viaggio. Intesa con Toro e Leone, difficoltà con Cancro e Bilancia. Con Mercurio favorevole e Saturno nel vostro segno, nel lavoro riuscirete a concludere parecchio preparando anche il terreno per nuove iniziative. Fate del moto.

ACQUARIO
21 gennaio - 19 febbraio

La posizione del sole e di Saturno è ottima, ma cercate di essere meno glaciali nella vita affettiva. Un nuovo incontro vi incuriosirà particolarmente. Intesa con Gemelli e Cancro, difficoltà con Leone e Scorpione. Nel lavoro dovrete assolutamente cercare di uscire dal circolo vizioso in cui vi state muovendo. Saturno può portare delle situazioni pesanti, ma vi darà anche la forza e la capacità di azione. Utilizzate meglio le vostre energie.

PESCI
20 febbraio - 20 marzo

Momento felice per gli innamorati che potranno pensare con fiducia al proprio futuro. Rapporti intensi ed importanti con gli amici. Intesa con Scorpione e Capricorno, difficoltà con Gemelli e Vergine. Il lavoro vede una fase piuttosto positiva: impegnatevi con tutte le vostre forze. Buona l'intesa con le persone vicine: ciò vi darà modo di mettere meglio a fuoco i progetti futuri. Moderate gli eccessi: possono danneggiare la salute. Relax.

UNITÀ 10

13 Che cosa pensi dell'oroscopo che hai appena letto? Speri che le previsioni si avverino oppure no? Hai altre speranze per il futuro? Parlane con i tuoi compagni e con il tuo insegnante. Ma prima guarda questo.

Ti ricordi dell'Unità 9? Come per i verbi **pensare, credere**, ecc., anche con **sperare** la scelta tra **di** + *infinito* o **che** + *congiuntivo* dipende dai soggetti dei due verbi.

Per esprimere speranze

Quando il soggetto dei due verbi è lo stesso

● **Spero di** + *infinito*
  divertirmi
  lavorare bene
  ...

Quando il soggetto dei due verbi è diverso

● **Spero che** + *presente congiuntivo*
  si avveri tutto
  ...

  futuro
  sarà una buona settimana
  ...

14 Come credi che andranno a finire queste situazioni? Parlane con i tuoi compagni.

il disboscamento della foresta amazzonica
la divisione dell'Irlanda
la presenza della mafia
la questione palestinese
le discriminazioni delle minoranze etniche

il terrorismo basco
il buco dell'ozono
la fame nel mondo
il disarmo nucleare
il rischio di estinzione delle balene

15 Ora leggi questa poesia. È di Cesare Pavese.

PASSERÒ PER PIAZZA DI SPAGNA

Sarà un cielo chiaro.
S'apriranno le strade
sul colle di pini e di pietra.
Il tumulto delle strade
non muterà quell'aria ferma.
I fiori spruzzati
di colori alle fontane
occhieggeranno come donne
divertite. Le scale
le terrazze le rondini
canteranno nel sole.
S'aprirà quella strada,
le pietre canteranno,
il cuore batterà sussultando
come l'acqua nelle fontane -
sarà questa la voce
che salirà le tue scale.
Le finestre sapranno
l'odore della pietra e dell'aria
mattutina. S'aprirà una porta.
Il tumulto delle strade
sarà il tumulto del cuore
nella luce smarrita.

Sarai tu - ferma e chiara.

28 marzo '50

CESARE PAVESE
VERRÀ LA MORTE
E AVRÀ I TUOI OCCHI

GIULIO EINAUDI EDITORE

Verrà la morte e avrà i tuoi occhi –
questa morte che ci accompagna
dal mattino alla sera, insonne,
sorda, come un vecchio rimorso
o un vizio assurdo. I tuoi occhi
saranno una vana parola,
un grido taciuto, un silenzio.
Cosí li vedi ogni mattina
quando su te sola ti pieghi
nello specchio. O cara speranza,
quel giorno sapremo anche noi
che sei la vita e sei il nulla.

Ti è piaciuta? Ora prova ad analizzarne alcuni aspetti insieme ai tuoi compagni e al tuo insegnante.

Fai un elenco di tutte le parole che evocano dei luoghi o degli spazi, naturali o architettonici, nell'ordine in cui compaiono. Che cosa ti suggeriscono?

Ora elenca tutte le voci verbali che compaiono nella poesia. Puoi classificarle in qualche modo? C'è un gruppo di verbi più numeroso degli altri? Perché?

Ricerca tutti gli elementi associati ai verbi e prova a classificarli. Che rapporto c'è nella poesia fra i gruppi che hai formato? Ti sembra di notare dei contrasti oppure no?

E il poeta? Se non lo hai già fatto, classifica i verbi in voci di 1ª, 2ª e 3ª persona. Come sono distribuite nel testo? Dove troviamo esplicitamente l'autore? Qual è il suo rapporto con gli altri elementi della poesia?

Per me è molto più conveniente l'altra...

1

Confronta insieme a un tuo compagno queste macchine fotografiche. Quale preferite? Perché? Oltre alle espressioni che conosci, puoi usare:

il/la/i/le quello/a/i/e	più meno	+	*aggettivo* caro/a/i/e grande/i ...

quello/a/i/e	che	ha hanno	più meno	+	*sostantivo* accessori funzioni ...

POLAROID IMAGE PRO

La Polaroid Image Pro abbina un'estrema semplicità d'uso a risultati così fedeli da renderla ideale tanto per utilizzi professionali (architettura, grafica...) quanto per le vostre foto più care. Dotata di autofocus, presenta un pannello di controllo a cristalli liquidi che rende più semplice la regolazione delle esposizioni multiple (fino a cinque scatti sulla stessa pellicola). Grazie all'autoscatto, con la Polaroid Image Pro è possibile realizzare serie di fotografie in periodi di tempo che variano da 3 secondi a 19,9 minuti, a intervalli fissi o variabili. Inoltre, il modo manuale consente una maggiore versatilità operativa, mentre la funzione controluce permette di correggere le sovraesposizioni dello sfondo.
Dimensioni: 20x20x5 cm (chiusa); 20x20x10 cm (aperta).
Peso: 450 g. Lire 300.000

CANON PRIMA 5

Con Prima 5 è facile scattare fotografie di grande impatto. Prima 5 è piccola e leggera, comoda da tenere in tasca, pronta a scattare in qualsiasi momento. Prima 5 è estremamente facile da usare e incorpora funzioni che solo i modelli più costosi possono vantare. La messa a fuoco è automatica: il soggetto è sempre a fuoco e i dettagli non vanno mai persi, grazie alla funzione che consente una messa a fuoco fino a 65 cm. Anche l'esposizione della pellicola è automatica e si ha una scelta tra tre modalità di ripresa: nella modalità "Auto" il flash incorporato scatta automaticamente in condizioni di scarsa illuminazione e per le fotografie più creative sono disponibili le modalità "Flash off" e "Flash on".
Dimensioni: 125x68x38 mm. Peso: 220 g. Lire 185.000

PENTAX ZOOM 105-R

La Pentax zoom 105-R è una fotocamera di nuova concezione, che associa la leggerezza di una compatta a funzioni avanzate che ritroviamo normalmente nelle reflex. Prendete ad esempio l'obiettivo con zoom motorizzato incorporato, dal grandangolo 38mm al teleobiettivo 105mm. Con un altro tasto si passa alla funzione macro o super-macro, per evidenziare anche i dettagli di oggetti piccoli. Altri comandi di forma ergonomica danno accesso ad una infinità di funzioni creative. Tutto ciò in aggiunta a comode funzioni automatiche, quali movimento della pellicola, messa a fuoco, scelta dell'esposizione e flash. E un grande e nitido display LCD esterno vi tiene continuamente informati delle funzioni attivate.
Dimensioni: 143,5x82,5x66,5 mm. Peso: 480 g. Lire 659.000

PREZZI 1993

2 Leggi i risultati di un test sui pannolini effettuato dalla rivista *Qualità*.

PANNOLINI

Quali sono i più assorbenti? E quali i più sicuri per i bambini? Il test di Qualità *ha messo a confronto 10 campioni delle marche più diffuse. Ecco la classifica dei migliori*

"Dormi tranquillo e asciutto, Lines Notte assorbe tutto", canticchiava negli anni 70 con il suo vocione l'ippopotamo Pippo dagli schermi di Carosello. Da allora, in televisione sono sfilate legioni di culetti rosa che amorevoli mamme accarezzavano compiaciute vantando il potere assorbente del nuovo pannolino di turno. Spot che senza dubbio hanno colpito nel segno. Oggi quasi nessuno utilizza più per i bambini i patelli di cotone. Pratici, resistenti, affidabili, i pannolini usa-e-getta hanno conquistato il mondo. Almeno quello industrializzato. Solo in Italia se ne consumano oltre un miliardo di pezzi all'anno. Per un giro d'affari di circa 750 miliardi di lire. Le due marche di gran lunga più diffuse sono Pampers e Lines (insieme detengono il 90% del mercato). Ma sono anche le migliori? E non c'è il pericolo che sul prezzo finale del prodotto incidano gli onerosi investimenti pubblicitari?

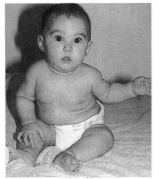

Qualità ha fatto eseguire alla Stazione sperimentale per la cellulosa di Milano un test su dieci pannolini di otto marche, scelti tra quelli destinati a bimbi di peso compreso tra 8 e 25 chilogrammi. Gli esperti del laboratorio hanno pesato i pannolini, hanno valutato la loro capacità di assorbimento e hanno esaminato la qualità dell'impasto fibroso.

I RISULTATI DEL TEST

In testa alla classifica si è piazzato Pampers Phases Boy, il pannolino più leggero ma con un'ottima capacità di assorbimento della pipì. Più pesante e un po' più caro (538 lire contro 402), il Pampers per bambine è invece arrivato secondo a pari merito con Lines Unisex e Paciuchino anatomico. Ultimi classificati Bebisan progetto verde, Baby Carezza e Chicco Veste. Quest'ultimo è stato penalizzato dal fatto che abbina una scarsa capacità di assorbimento a un prezzo che è il più alto tra quelli dei pannolini testati.

PRODOTTO	PREZZO DI UN PANNOLINO	PESO DI UN PANNOLINO ASCIUTTO (GR)	ACQUA ASSORBITA (GR)(1)	ASSORBIMENTO SPECIFICO(2)	ADESIVI RIPOSIZIONABILI
PAMPERS PHASES BOY	404,20	57,8	1331,1	23	sì
PACIUCHINO ANATOMICO	374,40	65	1076,7	16,6	sì
PAMPERS PHASES GIRL	537,90	69,7	1625,4	23,3	sì
LINES UNISEX	416,30	69,4	1303,7	18,8	sì
LINES MASCHIETTI	449,50	68,2	1157,5	17	sì
NUOVO GILIOLA	274,74	64,1	1053,1	16,4	no
FISSAN BIMBA	515,60	75,8	1430	18,9	sì
CHICCO VESTE	625,00	77,8	1322	17	sì
BABY CAREZZA	434,00	71	1194,1	16,8	no
BEBISAN PROGETTO VERDE	366,00	64,2	753,8	11,7	no

(1) Poiché i campioni sono coperti da una pellicola plastica, la prova è stata effettuata posando il pannolino su una rete metallica e immergendolo in acqua mediante pesi per un quarto d'ora. Si è fatto poi sgocciolare il pannolino tenendo la rete inclinata. È stata poi rilevata la quantità di acqua assorbita.
(2) È la quantità di acqua assorbita per unità di peso (gr) del pannolino.

3 Volete commentare i dati del test sui pannolini, paragonandoli tra loro? Ecco alcune espressioni che potete usare.

Per fare paragoni basati su quantità

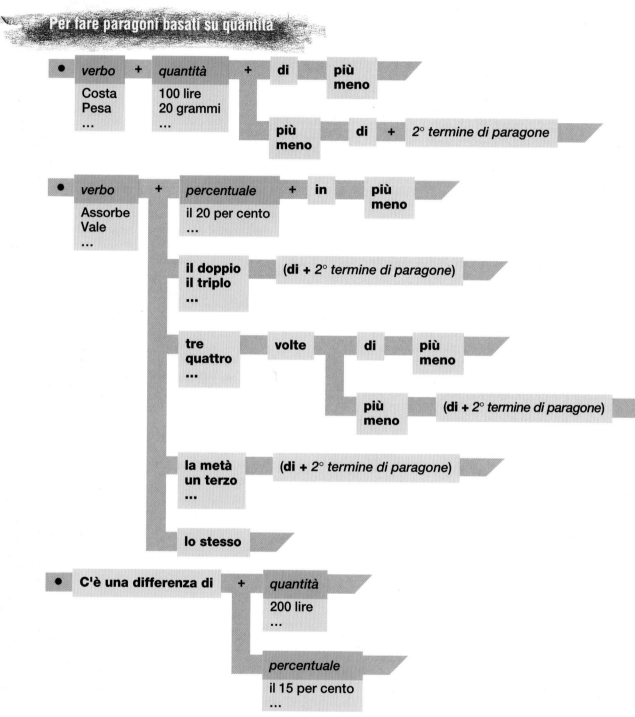

- **verbo** + **quantità** + **di** + **più / meno**
  - Costa — 100 lire
  - Pesa — 20 grammi
  - ... — ...
  - **più / meno** + **di** + **2° termine di paragone**

- **verbo** + **percentuale** + **in** + **più / meno**
  - Assorbe — il 20 per cento
  - Vale — ...
  - ...
  - **il doppio / il triplo** ... **(di + 2° termine di paragone)**
  - **tre / quattro** ... **volte** + **di** + **più / meno**
    - **più / meno** **(di + 2° termine di paragone)**
  - **la metà / un terzo** ... **(di + 2° termine di paragone)**
  - **lo stesso**

- **C'è una differenza di** + **quantità**
  - 200 lire
  - ...
  - **percentuale**
  - il 15 per cento
  - ...

Il *2° termine di paragone* viene introdotto da **di** quando si comparano due soggetti diversi rispetto alla stessa caratteristica.

- I pannolini Lines pesano meno **dei** Chicco.

Viene invece introdotto da **che** quando si comparano due caratteristiche rispetto allo stesso soggetto.

- I pannolini offrono più vantaggi **che** svantaggi.

4

Confronta questi disegni con il tuo compagno.

Anche quando il secondo termine di paragone
è preceduto da una preposizione deve essere
introdotto da **che**.

● In Germania ci sono molti più ostelli **che in** Italia.

● È più importante per me **che per** te.

● Perché si mangia più pasta in Italia **che all'**estero?

● Nel disegno A ci sono più alberi **che nel** disegno B.

5

E ora confrontate e commentate i dati contenuti in questa scheda. Si tratta
dei prezzi (in lire) di alcuni generi nelle principali capitali europee.

	AMSTERDAM	BERLINO	BRUXELLES	LISBONA	LONDRA	MADRID	PARIGI	ROMA	STOCCOLMA
1 litro di latte	780	1.180	1.260	1.225	1.260	1.325	1.315	**1.600**	1.340
Biglietto autobus/metropolitana	1.985	2.355	1.525	405	1.800	1.562	782	800	**3.030**
Affitto appartamento di 100 mq (centro)	1.050*	2.355*	1.150*	1.350*	1.460*	1.250*	**3.450***	3.000*	1.300*
Affitto appartamento di 100 mq (periferia)	700*	940*	1.525*	540*	790*	875*	1.840*	**2.000***	865*
1 litro di benzina	1.395	1.020	1.180	1.325	1.330	1.165	1.245	**1.580**	1.300
Biglietto del cinema	9.050	6.280	8.390	3.375	10.125	6.875	9.200	10.000	**12.975**
Caffè in centro	1.915	2.750	1.905	450	2.250	1.375	1.035	1.000	**5.405**
Birra	2.090	3.140	2.290	630	3.825	1.375	2.760	2.000	**8.650**
Settimana in hotel (***)	975*	785*	**1.312***	378*	1.134*	1.085*	1.016*	1.037*	540*
Pacchetto di sigarette	2.785	3.375	3.095	3.150	4.725	3.065	2.875	3.500	**4.760**
Quotidiano	1.220	1.180	955	990	900	1.000	1.035	1.200	**1.515**
Libro	13.925	14.130	10.675	10.800	13.480	12.390	8.510	**31.000**	25.950
Compact Disc	27.780	27.475	28.595	19.800	**31.480**	22.500	30.820	28.000	30.275
Telefonata (3 min.)	321	235	381	90	**450**	125	345	200	432
Preservativi	12.535	15.700	13.725	21.600	18.675	25.000	9.200	**28.000**	8.650

Dati El País

* cifre in migliaia di Lire - in **neretto** le cifre più alte di ogni gruppo

● Hai visto? Stoccolma sembra la città più cara d'Europa.
○ Sì, ma in fondo solo per cose di cui si può anche fare a meno.
Se guardi i prezzi degli affitti Parigi e Roma sono più care di tutte le altre città.

● È incredibile. Una telefonata a Londra costa cinque volte di più che a Lisbona.

6 Ascolta il dialogo.

Che esigenze hanno i clienti?

Quali sono le opinioni
del commesso sui tre televisori?

7 Leggi le caratteristiche dei tre televisori del dialogo e completa la scheda.

	Grundig ST 55-550	Philips AA 3356	Sony KV-X2151A
Mono			
Stereo			
Televideo			
No. canali			
Potenza musicale (watt)			
Regolazioni e funzioni visibili sullo schermo			
No. prese			

GRUNDIG STEREO ST 55-550 Text
- Cinescopio FST da 21 pollici (55 cm) a colori e
  ad angoli retti.
- Scanner System per una perfetta separazione
  dei colori.
- Telecomando Telepilot 663 per 49 programmi
  TV + 3 AV.
- Decodificatore per Televideo già montato di
  serie.
- On Screen Display (OSD): livello delle
  regolazioni direttamente visibile sullo schermo.
- Funzione Hotel: impostazione del limite
  massimo volume e blocco di alcune funzioni.
- Potenza 2 x 8 watt musicali e 4 altoparlanti (2
  laterali a larga banda e 2 frontali per gli alti).
- Presa per cuffia con volume regolabile e presa
  Euro AV per ogni tipo di collegamento attuale
  e futuro.
- Dimensioni: ca.52x46x46,6 cm.
- Prezzo: L.880.000.

PHILIPS AA 3356 GIOTTO 21"
- Cinescopio Flat Square che assicura un'immagine migliore e più ampia.
- Schermo scuro per un contrasto ottimale.
- Risoluzione di 2000 caratteri che permette una miglior visualizzazione delle immagini da computer.
- Potenza musicale 2 W.
- Sintonia elettronica con funzione autostore per la ricerca e la memorizzazione automatica delle migliori emittenti della zona.
- 40 preselezioni.
- OSD: visualizzazione sullo schermo dei programmi e delle regolazioni impostate.
- Possibilità di bloccare la memorizzazione canali e il volume.
- Timer per lo spegnimento programmabile fino a 90 minuti.
- Collegamenti frontali: presa per cuffia (da 3.5 mm) - Ingresso A/V.
- Collegamenti posteriori: presa SCART con RGB - Presa d'antenna (antenna telescopica a corredo).
- Dimensioni: (lxaxp) cm 50x47x47
- Prezzo: L.675.000.

SONY KV-X2151A
- TV Color Hi-Black Trinitron in versione 21". Il nuovo cinescopio Hi-Black Trinitron ha lo schermo ancora più scuro per ottenere un maggior livello di contrasto e chiarezza d'immagini. Design Monitor Look con altoparlanti posti sui lati per un'estetica più lineare e un minor ingombro. Schermo Flush Surface piatto e squadrato (FST) allineato alla struttura esterna del televisore per l'eliminazione delle distorsioni agli angoli e lungo i bordi.
- Visualizzazione su schermo (DOS) delle funzioni attivate.
- Suono stereo con amplificatore 2x30 watt, speaker laterali con regolazione toni alti e bassi, Space Sound, Loudness e bilanciamento canali per un migliore adattamento del suono all'ambiente d'ascolto. Ascolto in cuffia con esclusione degli altoparlanti principali.
- Sintonia in sintesi di frequenza (FSS) con sintonizzatore a larga banda predisposto alla ricezione di trasmissioni via cavo.
- Ricerca e memorizzazione di 60 canali tramite telecomando RM-816.
- Ricezione del sistema PAL B, G, H.
- Riproduzione via scart dei sistemi PAL/SECAM Est/NTSC.
- Doppia presa scart 21 Pin. Presa frontale Y/C 4 Pin Din.
- Presa Audio Out.
- Presa cuffia.
- Telecomando reversibile RM-816.
- Scheda Televideo.
- I TV Color Sony sono coperti da tre anni di assistenza totale.
- Dimensioni: 512x449x456 mm.
- Prezzo: L.1.490.000.

8

Con un compagno, immaginate di dover comprare queste cose. Paragonate i vari prodotti e decidete quali volete. Poi confrontate le vostre scelte con il resto della classe. Oltre alle espressioni che abbiamo già visto, potete usare:

Per fare paragoni

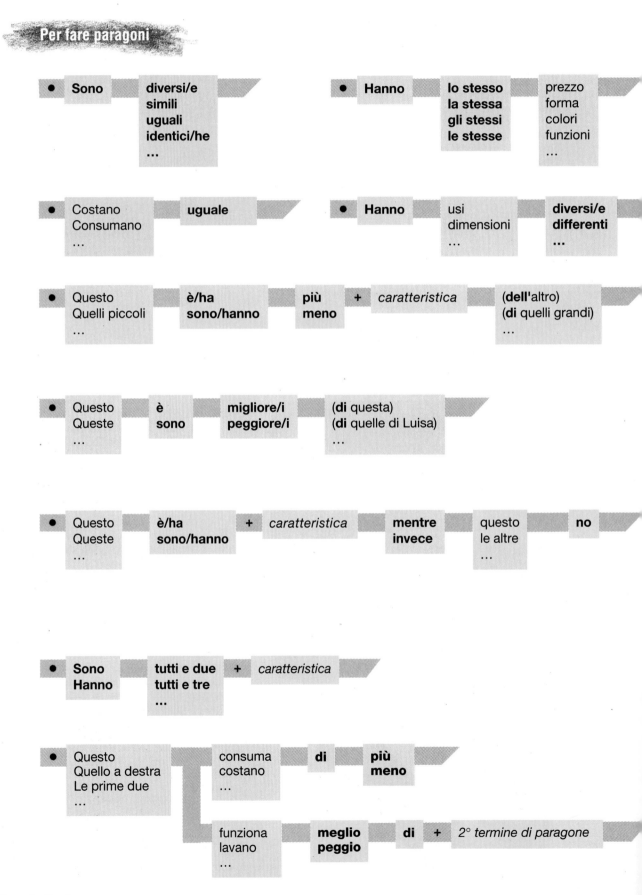

- **Sono** — **diversi/e** / **simili** / **uguali** / **identici/he** / ...

- **Hanno** — **lo stesso** / **la stessa** / **gli stessi** / **le stesse** — prezzo / forma / colori / funzioni / ...

- Costano / Consumano / ... — **uguale**

- **Hanno** — usi / dimensioni / ... — **diversi/e** / **differenti** / ...

- Questo / Quelli piccoli / ... — **è/ha** / **sono/hanno** — **più** / **meno** + *caratteristica* — (**dell'**altro) / (**di** quelli grandi) / ...

- Questo / Queste / ... — **è** / **sono** — **migliore/i** / **peggiore/i** — (**di** questa) / (**di** quelle di Luisa) / ...

- Questo / Queste / ... — **è/ha** / **sono/hanno** + *caratteristica* — **mentre** / **invece** — questo / le altre / ... — **no**

- **Sono** / **Hanno** — **tutti e due** / **tutti e tre** / ... + *caratteristica*

- Questo / Quello a destra / Le prime due / ... — consuma / costano / ... — **di** — **più** / **meno**

  funziona / lavano / ... — **meglio** / **peggio** — **di** + *2° termine di paragone*

Multimix Mx 32, frullatore a tre velocità dotato di accessori supplementari (sminuzzatrice, tritacarne e spremiagrumi). Il motore ha una potenza di 400 watt. L. 235.000, di Braun.
Frullatore (al centro) da muro, con base cromata e contenitore in materiale plastico trasparente. Viene prodotto in America sul disegno.

di un modello originale Anni Cinquanta. Costa Lire 500.000 circa, di Extemporae div. M.C.O.
Osterizer, frullatore dotato di ben dieci velocità. D'estetica tradizionale, allinea sul fronte tutte le funzioni ed è dotato di contenitore graduato in vetro. Prodotto dall'americana Oster, venduto in Italia a L. 290.000, High-Tech.

REX POCKET MINI
vasca in acciaio inox
18 programmi di lavaggio
tasto ciclo economico
tasto mezzo carico
capacità 4 kg
durata ciclo normale 114 min.
cm 60x33x85h
L.790.000

INDESIT WDN 2090 XWI
20 programmi di lavaggio
2 programmi di asciugatura
centrifuga a 1000 giri
capacità di lavaggio 5 kg
capacità di asciugatura 2,5 kg
temporizzatore di asciugatura
termostato regolabile
pulsante mezzo carico
vasca inox
cm 59,5x53x85h
L.870.000 ca.

CASTOR CX 752
carica dall'alto
ruote posteriori per facili spostamenti
14 programmi di lavaggio
vasca in acciaio inox
termostato regolabile
tasto esclusione centrifuga
tasto mezzo carico
ciclo speciale lana
ciclo economico
cm 45x60x85h
L. 1.000.000 ca.

FIAT CINQUECENTO 900i
maneggevole
spaziosa
economica
- 903 cc
- 41 CV
- velocità max 140 km/h
- consumi (km/l):
a 120 km/h=15,8 urbano=14,9
- Lire 11.368.000

NISSAN MICRA 1.3I 16V 3P SLX
linea piacevole
confortevole
silenziosa
- 1275 cc 16 valvole
- 75 CV
- velocità max 170 km/h
- consumi (km/l):
a 120 km/h=14,9 urbano=15,1
- servosterzo di serie
- Lire 16.480.000

VOLKSWAGEN GOLF 1.8 GL 5P
affidabile
buon comportamento
ottima dotazione
- 1781 cc
- 90 CV
- velocità max 175 km/h
- consumi (km/l):
a 120 km/h=13,6 urbano=10,1
- servosterzo di serie
- Lire 23.467.000

RENAULT SAFRANE 2.0SI RXE
prestigiosa
molto confortevole
ottimo comportamento
frenata sicura
- 1995 cc
- 132 CV
- velocità max 203 km/h
- consumi (km/l):
a 120 km/h=11,4 urbano=8,3
- condizionatore, freni antibloccaggio e servosterzo di serie
- Lire 48.720.000

PREZZI 1993

9 Ora ascolta alcune persone che paragonano le cose del punto 8.
Quante preferenze riceve ciascun oggetto? Per quali ragioni?

	PREFERENZE	MOTIVI
MULTIMIX		
FRULLATORE DA MURO		
OSTERIZER		
CASTOR CX		
REX POCKET MINI		
INDESIT WDN		
FIAT CINQUECENTO		
NISSAN MICRA		
VOLKSWAGEN GOLF		
RENAULT SAFRANE		

10

La coppia del punto 6 ha fatto la sua scelta.
Ascolta cosa succede al momento dell'acquisto.

11

E ora leggi una pagina del libretto delle istruzioni del televisore scelto.

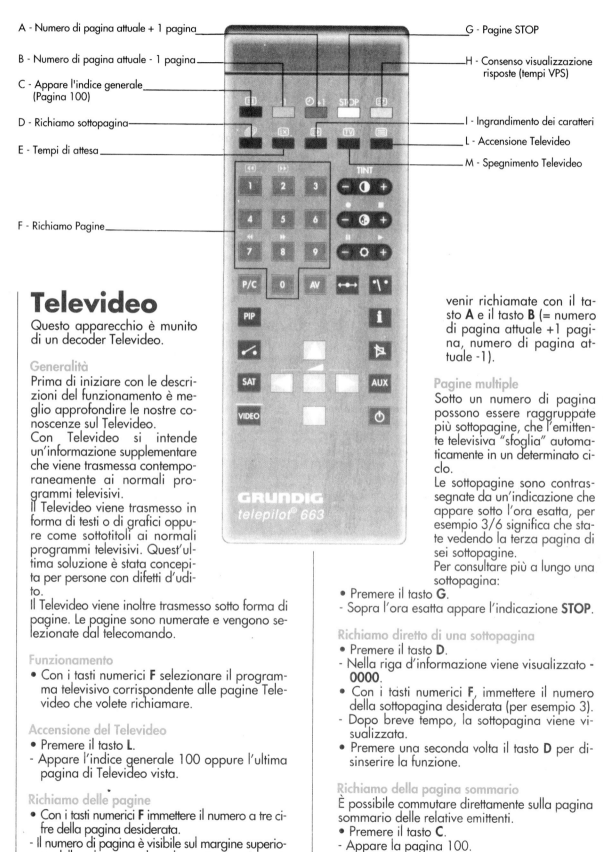

A - Numero di pagina attuale + 1 pagina

B - Numero di pagina attuale - 1 pagina

C - Appare l'indice generale
   (Pagina 100)

D - Richiamo sottopagina

E - Tempi di attesa

F - Richiamo Pagine

G - Pagine STOP

H - Consenso visualizzazione
   risposte (tempi VPS)

I - Ingrandimento dei caratteri

L - Accensione Televideo

M - Spegnimento Televideo

GRUNDIG
telepilot® 663

Televideo

Questo apparecchio è munito di un decoder Televideo.

Generalità

Prima di iniziare con le descrizioni del funzionamento è meglio approfondire le nostre conoscenze sul Televideo.
Con Televideo si intende un'informazione supplementare che viene trasmessa contemporaneamente ai normali programmi televisivi.
Il Televideo viene trasmesso in forma di testi o di grafici oppure come sottotitoli ai normali programmi televisivi. Quest'ultima soluzione è stata concepita per persone con difetti d'udito.
Il Televideo viene inoltre trasmesso sotto forma di pagine. Le pagine sono numerate e vengono selezionate dal telecomando.

Funzionamento

• Con i tasti numerici **F** selezionare il programma televisivo corrispondente alle pagine Televideo che volete richiamare.

Accensione del Televideo

• Premere il tasto **L**.
- Appare l'indice generale 100 oppure l'ultima pagina di Televideo vista.

Richiamo delle pagine

• Con i tasti numerici **F** immettere il numero a tre cifre della pagina desiderata.
- Il numero di pagina è visibile sul margine superiore dello schermo e dopo breve tempo viene visualizzata la pagina.
• Le pagine immediatamente successive possono

venir richiamate con il tasto **A** e il tasto **B** (= numero di pagina attuale +1 pagina, numero di pagina attuale -1).

Pagine multiple

Sotto un numero di pagina possono essere raggruppate più sottopagine, che l'emittente televisiva "sfoglia" automaticamente in un determinato ciclo.
Le sottopagine sono contrassegnate da un'indicazione che appare sotto l'ora esatta, per esempio 3/6 significa che state vedendo la terza pagina di sei sottopagine.
Per consultare più a lungo una sottopagina:
• Premere il tasto **G**.
- Sopra l'ora esatta appare l'indicazione **STOP**.

Richiamo diretto di una sottopagina

• Premere il tasto **D**.
- Nella riga d'informazione viene visualizzato - **0000**.
• Con i tasti numerici **F**, immettere il numero della sottopagina desiderata (per esempio 3).
- Dopo breve tempo, la sottopagina viene visualizzata.
• Premere una seconda volta il tasto **D** per disinserire la funzione.

Richiamo della pagina sommario

È possibile commutare direttamente sulla pagina sommario delle relative emittenti.
• Premere il tasto **C**.
- Appare la pagina 100.

Per terminare il programma Televideo

Premere il tasto **M**.

12 Ecco un altro tipo di istruzioni. Leggi queste tre ricette.

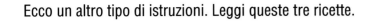

TOSCANA

FRITTATA DI CARCIOFI

Secondo piatto
Tempo di preparazione: 40 minuti
Difficoltà: scarsa

INGREDIENTI PER 4 PERSONE
6 uova
5 carciofi
40 g di olio
una manciata di mollica di pane
qualche cucchiaio di parmigiano
grattugiato

un cucchiaio di prezzemolo tritato
1/2 spicchio di aglio (facoltativo)
1 limone
latte q.b.
sale
pepe bianco

1 Private i carciofi delle foglie dure, delle spine e dei gambi, che però utilizzerete dopo aver tolto la scorza che li ricopre. Tagliateli a fettine e metteteli in acqua acidulata con limone.

2 Sgocciolateli e fateli rosolare e cuocere in 30 g di olio, unendo poca acqua se si asciugassero troppo.

3 In una ciotola sbattete le uova, unitevi la mollica di pane, bagnata nel latte e strizzata, il formaggio grattugiato, il prezzemolo tritato con l'aglio, i carciofi cotti, sale e pepe appena macinato e mescolate velocemente con un cucchiaio di legno.

4 In una padella di ferro o antiaderente scaldate l'olio rimasto, versatevi il composto e, a fuoco moderato, fate rapprendere la frittata; voltatela poi con l'aiuto di un piatto o di un coperchio e terminate la cottura.

5 Servite la frittata cotta, ma ancora morbida.

CAMPANIA

MOZZARELLA IN CARROZZA

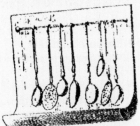

Antipasto
Tempo di preparazione: 40 minuti
Difficoltà: scarsa

INGREDIENTI PER 4 PERSONE
8 fette di pane in cassetta
1 mozzarella
1/4 di l di latte
3 uova
30 g di farina

4 filetti di acciuga
olio per friggere
sale
pepe

1 Tagliate la mozzarella a fettine; in una terrina sbattete le uova con un pizzico di sale e di pepe.

2 Allineate 4 fette di pane sul tavolo, su ognuna mettete una fetta di mozzarella e un filetto di acciuga, chiudetele con una seconda fetta di pane e fermate il tutto con uno stecchino di legno.

3 Spruzzatele con il latte tiepido, infarinatele e immergetele per alcuni secondi nell'uovo sbattuto.

4 In una padella scaldate l'olio e, appena sarà fumante, tuffateci le fette di pane; quando diventeranno dorate da ambo le parti sgocciolatele su un foglio di carta assorbente. Disponetele con cura su un piatto da portata caldo e servite subito.

CALABRIA

LISA BIONDI, *LA BUONA CUCINA ITALIANA. 90 RICETTE DA RISCOPRIRE, LE GUIDE PRATICHE DI GRAZIA*

PASTA E BROCCOLI

Primo piatto
Tempo di preparazione: 1 ora
Difficoltà: scarsa

INGREDIENTI PER 4 PERSONE
250 g di spaghetti
1 broccolo di circa 800 g
80 g di pecorino
2 spicchi di aglio

1/2 bicchiere scarso di olio di oliva
1 cucchiaio di prezzemolo tritato
sale
pepe

1 Pulite il broccolo, privatelo delle foglie esterne e del torsolo; lavatelo più volte e tagliate tutte le cimette e le foglie tenere.

2 In una casseruola grande e dai bordi alti, fate soffriggere gli spicchi di aglio schiacciati e, quando diventeranno biondi, aggiungetevi l'acqua necessaria per cuocere la pasta (5 tazze circa); regolate di sale.

3 Raggiunta l'ebollizione, tuffatevi le cimette del broccolo, le foglie tenere, gli spaghetti spezzati in quattro parti, mescolate e portate a cottura la pasta.

4 Prima di portare in tavola, versate la pasta in una zuppiera calda, spolverizzatela di prezzemolo, pepe e pecorino grattugiato; incoperchiate, lasciate riposare per pochi secondi e poi servite.

Che differenze trovi tra il modo di dare istruzioni usato nel libretto del televisore e quello delle ricette di cucina? Parlane con i tuoi compagni e il tuo insegnante.

13 Ascolta una ricetta tipica abbruzzese.
Perché non provi a trascriverla?

14 E ora scambiatevi voi delle ricette. C'è una specialità della vostra regione o del vostro paese che vi piace particolarmente? O forse sapete cucinare un piatto con cui fare sempre bella figura?

15 Ascolta le frasi e ripetile.

Ora è meglio andare.	Torna tra due giorni.
Il teatro è qui dietro l'angolo.	Sta piangendo la piccola.
Ecco, il pranzo è in tavola.	Mia sorella mi ha regalato un computer.
Domani vado a Forlì.	La mia casa è grande cinquantacinque metri quadri.

La mia regione è molto verde

1

In questa unità parleremo di geografia, viaggi e vacanze. Per cominciare guarda questo collage e confronta con i tuoi compagni e il tuo insegnante i vari tipi di vacanza che suggerisce.

2 Guarda questo panorama e completa le etichette con le parole della lista.

monti/montagne	foreste
valle	boschi
fiume	costa
lago	golfo
pianura	isola
colline	penisola
	promontorio

3 Ascolta cosa dicono alcuni italiani intervistati sulle regioni che preferiscono. Puoi compilare la scheda?

	regioni di cui parlano	caratteristiche
CARMEN		
FRANCESCO		
RAFFAELLA		
FABRIZIO		
LETIZIA		

UNITÀ 12

4

C'è un paese o una regione che ti piace particolarmente o che ti ha molto colpito? Parlane con i tuoi compagni e il tuo insegnante. Può essere il tuo paese, o la regione dei tuoi genitori, o un posto che hai visitato o di cui sai molte cose. Vediamo se riesci a incuriosire anche gli altri.

- Mah, a me piace molto la Galizia, in Spagna. Soprattutto la costa è bellissima. Ci sono delle insenature lunghissime che si chiamano *rías*, con scogliere, promontori, e il mare è stupendo...
- ○ Anche in Norvegia la costa è così. Ci sono stato in vacanza due anni fa.
- ■ ...

5 Guarda questo.

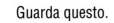
Per ubicare geograficamente

| a | nord sud est ovest | di Firenze delle Alpi della Francia |

| sulla costa nella parte | tirrenica occidentale orientale ... |

| sul Tirreno sull'Adriatico sullo Ionio ... |

Attenzione!
sul mar Ligure

| nel al | nord sud centro ... |

| vicino | a Roma al confine con l'Austria alla Sardegna ... |

| nell'interno |

6 E ora prova a ubicare queste città italiane sulla cartina. Se non sai dove si trovano, fatti aiutare dai tuoi compagni o dal tuo insegnante.

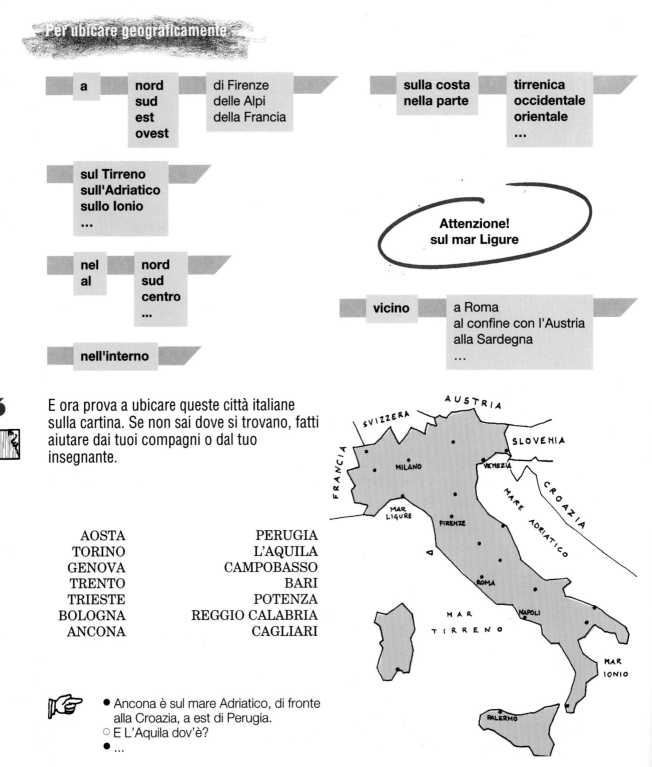

AOSTA PERUGIA
TORINO L'AQUILA
GENOVA CAMPOBASSO
TRENTO BARI
TRIESTE POTENZA
BOLOGNA REGGIO CALABRIA
ANCONA CAGLIARI

- Ancona è sul mare Adriatico, di fronte alla Croazia, a est di Perugia.
- ○ E L'Aquila dov'è?
- ● ...

7

Ascolta ancora le stesse persone del punto 3, e completa la scheda.
Questa volta si parla di città italiane.

	città preferite	caratteristiche
RAFFAELLA		
FABRIZIO		
LETIZIA		
FRANCESCO		
CARMEN		

8

Conosci queste città? Come sono? Parlane con i tuoi compagni e il tuo insegnante.
Anche se non ci sei mai stato, probabilmente hai un'idea di che tipo di città si tratta,
se ti piacerebbe visitarle o addirittura viverci, ecc.

PARIGI LONDRA TOKIO RIO DE JANEIRO VIENNA PRAGA PECHINO
ATENE EDINBURGO DUBLINO AMSTERDAM IL CAIRO BUENOS AIRES
SIDNEY NUOVA DELHI BAGDAD TEL AVIV NAIROBI CITTÀ DEL CAPO
MADRID NEW YORK MONTREAL CITTÀ DEL MESSICO BERLINO
CARACAS BUCAREST MOSCA BANGKOK SANTIAGO DEL CILE SAN
FRANCISCO COPENAGHEN LISBONA ...

 ● Io conosco bene Stoccolma, perché ho dei cugini che sono nati là e sono andato spesso a
trovarli. È una bella città, molto ben organizzata... Certo, d'inverno il clima è tremendo, però
credo che mi ci potrei abituare...

9 Dal 1992 in Italia ci sono 8 nuove province: Biella, Crotone, Lecco, Lodi, Prato, Rimini, Verbania e Vibo Valentia. Leggi cosa dice di Crotone la rivista *Qui Touring* del Touring Club Italiano.

CROTONE RITROVA IL SUO MARCHESATO

*A*rrivare a Crotone, per chi vive nel Centro o nel Nord, è difficile. Il viaggio in treno è interminabile per i continui cambi dovuti alle coincidenze e reso insopportabile dai ritardi inflitti ormai regolarmente ai passeggeri su rotaie in qualunque parte del Paese. La Calabria è lontana? «Lo è molto di più della Sicilia», dice lo scrittore calabrese Saverio Strati. «Faccio un esempio: Goethe, nel suo viaggio in Italia, dalla Calabria non passa. Si imbarca a Napoli e scende a Palermo. Poi giunge fino a Messina e guarda la nostra regione da lontano. E il viaggio di Goethe è un documento che ancora oggi molti turisti usano come guida per visitare la nostra penisola».

Dunque anche Crotone è lontana? Forse sì, ma è sufficiente soggiornare per qualche giorno in questa città neo-promossa capoluogo di provincia per capir che l'isolamento storico e geografico che per decenni ha dovuto subire non ne ha minato la voglia di essere presente e viva sul territorio nazionale. Soffocata dall'invadenza di Catanzaro, Crotone ha oggi recuperato una parte dell'antico Marchesato con i suoi nuovi 27 comuni e 200mila residenti.

Arroccata su un promontorio dal quale domina il mare, può finalmente organizzarsi per offrire ai turisti uno dei microclimi più rari della nostra penisola. Infatti una visita al centro storico sarà quasi sempre accompagnata dalla piacevole brezza marina che spazza i vicoli bui, le salitelle tra i palazzi nobiliari dei Berlingeri, Barracco, Lucifero, Grimaldi, Zurlo e rinfresca le mura del castello di Carlo V. È proprio da questa fortezza edificata nel 1541 da don Pedro da Toledo sul precedente complesso svevo che si può avere la panoramica complessiva della città e dei suoi dintorni: le montagne della Sila, la costa ionica da Punta Alice a Capo Rizzuto, il porto e i nuovi insediamenti urbani.

La città chiusa dal castello e da una cinta muraria digrada attraverso vie, viuzze, vicoli e archi fino in basso dove ogni mattina il rumoroso e affollato mercato invade con bancarelle stracolme di frutta, verdura, pesce fresco, peperoncini essiccati le vecchie piazze del centro storico. Dall'alto, le lussuose dimore ottocentesche dell'aristocrazia locale, tutte costruite nei punti più elevati del promontorio, incutono al visitatore rispetto e timore e sembra quasi che da lassù i signori stiano ancora tenendo d'occhio il loro popolo. Ma le

grida dei commercianti che offrono la loro merce migliore salgono fino a quei palazzi arroccati e severi. Crotone al mattino è sveglia e vivace. In piazza Pitagora, punto d'incontro tra la città vecchia e quella moderna, il traffico è intenso.

Le automobili che provengono dal mare, dal porto, dalla stazione delle Ferrovie dello Stato, attraverso via Poggioreale, viale Regina Margherita, via Cutro, viale Mario Nicoletta e via Veneto si accalcano come per un tacito appuntamento in questo punto cruciale della città. Poi, d'incanto, la piazza si svuota. È l'ora di pranzo e le porte delle case vengono chiuse, le serrande abbassate, la calma pomeridiana scende sull'abitato come un velo. Solo via Gramsci è un fermento: frotte di ragazzini in motorino percorrono in lungo e in largo il lungomare, sostano nei bar a mangiare hot dog e bere birra, giocano sulla spiaggia comunale. L'azzurro cristallino del mare e la pulizia dell'arenile invitano a un tuffo in quasi tutte le stagioni. L'amore dei crotonesi per la loro città è ben radicato. Sono molto orgogliosi del loro passato, di discendere dai mitici atleti greci come Milone, per esempio, che fu vincitore per sei volte delle Olimpiadi dal 532 al 526 a.C.; di avere come antenato Pitagora che fondò qui la sua scuola nel 535 a.C.

Crotone, una delle poche città veramente marinare della Calabria, ha sempre avuto l'opportunità di intensi scambi commerciali e culturali con civiltà diverse: la sua baia è sempre stata un porto-rifugio per naviganti in difficoltà ed è forse anche per queste ragioni che il carattere dei crotonesi è estremamente aperto, in contrasto con la natura montanara e un po' diffidente del resto dei calabresi. La voglia di diventare provincia fu manifestata per la prima volta dai crotonesi nel 1984 quando aderirono in massa a un referendum indetto dal Movimento Sociale. E oggi il desiderio di liberarsi dalla soffocante dipendenza da Catanzaro è diventata realtà. Anche l'economia crotonese risente, come in tutto il meridione, di investimenti e politiche confusi, a volte completamente errati, ma ciò non ha intaccato l'entusiasmo della città nella battaglia per diventare capoluogo. Il terziario avanza lentamente e nascono piccole e medie industrie vicino ai colossi in crisi della Enimont e della Pertusola, entrambi del gruppo Eni. La scoperta di giacimenti di metano nella fascia costiera ha dato una notevole spinta allo sviluppo economico della città e l'industria turistica ha ricevuto un buon incremento grazie al grandioso ritrovamento archeologico, alla metà degli Anni Sessanta, dell'antica Kroton. Di Kroton resta però ben poco: terremoti, insediamenti successivi, incuria hanno demolito parte dell'immenso tesoro che la rese famosa

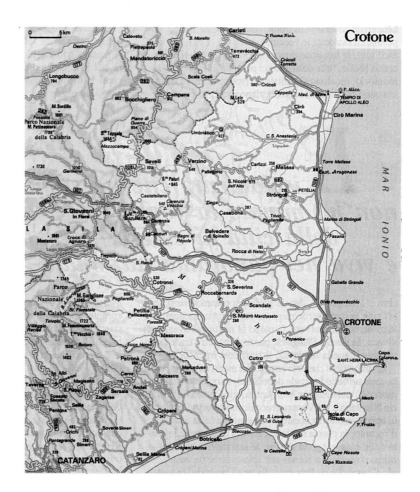

nell'antichità.

Il passato riaffiora sempre nel Crotonese. Sulla strada che scende dai monti e porta in città un anziano pastore conduce le pecore a pascolare e controlla con un nodoso bastone il gregge. Un particolare colpisce: è seduto comodamente sul suo fiammante furgoncino rosso. Il tramonto infiamma Crotone e dagli antichi palazzi nobiliari che dominano il centro frotte di giovani scendono in piazza ogni sera per mescolarsi allegramente ai turisti, per partecipare allo struscio in via Roma, il lungo viale alberato che attraversa la città nuova: un rito intramontabile.

QUI TOURING, DICEMBRE 1992

10 Ascolta una telefonata all'Albergo del Sole e completa la scheda.

> Sig....
>
> camera singola ☐   camera doppia ☐
> letto supplementare ☐
>
> 1ª colazione ☐   mezza pensione ☐
> pensione completa ☐
>
> periodo
>
> prezzo

11 A volte la prenotazione di alberghi o campeggi avviene o si conferma per lettera. Guarda come puoi farlo.

Spett. Albergo del Sole
Lungomare degli Ammiragli, 3
Santa Teresa di Gallura

Cagliari, 18 marzo

In riferimento alla conversazione telefonica tra noi intercorsa in data 15 u.s., Vi scrivo per confermare quanto stabilito telefonicamente.

Vi prego pertanto di prenotare a mio nome una stanza doppia con vista mare e letto aggiunto per un bambino dal 9 al 12 p.v. Una stanza singola, per lo stesso periodo, sarà invece prenotata a nome di Luciana Canepari. Per entrambe le stanze è preferibile la mezza pensione.

Ringraziandovi per la cortesia fin qui dimostrata Vi saluto cordialmente.

Pietro Mancini

12 Ora, insieme a un compagno, scrivi una lettera per prenotare una settimana in uno di questi posti. Scegliete voi il periodo.

ISCHIA

RESIDENCE COVO DEI BORBONI

RESIDENCE

Sorge in località Fango, sulla strada che da Lacco Ameno va a Forio, in posizione panoramica. In un parco recintato, tra fiori, fontane ed angoli tipici, sono disseminati i vari appartamenti.

Descrizione appartamenti

Tipo A: monolocale con divano letto, angolo cottura, servizi privati, 2 posti letto.

Tipo C/1: due camere da letto, cucina-soggiorno, servizi privati, 4 posti letto.

Tipo C/2: due camere da letto, soggiorno con divano letto, cucina, servizi privati, 6 posti letto.

Attrezzature: ampio giardino con vista mare, due piscine, di cui una con acqua termale.

Distanza dal mare e dal centro: 2000 m.

Cure termali: i clienti che vogliono effettuare le cure termali possono recarsi all'hotel Grazia Terme a 500 m. (convenzionato U.S.S.L.)

RESIDENCE COVO DEI BORBONI

Prezzo affitto settimanale	Tipo A	Tipo C/1	Tipo C/2
Numero persone	2	4	6
A 26/3-7/5;24/9-29/10	600	950	1.050
B 7/5-4/6; 27/8-24/9	730	1.150	1.350
C 4/6-30/7	900	1.450	1.700
D 30/7-27/8	1.200	1.700	1.950

PORTO CERVO HOTEL LE GINESTRE

● **DOV'È**

In costa Smeralda, a ca. 1 km. e mezzo da Porto Cervo, affacciato sul Golfo del Pevero.

● **CAMERE**

77 di cui 25 con vista mare. Tutte con telefono, TV, frigobar, servizi e aria condizionata. L'hotel è situato a 250 metri dal mare (servizio sdraio e ombrelloni), ed è formato da costruzioni differenti l'una dall'altra armoniosamente inserite nel paesaggio.

● **SERVIZI**

Ristorante con cucina internazionale, nazionale e tipica sarda, american bar con terrazza panoramica, parcheggio esterno, sala giochi e TV.

● **SPORT**

Tennis, noleggio barche, vela, windsurf, sci nautico, equitazione. Pevero Golf a pochi minuti d'auto.

● **DINTORNI**

Da vedere i principali centri della costa Smeralda, l'isola di La Maddalena e la Casa Museo di Garibaldi a Caprera.

	PERIODO	ADULTI	BAMBINI E ADULTI 3° LETTO	SUPPL SINGOLA	SUPPL PENSIONE COMPLETA
SOLO SOGGIORNO	A 01/05-31/05 16/09-30/09	150.000	75.000	-	30.000
	B 01/06-30/06 06/09-15/09	180.000	90.000	-	30.000
	C 01/07-06/08 23/08-05/09	230.000	115.000	80.000	30.000
	D 07/08-22/08	290.000	145.000	150.000	30.000

CORTINA D'AMPEZZO
(mt. 1221/3195)

GRAND HOTEL TRE CROCI

Posizione: sorge in località Passo Tre Croci (m. 1800) a 8 km. dal centro di Cortina.

Camere: tutte con servizi, televisore e frigobar.

Servizi ed attrezzature: ristorante, bar, self-service, sala tv, sala giochi, discoteca, animazione.

Le piste di Cortina sono raggiungibili sci ai piedi, mentre di fronte all'albergo partono diversi percorsi di fondo. Servizi minibus a pagamento per Cortina e per i più importanti impianti di risalita a orari prefissati.

GRAND HOTEL TRE CROCI****

Prezzi per persona	Notti	Mezza pens.	Riduz. 3°/4° letto adulti	bambini
a) 19/12 - 26/12	7	805	5%	25%
b) 26/12 - 02/01	7	1.665	5%	25%
c) 02/01 - 09/01	7	865	5%	25%
d) 09/01 - 14/01	5	375	5%	25%
e) 14/01 - 04/02 e 18/03 - 15/04	7	571	5%	25%
f) 04/02 - 11/02 e 11/03 - 18/03	7	603	5%	25%
g) 11/02 - 11/03	7	690	5%	25%

13 Ascolta le indicazioni e segna sulla cartina il percorso.

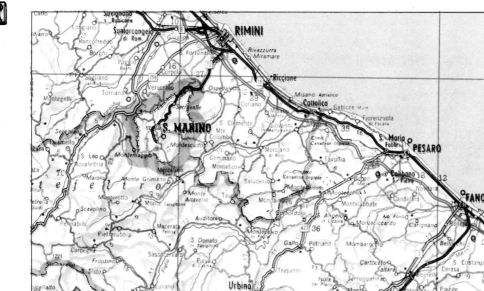

14 Leggi questo articolo sulle vacanze all'estero degli italiani.

Colpiti da un'insana voglia di tropici

Conoscono poco la geografia, ignorano tutto dei climi, vogliono gli spaghetti al dente sempre e comunque. Ecco come gli italiani hanno trascorso le vacanze oltre confine

Nel mondo del turismo internazionale c'è una bestia rara che gli antropologi del «tutto compreso» chiamano *homo esoticus italianus*. Fisicamente assomiglia a un turista qualsiasi, ovvero ha statura eretta e porta al collo, come appendice, una macchina fotografica.

Ma a differenza degli altri individui della sua specie, inglesi, tedeschi, giapponesi o americani, l'*homo esoticus italianus* è capace di stranezze. Pretende gli spaghetti alle vongole in Thailandia. Corre in Amazzonia in abito da sera e tacchi a spillo sperando in chissà che notti folli. Affronta traversate del Sahara come se andasse al bar dell'angolo.

Dopo anni di studi, gli esperti sono arrivati a una conclusione unanime. Questa: l'*homo esoticus italianus* è sicuramente appassionato di viaggi transcontinentali, ma raramente sa dove va, conosce poco la geografia, ignora tutto dei climi. Né, per carità, si preoccupa di informarsi. Così riesce a volare verso i Caraibi in piena stagione degli uragani, alle Maldive in quella dei monsoni e se decide di arrampicarsi sulle Montagne Rocciose d'America non sta tanto a guardare se è estate piena, quando da quelle parti il sole ammazza anche le pietre.

Voglia di paradisi. Eccome. Il conto è presto fatto. Secondo un'inchiesta Doxa del luglio scorso un italiano su tre coltiva il romantico mito di Gauguin, sogna di vivere in un'isola tropicale l'esistenza avventurosa e felice che non ha.

Ma perfino uno come Roberto Brunelli del Movimento consumatori, che di solito cerca di tutelarli

da truffe non indifferenti, sostiene che i turisti italiani son fatti di una pasta assai particolare.

«Sono tutt'altro che grandi viaggiatori, non hanno ancora imparato come si fa», dice. «Vogliono l'avventura, ma anche tutte le comodità, l'aereo sotto casa, il Brasile a un'ora di volo, l'aria condizionata nel tucul in pieno deserto. E guai soprattutto se non trovano gli spaghetti cucinati al dente. Come li fa la mamma. Anzi meglio».

Questa insistenza sul cibo può apparire artificiosa, ma le cose stanno così, né più né meno. Un inglese o un francese mangiano quel che c'è da mangiare. Un americano sta forse un po' più attento all'igiene. A un tedesco basta mettergli in tavola patate e birra in quantità. Quella è gente che non viaggia per mangiare, ma per prendere sole, fare bagni, conoscere usi e costumi locali.

Con gli italiani niente da fare. Degli usi e costumi se ne fregano, ba-

aggiunge Brunelli. «Cercano l'evasione, ma viaggiano in gruppo, fanno migliaia di chilometri ma per lo più per conoscere altri italiani, parlare italiano, mangiare italiano portandosi dietro l'occorrente per sentirsi a casa il più possibile».

Quando poi si mettono in mente di fare davvero gli avventurosi allora esagerano. Siccome molti hanno comprato il fuoristrada semplicemente per andare in ufficio, credono di poter abbordare con la stessa facilità le sabbie del Sahara. Si bardano di tutto punto e partono con moglie e figli al seguito, decisi a prendersi la loro razione di tè nel deserto.

Finisce invece che non trovano più la pista, la macchinona va in panne e possono accendere un cero alla Madonna se i soccorsi li rintracciano dopo un paio di giorni tutti da dimenticare. I predoni, quelli ci sono anche a casa nostra, sono forse il rischio minore.

Il desiderio di cose esotiche porta inevitabilmente con sé anche questi inconvenienti. Una volta a casa, però, tutto passa. Ci sono foto e filmini da mostrare ai parenti e agli amici e ci sono i souvenir destinati a perpetuare il ricordo dell'esperienza, cappelli messicani, gemme indiane, argenti marocchini.

«In genere patacche spaventose», dice crudele Barbetta, «perché gli italiani sono bravissimi nel farsi raggirare. Noi li avvertiamo, state attenti. Ma loro sentono l'ebbrezza dell'affare e si lasciano incastrare. E quando si accorgono di essere stati fregati magari danno la colpa a noi».

Che farci? L'*homo esoticus italianus* è così, carnefice e vittima di una esigenza collettiva. Solo che non sa dove va, e quando ci è arrivato si chiede non di rado: ma io che ci faccio qui? Però il libro di Chatwin mica lo ha letto.

Riccardo Catola

L'EUROPEO 11 SETTEMBRE 1992

gni quel che basta, sole idem tanto per tornare con la tintarella esotica. Ma alla pasta non si rinuncia, quella ci deve essere per forza, pasta e pizza, a qualsiasi latitudine. «È un'abitudine di cui gli italiani non sanno proprio fare a meno», dice sorridendo Francesco Bassini, uno degli uomini marketing della milanese Turisanda. «Noi abbiamo un villaggio nello Sri Lanka, dove per legge è proibito importare prodotti alimentari. Abbiamo dovuto acquistare macchinari per fare gli spaghetti, altrimenti rischiavamo di perdere la clientela italiana».

Agli agenti di viaggio poco importa sapere se questi cordoni ombelicali sono figli del mammismo italiano piuttosto che delle gite domenicali, delle scampagnate fuori porta, dei pranzi di nozze per cui non c'è festa se non si mangia tanto e bene. Loro, gli agenti di viaggio, si limitano ad arrendersi all'evidenza e si organizzano per offrire ai clienti ciò che i clienti desiderano.

«Ma certe volte è francamente impossibile», racconta Silvio Barbetta dal suo ufficio torinese della Carambola, nuova creatura della Francorosso. «Tempo fa ci è capitato in Brasile un gruppo di napoletani che in albergo volevano a tutti i costi essere sistemati allo stesso piano. L'albergo era strapieno e non ci riuscì di accontentarli. Poi si scoprì il perché di tutto quel trambusto: uno di loro si era portato una caffettiera moka e volevano stare allo stesso piano per bere al mattino il caffè alla napoletana. Ma si può?».

Eccoli là, gli italiani. Agli antipodi ma con la caffettiera appresso. «E poi per stare sempre imbrancati»,

---

15 Ascolta le frasi e ripetile.

Dov'è Nico?	Quando vi siete sposati?
Vivi a Monaco?	Non hai sete?
Tu come ti chiami?	Quanto costa un giornale?
Gloria è pronta?	Sai parlare l'italiano?

Hai notato che la voce nelle domande in italiano sale spesso in più di un punto nella frase?

Ascolta di nuovo le domande e segna i punti in cui ti sembra che la voce salga.

Buon viaggio

1 Ascolta le registrazioni. A quale dei 3 gruppi si riferisce ognuna?

	A	B	C	D	E	F	G	H	I	L	M	N	O	P
TRENO														
AUTO														
AEREO														

2 Ascolta ancora le registrazioni del punto 1. Cosa succede in ognuna o in che situazione si svolge? (Scrivi la lettera corrispondente nelle caselle).

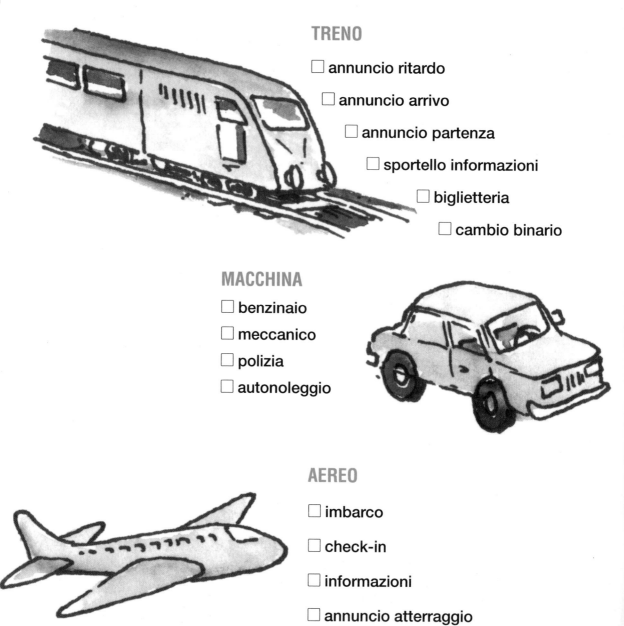

TRENO

☐ annuncio ritardo

☐ annuncio arrivo

☐ annuncio partenza

☐ sportello informazioni

☐ biglietteria

☐ cambio binario

MACCHINA

☐ benzinaio
☐ meccanico
☐ polizia
☐ autonoleggio

AEREO

☐ imbarco

☐ check-in

☐ informazioni

☐ annuncio atterraggio

3

Leggi questo brano tratto da *Se la luna mi porta fortuna*, di Achille Campanile.

Gli scompartimenti dei treni hanno un loro destino segnato da leggi misteriose. Ci sono quelli in cui si fa tutto il viaggio senza dirsi una parola e quelli in cui s'incomincia subito a far conversazione e tutti si scambiano caramelle e biglietti da visita, si passano le bottiglie di acqua minerale, si raccontano la propria storia e si separano con un esagerato desiderio di rivedersi.

In generale, vicino a uno scompartimento in cui tutti tacciono, ce n'è uno in cui tutti parlano. Quelli che stanno zitti debbono sentirsi i discorsi di quegli altri, attraverso la porta e la parete, e chi sa quante volte vorrebbero intervenire e non possono. Fra le voci che s'odono nello scompartimento vicino, c'è quasi sempre quella d'una donna che non tace un minuto.

Lo scompartimento in cui avevan preso posto i nostri amici era per l'appunto uno di quelli in cui tutti tacciono. Ma essi non lo capirono e la conversazione s'iniziò animatissima.

«Povero me!» gridò Filippo, dandosi un colpo sulla fronte, mentre il treno si muoveva.

«Che è successo?»

«Ho dimenticato di dimenticare la valigia!»

Filippo era molto distratto. Ma era uno strano tipo di distratto: invece di dimenticare le cose, dimenticava di dimenticarle. Perciò soffriva le pene dell'inferno per preoccupazioni in fondo infondate. Ci volle del bello e del buono per calmarlo.

«Perché» spiegò ai compagni di scompartimento «non c'è di peggio che dimenticare qualcosa in viaggio. E sì che di viaggio me ne intendo un pochino.»

«Forse» disse il giovine elegante «lei è uno di quegli uomini di cui si dice che "sanno viaggiare"?»

«Come ha fatto a capirlo?»

«Dalla faccia.»

«In realtà,» mormorò Filippo «io ho viaggiato molto.»

Accese una delle sue sottili sigarette russe e soggiunse: «Col pensiero.»

«L'avrei giurato!»

«Da giovane, poi, ho molto viaggiato per una curiosa ragione: mi ammalai in vettura-letto. Un medico, che viaggiava sullo stesso treno, mi disse che ne avrei avuto per sei mesi. Così, stimai opportuno di non alzarmi dal letto e per sei mesi percorsi avanti e indietro la Paris-Lyon-Méditerranée. Poi la vettura fu attaccata all'espresso Milano-Parigi-Londra, dove superai felicemente la fase critica. Passai ancora un mese sull'Orient-Express, ma qui ebbi una ricaduta a causa di uno scontro: dopo di che il vagone, essendo danneggiato, fu spedito a far servizio tra Napoli e Palermo. La convalescenza la feci all'officina riparazioni.»

«Anch'io ho molto viaggiato in vettura-letto» disse il giovine elegante, che aveva molto sviluppato lo spirito d'emulazione e si chiamava Guerrando «per una curiosa ragione. Partii una sera da Roma per Firenze. Mezz'ora prima dell'arrivo, e precisamente alle cinque e mezzo del mattino, venne l'impiegato a picchiare alla porta.

Io, che non sono abituato ad alzarmi così presto, gli dissi: "Mi lasci dormire ancora un po'". Quando mi risvegliai, Firenze era passata e dovetti arrivare fino a Milano; qui ripartii la notte per Firenze, in vettura-letto. Poco prima di Firenze, venne al solito l'impiegato a bussare alla porta. Poiché era appena l'alba, lo pregai di lasciarmi dormire un'altra mezz'ora. Così Firenze passò e dovetti arrivare fino a Roma. A farla breve, rimasi per sei mesi a percorrere avanti e indietro la linea Roma-Milano, via Firenze. E sì che a Firenze dovevo andare per una piccante avventura d'amore che vi racconterò alla stazione di Roccamontana, se sarete buoni.»

Certo, avventure come quelle dei personaggi di Achille Campanile non capitano spesso. Ma in viaggio, e specialmente in treno, può capitare che si verifichino situazioni strane, imbarazzanti, divertenti, e così via.
Se hai mai vissuto un'esperienza del genere, perché non la racconti ai tuoi compagni?

4 Ascolta i dialoghi e rispondi.

Dove va il signor Corrao?
Che treno prende?
A che binario?
A che ora parte?

A che ora arriva?
In che classe viaggia?
Viaggia in uno scompartimento per fumatori?

5 Ora guarda questa pagina dell'orario dei treni e segna con una X le affermazioni esatte.

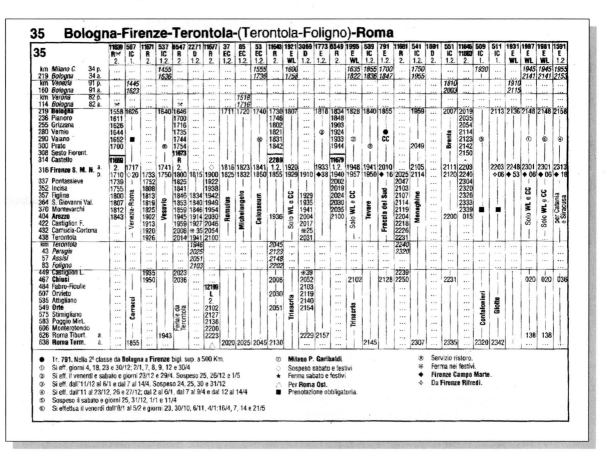

TTE	Trans Europ Express	
WL	Treno con sole carozze letto	
EC	Treno Eurocity	
IC	Treno Intercity	
E	Treno Espresso	
D	Treno Diretto	
R	Treno Regionale	
1.	Servizio di 1ª classe	
2.	Servizio di 2ª classe	
✗	Treno con carrozza ristorante	
®	Servizio ristoro	
⊨	Carrozze letti	
CC	Treno con servizio a cuccette	
⊶	Treno che si effettua nei giorni feriali	
✦	Treno che si effettua nei giorni festivi	
✕	Fermata facoltativa a richiesta da effettuarsi al Capostazione o al Capotreno	
●	Esclusioni o limitazioni di servizio del treno	

☐ L'Intercity delle 18.40 da Bologna non ha la seconda classe.

☐ L'espresso delle 18.18 da Bologna non viaggia il mercoledì e venerdì.

☐ Sul treno delle 18.41 da Firenze c'è il servizio ristorante.

☐ Partendo da Venezia nel tardo pomeriggio è possibile trovare a Bologna, dopo pochi minuti, una coincidenza per Roma.

☐ Il treno regionale delle 16.46 da Bologna arriva ad Arezzo tre ore dopo.

☐ Il treno da Firenze delle 19.00 il sabato arriva a Roma Tiburtina.

☐ L'Intercity "Giotto" richiede la prenotazione obbligatoria anche in seconda classe.

☐ Il diretto 2271 delle 18.15 da Firenze ferma a Camucia-Cortona tutti i giorni.

6

Dalle ferrovie alle strade. Leggi cosa ci racconta Domenico Starnone a proposito di un'esperienza comune a molti italiani: la gita scolastica.

I pullman compaiono alle otto: due lustri Mercedes granturismo. Arriva anche il dottor D'Alessio, gestore dell'agenzia "Il Milione" che dice: «Il meglio, come si può vedere. Tutto al servizio della scuola. Beati voi insegnanti, in giro per l'Italia tutto spesato coi soldi dei contribuenti, allegria, sempre coi giovani, beati beati beati: il vostro sì che è un bel lavoro». Quando va via gli lanciamo dietro orribili bestemmie.

Poi, a un segnale di Vivaldi, gli studenti (novantadue), che hanno già divorato metà delle provviste per ingannare l'attesa, danno l'assalto ai pullman. Le coppie già costituite mirano ai posti in fondo come al cinema. Scoppiano litigi perché i posti sono già stati occupati da coppie che vorrebbero costituirsi. Alcuni finiscono tra gruppi nemici o estranei gridando: voglio cambiare posto. Si fanno trasbordi da un pullman all'altro, si passa all'appello e al contrappello. Il tutto mentre padre Mattozzi tranquillizza i genitori vantando la sua grande esperienza nelle gite a famosi santuari come Lourdes e ripetendo spesso: «Certo tutto questo disordine nelle gite scolastiche delle scuole private non c'è. Noi (intende: noi clero) sappiamo il fatto nostro».

Intanto l'autista del primo pullman, una persona anziana, si caratterizza subito come uno che dice porcherie alle ragazze. Quello del secondo, giovane e taciturno, si è limitato a dichiarare: se quando guida vola una mosca, lui la schiaccia, è chiaro? e ha roteato gli occhi in modo inquietante. (...)

Una volta in autostrada i ragazzi si dispongono per affrontare il lungo viaggio di istruzione. Nelle ultime file ci si scambia lunghi baci ma lasciando un po' di posto all'allievo Di Marco per fare gesti osceni a tutti quelli che sorpassiamo. Al centro invece un folto gruppo guidato dall'allievo Silvestrone suona con la bocca (tum tum ciaf ciaf) *Living in America* di James Brown: soundtrack, mi informa Cardinale («colonna sonora» traduce per farmi capire) di *Rocky IV*. Timballo Daniele, perennemente in crisi puberale, urla da solo, in piedi, accanto all'autista nervosissimo: «Voglio una vita spericolata, voglio una vita come quella dei film, voglio una vita esagerata, voglio una vita come Steve McQueen».

Alle 14 parcheggiamo in un'area di ristoro con un enorme autogrill Pavesi. L'autista giovane e taciturno vaneggia: «Non ce la faccio più, mi scoppia la testa». Quello anziano sbava dietro le ragazze. Tutti e novantadue gli studenti si fiondano ai cessi dove incrociano, tra l'altro, altri studenti in gita scolastica. I cessi si intasano in due minuti, le sorveglianti bestemmiano, comitive di turisti risalgono in fretta sui loro pullman in cerca d'altri cessi.

La banda di Di Marco e Silvestrone comincia a fare la spola dall'autogrill ai pullman e dai pullman all'autogrill. A ogni spedizione tornano coi piumoni sempre più gonfi: coca cola, aranciate,

chili di caramelle, salami, un prosciutto, due leccalecca di dimensioni enormi. «Che combinate?» chiedo io guardando con apprensione una pantera della polizia a pochi passi. «Spesa proletaria» risponde Di Marco sicuro della mia complicità. Io sto per dire: «Te la do io la spesa proletaria», ma poi mi consulto prima con Vivaldi e decidiamo: silenzio e complicità, le nostre azioni sono già in ribasso: non è possibile ritrovarci nella stessa giornata, senza traumi, contro la libera espansione della sessualità e contro la spesa proletaria.

Sicché «Spesa proletaria» diciamo con la gola secca. E pensiamo: sono le parole che si sono allontanate dalle cose e vanno per la loro strada o noi ci siamo allontanati dalle cose e dalle parole e chissà dove stiamo andando a parare?
Intanto Timballo crede di aver fatto colpo su una studentessa che appartiene a un'altra gita di istruzione diretta ad Aosta e mi chiede: «Posso andare ad Aosta con lei e poi vi raggiungo a Verona?». Quindi canticchia: voglio una vita come Steve McQueen. Nemmeno gli rispondo. Sono troppo occupato a vedere come Germani Ursula familiarizza con un teppista su un'honda: ecco che già parte con lui per un giro di prova sul piazzale. Allora io e Vivaldi scattiamo dietro la moto, ansimando; perché se Germani Ursula casca e muore, noi finiamo in galera capito?, diciamo al teppista che però se ne frega.

Alle 15,30 ripartiamo dopo aver fatto l'appello. «Astarita!» «Presente». «Bisceglie!» «Presente». Tutti presenti. Alle 15,45 si scopre: Germani Ursula non c'è. Ordiniamo all'autista di uscire al primo casello, torniamo indietro, usciamo di nuovo, rientriamo ed eccoci daccapo all'autogrill. Germani non si è nemmeno accorta della nostra partenza: è lì sul piazzale che scorrazza col teppista in honda. Redarguita aspramente dice: questa non è una gita; è Alcatraz.

Domenico Starnone
Ex cattedra

UNITÀ 13

7

Ascolta la trasmissione radiofonica *Onda verde*.

IL LINGUAGGIO DEL TRAFFICO

Le situazioni della circolazione stradale si possono sud-dividere in otto tipologie:

TRAFFICO REGOLARE
I veicoli sono in condizione di marciare alla velocità de-siderata, entro i limiti di legge.

TRAFFICO INTENSO, MA SCORREVOLE
È una situazione di carico elevato che può degenerare in rallentamento alla minima turbativa.

TRAFFICO CONDIZIONATO DALLA PRESENZA DI CANTIERI
Le riduzioni di carreggiata e le deviazioni di traffico con-dizionano la fluidità della circolazione. I tempi di per-correnza aumentano in relazione al numero dei cantieri da attraversare.

TRAFFICO RALLENTATO
C'è sovraffollamento: i veicoli circolanti vengono fre-quentemente rallentati da autotreni, caravan, mezzi pe-santi. La velocità media è di 60-80 chilometri all'ora.

TRAFFICO MOLTO RALLENTATO
Con possibili code di veicoli in marcia molto lenta ma continua o in condizioni di "stop and go" con le fasi di "go" prevalenti su quelle di "stop". Velocità media infe-riore ai 60 chilometri.

CODE
Veicoli in situazione di "stop and go", ma con le fasi di

"stop" prevalenti su quelle di "go". I tempi di percorrenza previsti non possono essere rispettati.

TRAFFICO BLOCCATO
Veicoli fermi in colonna per tutta la durata dell'evento a causa dell'ostruzione totale della sede stradale. Tempi di percorrenza indefinibili.

TRAFFICO SBLOCCATO
In determinate circostanze, dopo un blocco prolungato della circolazione, sono presenti situazione diverse: traf-fico in movimento con strada libera, traffico in lento av-vio, traffico rallentato, eccetera.

FOLLOW ME ottobre 1992

8

Leggi questo breve articolo apparso sul settimanale *L'Espresso*.

QUEST'AUTO SI MULTA DA SOLA

Il traffico è in continuo aumento, ma non gli organici delle polizie europee, tanto che è stato calcolato che viaggiando a velocità eccessiva in autostrada, bisogna percorrere 60 mila chilometri, in media, prima di essere multati. Per assicurare la sorveglianza degli automobilisti spericolati, così, nell'ambito del programma informatico Cee "Drive II" è stata messa a punto "l'auto che si multa da sola".

Si tratta di un sistema telematico con sensori presenti a bordo e collocati lungo le strade, in grado di avvisare il guidatore se commette un'infrazione come velocità eccessiva, sorpasso dove c'è il divieto, passaggio col rosso, mancato rispetto della distanza di sicurezza. Se il guidatore persiste nell'infrazione, il sistema trasmette alla Polizia, sempre via radio, i dati relativi all'auto e l'infrazione commessa.

L'ESPRESSO, 21 giugno 1992

Riguardo al modo di guidare gli italiani hanno la fama di essere un po' indisciplinati. Come sono gli automobilisti nel tuo paese? Quali sono le infrazioni più frequenti? E la polizia? Ti sembra efficace? Parlane con i tuoi compagni e il tuo insegnante.

9 Ascolta le registrazioni e rispondi alle domande.

A

Che macchina ha il cliente?
Che tipo di problema ha?
Quanti chilometri ha fatto?
Di quanto può essere la spesa?
Per quando sarà pronta?

B

Che tipo di carburante usa il cliente?
Quanto ne mette?
Che altro fa il benzinaio?

10 Durante un viaggio in macchina è indispensabile fermarsi dal benzinaio e, purtroppo, a volte bisogna anche ricorrere al meccanico. Ecco alcune espressioni che ti possono essere utili.

In officina

- Ho un problema a
  Non mi funziona/funzionano
  Mi si è/sono rotto/a/i/e
  ...

  i freni
  la frizione
  i tergicristalli
  ...

- (La macchina)
  (La moto)
  ...

  non parte
  fa uno strano rumore
  non frena
  ...

Alla stazione di servizio

- Il pieno
  30 mila
  ...

- Mi controlla
  l'olio
  l'acqua
  le gomme
  ... ?

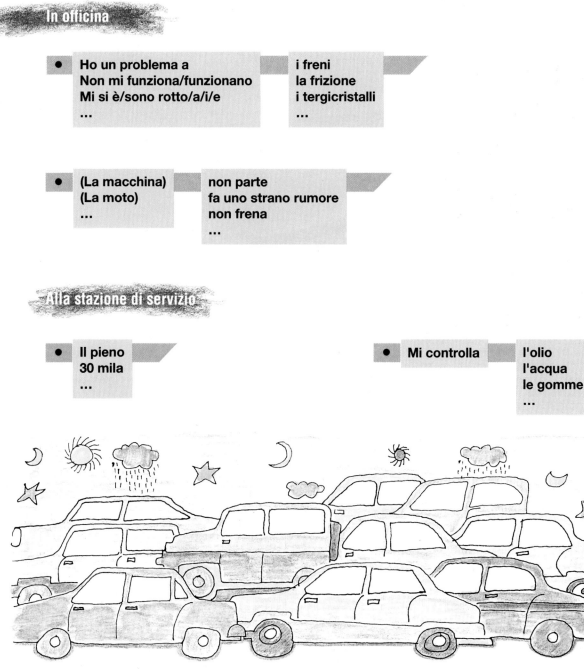

11 Ancora un mezzo di trasporto: l'aereo. Leggi questo articolo apparso sulla rivista *Qualità*.

COME SCEGLIERE UNA BUONA COMPAGNIA

Viaggi aerei. Non basta diminuire i prezzi per conquistarsi la clientela. A bordo, i viaggiatori chiedono più comodità, attenzione e cortesia. A terra, più disponibilità

di Fiorenza Auriemma

Un Boeing 747 è sulla pista, pronto per il decollo e per il lungo volo che lo porterà dall'altra parte dell'oceano. Oltre ai 380 passeggeri, ai membri dell'equipaggio e ai bagagli porta con sé sei tonnellate circa di carico aggiuntivo, destinato ad allietare la permanenza a bordo, ed è così composto: 1.200 bicchieri, 774 posate, 180 litri di vino, più di 100 litri di succhi di frutta, 500 bottiglie di acqua minerale e 774 vassoi con i pasti. A tutto ciò si aggiungono 400 cuffiette, insieme ad altrettante coperte e cuscini, oltre a un notevole quantitativo tra quotidiani, settimanali e mensili.

Ma né cibo né bevande sono tra le principali preoccupazioni di chi sale su un aereo per affrontare un volo intercontinentale. Nella scala dei desideri, al primo posto in assoluto, c'è la possibilità di sedere comodamente e allungare le gambe. Questo è quanto risulta da un sondaggio svolto tra 1.200 lettori della rivista tedesca *Test*.

Oltre la metà degli intervistati, per l'esattezza il 60%, ha dichiarato di apprezzare in primo luogo la comodità delle poltrone, mettendola appunto in cima alla lista dei desiderata. Voli comodi, quindi, e possibilmente senza interruzioni, dato che la seconda richiesta in ordine di preferenza è la possibilità di raggiungere mete anche lontane senza scali intermedi (32%). Subito dopo, si passa all'aspetto economico degli spostamenti, che per il 31% degli intervistati dovrebbero avere prezzi contenuti. Ma solo il 5% menziona tra i desideri una sorta di sconto per coloro che viaggiano di frequente in aereo.

Può forse sorprendere, ma tra i servizi a terra e quelli a bordo, sono i primi a suscitare più interesse tra i passeggeri. Un esempio? Il 17% vedrebbe di buon occhio la possibilità di scegliere il posto a sedere già al momento della prenotazione, e non al check-in come avviene di consueto. Per quanto riguarda le operazioni di accettazione, 160 intervistati su 1.200 (quindi una percentuale del 13% circa) bada molto alla celerità, mentre il 10% si augura una maggiore tolleranza in caso di bagagli più pesanti del consentito. L'11% dei viaggiatori ha anche espresso il desiderio di essere assistito all'estero

durante le formalità per i voli in coincidenza. Decisamente meno attenzione invece viene riservata a ciò che compare sui vassoi al momento del pranzo, stando almeno ai risultati di questo sondaggio, dove solo il 6% mette l'accento sul cibo, contro un 11% che bada alla qualità dell'aria e alla temperatura in cabina. Destano invece più interesse (15%) cordialità e cortesia del personale di bordo.

A parte i servizi veri e propri, i passeggeri chiedono soprattutto puntualità (20%), accurati controlli di sicurezza (18%) prima degli imbarchi (salvo poi brontolare di fronte ai poliziotti e agli scanner che verificano il contenuto di borse e borsette), di poter volare su aeromobili moderni (9%), e di essere adeguatamente informati in caso di ritardi (6%).

La rivista *Test* ha chiesto inoltre di giudicare i principali vettori in partenza dagli aeroporti tedeschi, e utilizzati quindi dai passeggeri di tutt'Europa, con destinazione l'America del Nord, l'Estremo Oriente, l'Australia e la Nuova Zelanda.

I risultati confermano in parte ciò che chi viaggia di frequente già sa: sono le compagnie orientali, in particolare Singapore Airlines, Thai Airways International e Air New Zealand, le più apprezzate, con a fianco il vettore americano UsAir, che si è guadagnato le preferenze di chi percorre la tratta Europa-America. Tra le compagnie prese in considerazione lungo quella rotta, la UsAir è l'unica, insieme a Air New Zealand, a essersi meritata un "buono" alla voce comodità dei sedili. E tenendo conto che questo aspetto gioca un ruolo fondamentale nel giudizio degli utenti, le compagnie che in questo caso non si sono posizionate favorevolmente (come American Trans Air e TWA) farebbero bene a riflettere sul numero di posti a sedere in ogni fila e soprattutto sulla distanza tra l'una e l'altra, rinunciando magari a imbarcare qualche passeggero, a vantaggio della comodità di tutti gli altri.

Ma basta un sedile comodo se poi lo steward o la hostess si mostra scortese o anche solo poco disponibile a soddisfare richieste e curiosità dei passeggeri? No, perché pare che i viaggiatori abbiano un'ottima memoria in questo senso, a tal punto che un'esperienza negativa come un trattamento arrogante, oppure trovare il proprio posto già occupato, il pasto freddo o il vino caldo, lascia una traccia indelebile. Non è difficile intuire che anche sotto questo aspetto sono le compagnie orientali a posizionarsi molto bene, grazie alla disponibilità, alla gentilezza e al sorriso del loro personale di bordo. Thai Airways International e Singapore Airlines sono i più squisiti, ma anche Canadian Airlines, Air New Zealand e British Airways hanno meritato "ottimo". Meno bene si sono sentiti trattare i passeggeri di TWA, Continental Airlines e Garuda Indonesia.

Anche se il cibo non gioca un grosso ruolo, almeno stando alle dichiarazioni degli intervistati, un buon pasto caldo accompagnato da bevande adeguate è sempre e comunque gradito. E nonostante spazi e strutture di bordo siano simili per tutte le compagnie, i vassoi serviti dalle graziose e sorridenti ho-s ss delle linee asiatiche piacciono di più. Ancora una volta dunque Singapore Airlines, Thai Airways International e Cathay Pacific Airways conquistano le vette della classifica, affiancati da Air New Zealand e, almeno per quanto riguarda le bevande, da UsAir e Canadian Airlines. A proposito di intrattenimento, grosso successo stanno ottenendo quelle compagnie che, come Air Canada, Air New Zealand, Lufthansa e Singapore Airlines, informano periodicamente i propri passeggeri sull'andamento del volo, visualizzando sullo schermo la posizione dell'aereo, la velocità di crociera e la temperatura esterna.

Dove le compagnie orientali non trionfano è in tema di puntualità. L'unico "ottimo" assegnato dagli intervistati è andato appannaggio della Klm, la compagnia di bandiera olandese, mentre ancora una volta scivolano in basso Twa e American Trans Air. Giudizi severi per tutti quando si passa a esaminare il duty-free di bordo, che non entusiasma né per l'offerta né per i prezzi. Ma, tutto sommato, è un peccato veniale, dato che esistono specifici negozi ben forniti negli aeroporti.

Sulla base dell'esperienza fatta, volerebbero ancora con la stessa compagnia?

A questa domanda finale, il 96% degli intervistati che hanno affrontato un lungo viaggio con Thai Airways International ha risposto con un "sì" deciso, e una percentuale solo di poco inferiore (93%) ha dato parere affermativo per la Air New Zealand, la Quantas Airlines (91%), la UsAir, Singapore Airlines e Cathay Pacific Airways (85%).

COMFORT SECONDO ALITALIA

L'Alitalia non compare nel sondaggio del mensile tedesco *Test*, perché i suoi aerei con destinazione intercontinentale non decollano dalle piste della Germania. Ciò non toglie che la compagnia di bandiera italiana ci tenga a sapere che cosa pensano i passeggeri e quale sia il loro grado di priorità.
"Alitalia dà la possibilità a tutti i passeggeri con destinazione intercontinentale di scegliere il posto al momento della prenotazione", dicono i portavoce della compagnia, "e questo vale pure per la classe economica". Buone notizie anche per gli intrattenimenti e i servizi di bordo: "Sugli aerei MD-11 in servizio intercontinentale abbiamo installato il dispositivo di air-show che proietta su uno schermo le informazioni circa l'andamento del volo. È stato completamente rinnovato il servizio di bordo, con porcellane di Richard-Ginori per la classe top e per la business, e sempre per i passeggeri di queste due classi è previsto l'omaggio di un kit da viaggio, creato appositamente dalle migliori firme italiane". Bevande e cuffiette sono distribuite gratuitamente, anche in classe economica, mentre, sempre secondo Alitalia, il duty-free dei propri aerei non ha niente da invidiare ai negozi a terra, e anzi, i prezzi sarebbero particolarmente vantaggiosi e alcuni oggetti si troverebbero solo a bordo.

CHE COSA CHIEDONO I PASSEGGERI (in %. Era ammessa più di una risposta)

60	**Sedili comodi**
32	**Voli diretti**
31	**Prezzi bassi**
20	**Puntualità**
18	**Accurati controlli di sicurezza**
17	**Personale di bordo gentile e attento**
13	**Velocità di check-in**
11	**Qualità aria e temperatura**
11	**Assistenza per i voli in connessione con l'estero**
9	**Aerei moderni**
6	**Maggiori informazioni circa i ritardi**
6	**Qualità dei cibi**
5	**Molti voli**
5	**Sconti per chi viaggia spesso**
5	**Posti letto**

Qualità, febbraio '93

Sei d'accordo con i risultati del sondaggio? Quali sono per te i requisiti fondamentali per un buon volo? Parlane con i tuoi compagni e il tuo insegnante.

UNITÀ 13

12 Ascolta cosa hanno detto alcuni italiani intervistati sui mezzi di trasporto, e completa la scheda.

	mezzi di cui parla	pro e contro
LETIZIA		
FABRIZIO		
CARMEN		
FRANCESCO		
RAFFAELLA		

13 E tu come viaggi? Quali sono secondo te i vantaggi e gli svantaggi dei vari mezzi di trasporto? Parlane con i tuoi compagni.

14 E ora vediamo con un test che viaggiatori siete...

		A	B	C
1	ALLA FINE DEL VIAGGIO SCOPRI DI ESSERE QUASI SENZA SOLDI. CON GLI ULTIMI RIMASTI:			
a)	compri un biglietto per l'ultimo posto che vuoi assolutamente vedere prima di ripartire			
b)	fai attenzione a non spendere per non ritrovarti senza una lira per l'ultimo taxi			
c)	non resisti alla tentazione di mangiare ancora una volta in quel ristorante che ti è piaciuto tanto, anche se sai che partirai quasi al verde			
2	SE FOSSI UN MEZZO DI TRASPORTO, SARESTI:			
a)	una barca a vela			
b)	una bicicletta da corsa			
c)	un trenino a vapore			
3	LA PAROLA AEROPORTO TI EVOCA:			
a)	passaporto, check-in			
b)	bagagli, attesa			
c)	rapidità, leggerezza			
4	IL PIÙ BEL VIAGGIO DELLA TUA VITA L'HAI FATTO:			
a)	in aereo			
b)	in macchina			
c)	a piedi			
5	IL BAGAGLIO IDEALE PER UN LUNGO VIAGGIO:			
a)	due valigie e la macchina fotografica			
b)	due valigie, una borsa, una sacca			
c)	solo un bagaglio a mano, compri tutto sul posto			

		A	B	C
6	NELL'ALBERGO DEI TUOI SOGNI NON DEVE MANCARE:			
a)	l'antenna parabolica			
b)	sauna e idromassaggio			
c)	il giardino			
7	IL DETTO CHE TI ACCOMPAGNA IN VIAGGIO:			
a)	chi va piano, va sano e va lontano			
b)	chi lascia la strada vecchia per la nuova sa quel che lascia ma non sa quel che trova			
c)	ogni lasciata è persa			
8	UNA FATA TI REGALA UNA NOCE MAGICA. DENTRO CI TROVI:			
a)	il biglietto per un passaggio aereo dove vuoi tu			
b)	un soggiorno all'estero per seguire un corso di specializzazione			
c)	una settimana in un villaggio-vacanza			
9	IL LAVORO CHE NON FARESTI MAI:			
a)	il pilota			
b)	l'hostess/lo steward			
c)	il controllore di traffico aereo			
10	TU E IL CIBO...			
a)	quel certo piatto che come lo fa la mamma, nessuno			
b)	non capisco, ma mi adeguo			
c)	le novità non hanno limiti, per fortuna			

PUNTEGGIO

	1	2	3	4	5	6	7	8	9	10
a=	0	0	1	0	1	0	1	0	2	2
b=	2	1	2	1	2	1	2	2	1	1
c=	1	2	0	2	0	2	0	1	0	0

Da 0 a 5 punti
Giù la maschera, Marcc Polo! Siete nati per viaggiare e la vostra vita, almeno mentalmente, trascorre con il passaporto in tasca, nell'attesa del Grande Viaggio - che può essere anche a due isolati di distanza da casa. Siete dei bei ficcanaso, oltre che simpatici e vitali. Ma che fatica per i malcapitati costretti a seguirvi nelle vostre spedizioni!

Da 5 a 15 punti
Siete i Diabolik del viaggio. Misteriosi ed elusivi, calcolatori e pronti a fronteggiare ogni imprevisto, vi muovete con disinvoltura tra le insidie di orari, cartine e mezzi di trasporto. Potete provare talvolta una certa ansia, ma quale scaltro controllore potrà leggerla dietro la vostra maschera di ghiaccio?

Da 15 a 20 punti
Avete presente una piccola tartaruga? Riuscite a immaginarla mentre spinge un carrello portabagagli all'aeroporto? Così siete voi. Caldi, affettuosi, pronti alla tenerezza, ma vuoi per pigrizia, vuoi per paura, esitate ad affacciarvi sulla porta del vostro guscio. Viaggiare? Sì, ma ben comodi. E mai senza tutta la casa dietro, o parti significative di essa.

Io non sono d'accordo

1

Ascolta questi dialoghi e segna se le persone che parlano sono d'accordo o no.

	A	B	C	D	E
sono d'accordo					
non sono d'accordo					

Ascolta di nuovo i dialoghi e trascrivi le forme
usate per esprimere l'accordo e il disaccordo.

**Ti ricordi che alcune di queste forme le avevi già incontrate in
precedenza? Perché non sfogli il libro e cerchi di ritrovare
le forme che già conosci per esprimere l'accordo e il disaccordo?**

2

Guarda questo.

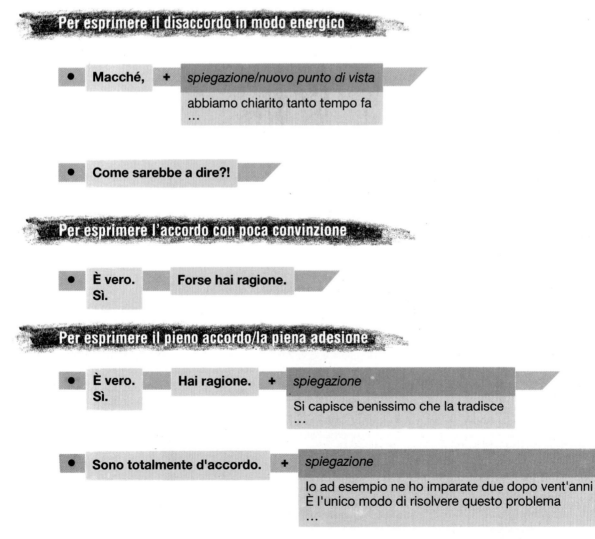

Per esprimere il disaccordo in modo energico

- **Macché,** + *spiegazione/nuovo punto di vista*

  abbiamo chiarito tanto tempo fa
  ...

- **Come sarebbe a dire?!**

Per esprimere l'accordo con poca convinzione

- **È vero.** **Forse hai ragione.**
  Sì.

Per esprimere il pieno accordo/la piena adesione

- **È vero.** **Hai ragione.** + *spiegazione*
  Sì.

  Si capisce benissimo che la tradisce
  ...

- **Sono totalmente d'accordo.** + *spiegazione*

  Io ad esempio ne ho imparate due dopo vent'anni
  È l'unico modo di risolvere questo problema
  ...

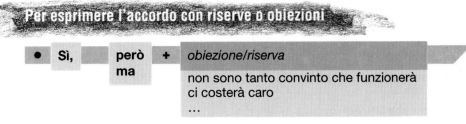

Per esprimere l'accordo con riserve o obiezioni

• Sì,	però ma	+	*obiezione/riserva*
			non sono tanto convinto che funzionerà ci costerà caro …

Ricordati anche delle forme che avevi
già incontrato, in particolare nell'Unità 9.

3 Cosa pensi di questi punti di vista? Sei d'accordo? Parlane con un tuo compagno.

Il linguaggio verbale è il miglior modo di
comunicare di cui dispone l'uomo.

Le religioni servono a placare le ansie e
le angosce vitali dell'uomo.

Le religioni sono grandi truffe.
Fanno illudere le persone.

L'uomo che non ha religione non può
essere pienamente realizzato.

Bisognerebbe abolire le frontiere.

La gente dovrebbe poter viaggiare e
vivere liberamente dovunque.

Non è giusto che alcuni siano più ricchi
di altri. Tutti dovrebbero avere le
stesse ricchezze. In fondo siamo tutti
uomini e di fronte alle questioni
importanti come la vita, la morte
e Dio siamo uguali.

È giusto che i più forti siano più
ricchi, perché sono più svegli e si
danno da fare.

4 Ora esprimi il tuo parere sui punti di vista espressi dal tuo insegnante.

5 Ma oltre ad esprimere l'accordo e il disaccordo, vediamo come si esprimono pareri ed opinioni.
Ascolta questi dialoghi e segna le risposte esatte.

A

	VERO	FALSO	NON LO SAPPIAMO
Il professor Marzetti della Bovere è contrario a nuovi investimenti per la sua impresa	☐	☐	☐
L'impresa di cui parlano è un'impresa edile			
L'impresa di cui parlano finora non si è mai occupata di edilizia	☐	☐	☐
L'impresa di cui parlano ha problemi economici	☐	☐	☐
In questo momento la situazione economica è prospera	☐	☐	☐
In questo momento la situazione economica generale è una situazione di crisi	☐	☐	☐
Secondo il professor Marzetti bisogna rischiare	☐	☐	☐
L'interlocutore del professor Marzetti è d'accordo con lui	☐	☐	☐
L'interlocutore del professor Marzetti non è d'accordo con lui	☐	☐	☐

UNITÀ 14

B

	VERO	FALSO	NON LO SAPPIAMO
La madre è arrabbiata perché suo figlio esce tutte le sere	☐	☐	☐
Alla madre piacerebbe sapere dove va suo figlio quando esce	☐	☐	☐
La madre è arrabbiata perché il figlio non l'avverte mai quando esce	☐	☐	☐
Il figlio non dice alla madre dove va perché vuole tutelare la sua indipendenza	☐	☐	☐
Il figlio non dice alla madre dove va perché lei non vuole che esca	☐	☐	☐

C

	VERO	FALSO	NON LO SAPPIAMO
L'amica della signora che ha preparato la torta non ci vede bene	☐	☐	☐
L'amica non aveva capito che si trattava di una torta di frutta	☐	☐	☐
All'amica non sembra una torta perché non c'è la crema	☐	☐	☐
La torta è fatta senza uova	☐	☐	☐
La torta non ha la crema perché la signora ha usato tutte le uova per fare l'impasto	☐	☐	☐
La torta è senza crema perché le uova erano finite	☐	☐	☐

D

	VERO	FALSO	NON LO SAPPIAMO
Stanno guardando una partita di calcio in televisione	☐	☐	☐
Stanno guardando una gara o una partita in televisione ma non sappiamo di cosa	☐	☐	☐
Lui ha appena acceso la televisione	☐	☐	☐
Non si parlano perché hanno litigato	☐	☐	☐
Lui è arrabbiato con lei perché hanno litigato	☐	☐	☐
Lui è arrabbiato perché lei lo ha insultato	☐	☐	☐
Lei è arrabbiata con lui	☐	☐	☐
Lei fa la gentile e minimizza la lite	☐	☐	☐

6 Finora abbiamo incontrato diversi modi di esprimere opinioni. Te li ricordi?
Prova a fare una lista di quelli che ricordi senza guardare il libro.

7 Vuoi cercarne altri? Ascolta di nuovo i dialoghi del punto 1 e del punto 5
e trascrivi le forme e le strategie usate per esprimere punti di vista e opinioni.

8 Guarda questo.

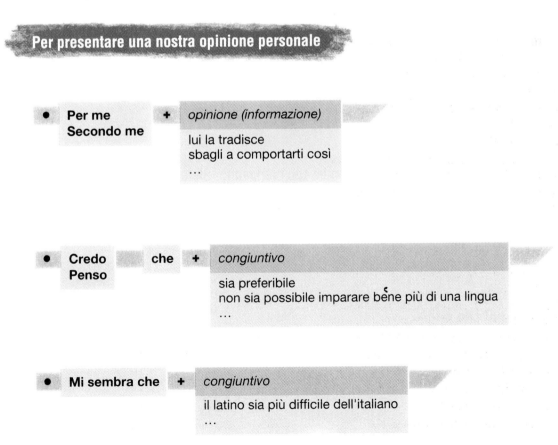

Per presentare una nostra opinione personale

● **Per me**
Secondo me ＋ *opinione (informazione)*

lui la tradisce
sbagli a comportarti così
…

● **Credo** **che** ＋ *congiuntivo*
Penso

sia preferibile
non sia possibile imparare bene più di una lingua
…

● **Mi sembra che** ＋ *congiuntivo*

il latino sia più difficile dell'italiano
…

UNITÀ 14

Nei registri più formali si usa inoltre:

Ritengo che +	*congiuntivo/condizionale*
	sia un errore intraprendere nuovi investimenti in questo momento
	sarebbe un errore entrare nel mercato in questo momento
	...

Con tutte queste espressioni, come in tutti gli altri casi, si usa il pronome soggetto per sottolineare un contrasto rispetto ad altre persone, o per far vedere che si sta tenendo conto della presenza di altri.

- Secondo me bisogna investire di più.
○ Io credo che investire in questo momento possa essere rischioso.
■ A me sembra, invece, che se cominciamo ad avere paura di muoverci perderemo velocemente le nostre posizioni sul mercato.

Hai notato che con le espressioni come **mi sembra** per sottolineare lo stesso tipo di contrasto anziché il pronome soggetto si usano le forme toniche di pronome complemento (**a me, a te, a lui,** ecc.)? Guarda di nuovo l'esempio e facci caso.

Ti ricordi che quando il soggetto del verbo reggente è lo stesso del verbo subordinato si usa **di +** *infinito*? Se i soggetti sono diversi si usa un normale verbo coniugato.

- Non credo che tu riesca a capire il problema. Te lo dico perché penso di conoscere bene queste situazioni, visto che mi ci sono trovato tante volte.

9

Cosa pensi di queste cose? Parlane con un tuo compagno. Siete d'accordo?

la musica classica
la musica rock
gli zoo
i computer
la scuola nel tuo paese
le vostre lezioni d'italiano
questo libro
la cucina cinese
la cucina italiana
la pubblicità

- Per me la pubblicità è un'arte. È l'arte del nostro secolo.
○ No, non sono d'accordo. Per me è il maggior male che c'è. La pubblicità condiziona le persone a dei livelli che non riusciamo nemmeno ad immaginare.

- Secondo me gli zoo sono utilissimi per conservare le specie animali in pericolo di estinzione.
○ Macché. Servono solo a torturare gli animali.

10

Ascolta questi dialoghi e dì a quale disegno corrispondono.

Ascoltali ancora una volta e segna le risposte esatte.

A

A uno dei due piace una ragazza che si
chiama Irene. ☐

A uno dei due piace il nome Irene. ☐

Uno dei due dice che gli piace il nome
Irene, ma l'altro non ci crede. ☐

Il nome Irene va bene sia per un maschio
che per una femmina, mentre il nome
Gloria va bene solo per una femmina. ☐

Il bambino che sta per nascere è maschio. ☐

Non si sa il sesso del bambino che sta
per nascere. ☐

B

Uno dei quattro non vuole andare in
vacanza in Spagna, ma gli altri tre sì. ☐

Uno dei quattro vuole andare in vacanza
in Spagna, ma gli altri tre no. ☐

In agosto in Spagna ci sono solo italiani. ☐

In agosto in Spagna ci sono molti italiani. ☐

In agosto in Grecia ci sono molti italiani. ☐

Uno dei quattro è stato tre volte in Grecia. ☐

Uno dei quattro è già stato in Corsica. ☐

C

Tutte e due sostengono che il progetto
va bene. ☐
Solo una delle due pensa che
il progetto vada bene. ☐
Una delle due considera il progetto
troppo costoso. ☐
Il progetto non può in nessun caso
essere realizzato perché è troppo lungo. ☐
Il primo problema da affrontare è la
mancanza di soldi per finanziare il progetto. ☐

D

Sta provando vestiti in un negozio. ☐
Si trovano a casa o in albergo e uno
dei due sta decidendo cosa mettersi. ☐
La giacca gli sta stretta. ☐
La giacca gli sta bene ma non va bene
con il colore dei pantaloni. ☐

Ascoltali ancora una volta e trascrivi le forme
e le strategie usate per cercare di convincere.

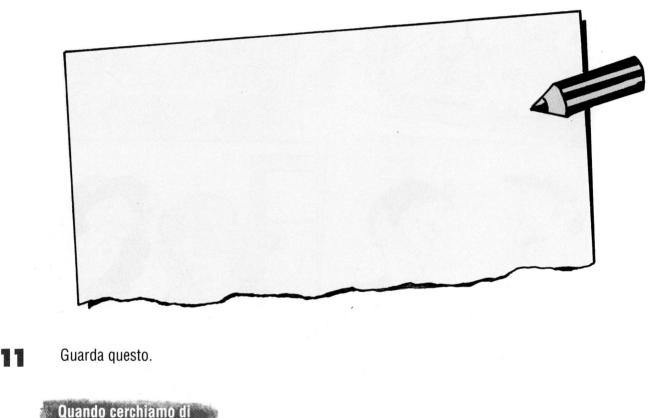

11 Guarda questo.

**Quando cerchiamo di
convincere qualcuno**

● **Dai, (su,)** + *esortazione/opinione*

chiamala
non è così brutta come dici
…

● **Dammi retta,** + *esortazione/opinione*

chiamala
costa troppo
è la scelta migliore
…

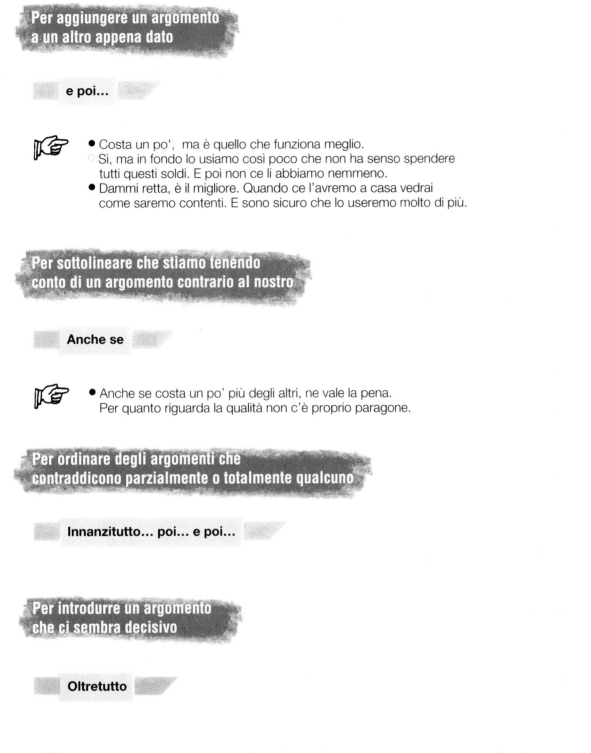

Per aggiungere un argomento a un altro appena dato

e poi...

- Costa un po', ma è quello che funziona meglio.
  ○ Sì, ma in fondo lo usiamo così poco che non ha senso spendere tutti questi soldi. E poi non ce li abbiamo nemmeno.
- Dammi retta, è il migliore. Quando ce l'avremo a casa vedrai come saremo contenti. E sono sicuro che lo useremo molto di più.

Per sottolineare che stiamo tenendo conto di un argomento contrario al nostro

Anche se

- Anche se costa un po' più degli altri, ne vale la pena. Per quanto riguarda la qualità non c'è proprio paragone.

Per ordinare degli argomenti che contraddicono parzialmente o totalmente qualcuno

Innanzitutto... poi... e poi...

Per introdurre un argomento che ci sembra decisivo

Oltretutto

- Dai, su, chiamala. Non essere così orgolioso, non ha senso.
  ○ Non ci penso nemmeno. Innanzitutto è lei che mi dovrebbe chiamare per chiedermi scusa. Poi secondo me non avrebbe alcun senso... Sì, certo, ricomincerebbe tutto come prima, ma dopo una settimana saremmo da capo a dodici. E poi non mi va proprio di chiamarla. Oltretutto credo che non ci sia nemmeno. Mi aveva detto che sarebbe partita.
- Vedi un po' tu. Fai come vuoi, ma secondo me stai facendo un grosso errore. E sono sicuro che tra qualche mese, passata la rabbia del momento, ti pentirai amaramente.

Una strategia molto frequente per cercare di convincere qualcuno è dare molti argomenti a sostegno del nostro punto di vista.

12 Tu e due tuoi compagni vi trovate nelle seguenti situazioni. Come le risolvete?
Mettetevi d'accordo su cosa fare. Se avete idee diverse insistete
per convincere gli altri a seguire la vostra: è una questione d'onore!

Siete alla fine delle vacanze. Vi rimangono soltanto 100.000 lire per sopravvivere fino a dopodomani mattina (data della partenza del vostro aereo di ritorno). Dovete scegliere tra mangiare e dormire all'aria aperta o andare in albergo e rimanere senza mangiare. La pensione più economica costa 50.000 lire a notte per tutti e tre... Ma di notte le strade e i giardini sono invasi da scarafaggi e scorpioni.

Siete in un'isola deserta. C'è poco da mangiare. C'è, invece, molta acqua da bere. Se rimanete rischiate di morire di fame, ed è, comunque, estremamente improbabile che qualcuno vi ritrovi. Potete cercare di andare via con una barchetta a remi, ma la terra ferma è a circa duecento chilometri. Purtroppo però è mare aperto, e ci sono spesso tempeste.

Nel vostro ufficio è scomparso un computer. Il vostro capo è convinto che l'abbia preso uno di voi, e vi ha minacciati di licenziarvi e denunciarvi per furto se non lo restituirete entro domani sera. Potreste comprarne uno, ma non siete molto ricchi. Per voi sarebbe un grande sforzo economico.

Avete appena incontrato la moglie/il marito di un vostro caro amico/una vostra cara amica con un altro/un'altra, che si baciavano appassionatamente. Lo dite al vostro amico/la vostra amica, oppure no? Tenete conto che è una persona molto fragile. Ma lo potrebbe scoprire da solo/a.

Dovete andare in vacanza insieme. Dove andate?

Potete esprimere cinque desideri. Ma attenzione, una volta che avete deciso, non si torna indietro. I desideri si avvereranno soltanto se siete d'accordo tutti e tre.

13

Ma a volte, nelle discussioni, ci interrompono, o interrompiamo gli altri per parlare di qualcos'altro o perché non siamo d'accordo con loro. Vediamo come si fa in italiano. Ascolta questi dialoghi e nota le forme e le strategie usate per interrompere la conversazione.

A

- E allora, tu cosa hai fatto?
- ○ E che volevi che facessi? Gli ho detto che non potevo e che era meglio andare da un dentista...
- ■ Marina! Marina! Marina! Oh... scusa...
- No dimmi, dimmi, non ti preoccupare...
- ■ Sai dov'è andato Giancarlo?

B

- Signorina, per favore può scrivere questa lettera?
- ○ Sì, certo. Dica pure.
- Allora... "Spettabile Sirius Import Export, in seguito all'ultima comunicazione pervenutaci in data 14 settembre 1992..."
- ○ Mi scusi. Pronto? Sì? No, in questo momento il direttore è occupato... Verso le undici... Prego... Sì sì, senz'altro... Arrivederci. Era l'ingegner Occhipinti: richiamerà più tardi.
- Va bene, va bene. Dove eravamo rimasti?
- ○ Allora... "in seguito all'ultima comunicazione pervenutaci in data..."

C

- Ma come è possibile che nel 1993 ci sia ancora la pena di morte. Guarda qui... Hanno appena giustiziato uno sulla sedia elettrica.
- ○ È incredibile! Io non capisco.
- ■ Beh... Dai... che se tu fossi una parente di quello che questo tipo ha ammazzato...
- ○ No, guarda, in ogni caso per me è un omicidio.
- Secondo me è un omicidio legalizzato, perché che condanna è se poi tu ti comporti...
- ■ Non lo so... io non sono così sicura...

D

- Guardi che l'ho lasciata solo cinque minuti per comprare il giornale...
- ○ Non mi interessa. Non vede che c'è il divieto di sosta?
- Sì, ma solo cinque minuti. Per favore... Non è possibile...?
- ○ No no no, sposti la macchina altrimenti chiamo il carro attrezzi.

E

- Permesso... Permesso?
- ○ Sì? Oh, è lei signorina Prisi, prego, prego... Si accomodi...

14

Cosa pensi su questi argomenti? E i tuoi compagni cosa ne pensano? Parlatene.

È giusto rispondere a tutte le domande dei bambini?

Un buon genitore non deve lasciare suo figlio uscire solo fino a tardi la sera.

Si riparla ancora della pena di morte. Che ne pensate?

L'importante è la crescita economica. Tutto il resto (ambiente, giustizia sociale, democrazia, ecc.) viene dopo.

Europa sì, Europa no.

L'energia nucleare è un pericolo da sconfiggere o un progresso da promuovere?

I giovani di oggi sono più egoisti e meno interessati alle questioni importanti che toccano l'umanità.

L'eutanasia: aiutare a morire evitando sofferenze o delitto mascherato con argomenti pseudoumanitari?

UNITÀ 14

15 Vuoi sapere cosa pensano alcuni
italiani di questi punti?
Ascolta e cerca di riassumere
gli argomenti di ognuno. Qual è
quello che ti sembra più convincente?

16 Riprendiamo l'argomento "pena di morte". Ascolta queste interviste.
Cosa pensano gli intervistati? Che argomenti danno? Cerca di trascriverli.

17

Ecco ora una canzone di Jovanotti, un
giovane cantautore di moda tra i giovani.
Ascoltala. Di cosa parla?
Quali sono i grandi problemi toccati?
Cosa ne pensa? Sei d'accordo
con lui? Parlane con i tuoi compagni.

18

Leggi questa lettera.

L'ANGOLO DELLA CORRISPONDENZA
Risponde la dottoressa Stella Poletti,
psicologa ed esperta dei problemi della famiglia.

Quando la suocera...
fa la suocera.

Gentile dottoressa,
le scrivo per parlarle di un problema che mi tormenta da sempre ma
che solo negli ultimi mesi è diventato insopportabile. Ho 34 anni, sono sposata e ho due bambini mera-
vigliosi. Con mio marito le cose vanno molto bene o, meglio, andavano
bene finché non si è verificata una
circostanza che sta rischiando di mettere tutto in
discussione. Ma vengo al punto: mio marito è
sempre stato molto attaccato alla sua famiglia di
origine, in particolare (purtroppo!) a sua madre che per fortuna però viveva a Belluno, mentre noi da circa dieci anni siamo a Roma per lavoro. La lontananza ha finora impedito che questo loro affetto, che io ho sempre ritenuto un
po' morboso, diventasse un ostacolo nel mio
rapporto coniugale poiché solo d'estate o a Natale accadeva che passassimo qualche giorno
tutti insieme. Due mesi fa però mio suocero è

improvvisamente scomparso e da
pochi giorni mia suocera ha messo
in vendita il suo appartamento a
Belluno progettando di trasferirsi a
Roma da noi. Lei sostiene che è la
scelta migliore per lei e per me perché così può essermi d'aiuto con i
bambini, io ritengo che ognuno
debba vivere per proprio conto ma
mio marito pensa che il mio sia un
gesto scortese e mi accusa di essere
prevenuta nei confronti di sua ma-
dre. La mia figlia maggiore mi ha già detto che
secondo lei la nonna dovrebbe venire a stare
con noi perché ora è rimasta sola. Lei cosa ne
pensa? Tenga conto che oltretutto mia suocera
odia Roma perché la trova una città disordinata
e non riesce a legare con i romani perché li critica sempre eccessivamente. Ho paura della situazione che potrebbe crearsi e proprio per questo ho deciso di chiederle un consiglio.
La saluto e la ringrazio fin da ora dell'attenzione che vorrà dedicarmi.

Vanessa, *Roma*

Ora rispondi alle domande.

Quante persone vengono menzionate nel testo?
Cosa sai del rapporto che intrattiene la persona che scrive con ognuna di loro?
Cosa sai di ognuna di queste persone?
Perché la signora Vanessa si trova in disaccordo con il marito?
Che rapporto esiste tra il marito e la sua famiglia?
Che cambiamenti si sono verificati negli ultimi tempi?
Cerca di riassumere la lettera in tre frasi.
Tu che consiglio daresti alla signora Vanessa? Scrivile una lettera.

UNITÀ 14

19 Le discussioni e i problemi come quelli esposti dalla signora Vanessa sono frequenti anche nelle migliori famiglie, anche se le cause possono essere molto diverse. Leggi questo brano tratto dal racconto "Casa paterna" di Maria Messina, una scrittrice dell'inizio di questo secolo.

Una sera Vanna fu chiamata in salotto. C'erano visite. Una antica conoscente si stupì che Vanna fosse venuta sola.

– Da Roma? – ripeteva crollando la testa.

– E suo marito l'ha lasciata partire? – esclamò la comare di Viola.

La squadravano con aria diffidente, facendo domande ed apprezzamenti, senza riguardo.

– Come? Non sa quanto tempo si tratterrà?

– Che idea, mandare in giro una mogliettina così giovane! Non si scherza! Venire sola dal continente...

Vanna si ritirò con una scusa. Più tardi vide Ninetta in lacrime.

– Che hai? – le chiese dolcemente.

– Ho – rispose Ninetta fissandola, – che la gente è maligna. La comare non la finiva più, come fu sola con noi, e non si sapeva che rispondere.

– È una cosa tanto naturale... ch'io sia venuta a trovarvi... – fece Vanna con voce timida.

– Si?! – Ripeté Ninetta singhiozzando. – Certo è che la tua condotta salta agli occhi...

Vanna guardò mestamente la sua giovane sorella che le parlava così, con tono aspro. Tornò sulla terrazza senza rispondere.

Poi non si sorprese quando, nei giorni di visite, la lasciarono sola. Pareva che in casa si rammentassero della sua presenza, soltanto per soffrirne. Del resto, quasi se ne dimenticavano.

All'ora del caffè e latte, Viola preparava per tutti e poi diceva:

– Mi scordavo di Vanna... – e riempiva un'altra tazza. Nessuno si affrettava a chiamarla. Spesso Maria andava a cercarla di nascosto.

A tavola tacevano tutti, imbarazzati. Ninetta abbassava gli occhi sul piatto. Il padre, confuso, domandava il vino con una specie di timidità. Ognuno aveva soggezione degli altri perché ognuno si sentiva colpevole d'aver permesso la stravaganza di Vanna. E gli occhi chiari e freddi di Viola, e la fronte corrugata di Remigia erano carichi di rimproveri. Se Vanna non fosse stata abituata male, se Vanna non avesse saputo che in casa l'avrebbero accolta a braccia aperte,

Vanna non si sarebbe decisa, da un'ora all'altra, a imballare la sua roba come una zingara.

La madre si sentiva la più colpevole. Lei non aveva saputo inculcare alla sua Vanna quei sentimenti di sottomissione e di sacrificio, che sono le virtù principali di una donna. La vecchia signora aveva dei doveri verso la figlia minore, verso Ninetta, che poteva buscarsi una brutta fama per via della sorella mal maritata.

Vanna non uscì più. Si accorse che Ninetta aveva vergogna di lei, come se la folla conoscesse la sua fuga.

– Resto in casa – diceva.

– Non mi piace veder gente.

Maria l'avrebbe accompagnata lungo la spiaggia, dove di sera si poteva scendere anche senza cappello. Ma Antonio, che faceva quella strada due volte al giorno per andare in ufficio, aveva piacere di condurre la moglie al Cinematografo o al Caffè.

– Va' pure – le diceva Vanna sorridendo, quando Maria uscendo l'abbracciava con l'aria di chiederle scusa. – Io mi diverto a stare sulla terrazza.

Viola e Remigia uscivano anch'esse, coi mariti. La madre era trascinata da Ninetta che voleva passeggiare davanti al Caffè del Corso. La povera signora non si riconosceva più. A furia di voler mantenere la pace fra sé e le nuore – si sa che le suocere hanno la mala nominata, – aveva smarrito ogni volontà. Essa avrebbe preferito viver sola col marito; ma restava coi figli un po' perché li amava e più perché la poca pensione del marito non poteva bastare a far figurare Ninetta.

La sera Vanna restava sulla terrazza fino a tardi. Non si doleva di esser lasciata in solitudine. Nel silenzio della notte ascoltava il mormorio vasto e pauroso del mare, delle onde che si frangevano contro la riva. Qualche rosa le sfiorava i capelli. Sentiva che il suo spirito si riposava.

Da Roma non venivano risposte. Quando non si aspettava più, giunse una letterina secca secca. L'avvocato scriveva al suocero che la partenza di Vanna era stata una fuga indegna d'una donna per bene, ma che egli dimenticava tutto "assieme alle inevitabili

[immagine: copertina del libro]
Maria Messina
Casa paterna
Sellerio editore Palermo

angustie che sorgono dalla vita coniugale".

La lettera fece buona impressione.

– Il diavolo – fece Antonio, – non è poi tanto brutto come si dipinge.

E Viola aggiunse, rasserenata:

– La verità è che non si può conoscere un uomo attraverso le impressioni di un altro.

Da quel giorno trattarono Vanna con molti riguardi. Viola e Remigia incitarono la suocera a compiere il proprio dovere.

– Quando si hanno buoni principi! – ripeteva Remigia. – Io, per esempio, non lascerei mai la mia casa. Pure Nenè non è sempre un angelo!

– Certe cose bisogna capirle! – diceva Viola. – Quando non si porta un soldo di dote non si possono avere tante fisime!

Viola era fiera di possedere trentamila lire in contanti che avevano permesso a Luigi di prendere un appalto in società con Nenè.

La vecchia signora si mortificava.

Anche Antonio, benché Maria cercasse d'impietosirlo della sorte di Vanna, s'andava persuadendo che sua sorella aveva proprio un cervellino da romanzo. Glielo ripetevano i fratelli che lavoravano nello stesso ufficio.

– Cara mia! – esclamava Viola, perseguitando la cognata persino nel cantuccio nascosto sotto la pergola.

– Non c'è matrimoni buoni o cattivi, ma c'è la donna prudente e quella scervellata...

Vanna cercava di schermirsi dalle insistenze, spesso volgari, che la spingevano da ogni parte.

Poi non si curò più di giustificarsi. Stanca, quasi distratta, udiva le argomentazioni di Luigi, le preghiere della madre, i consigli delle cognate. Non le parlavano altro che per rappresentarle un avvenire pieno di pericoli e di responsabilità.

Quando la costringevano a rispondere, approvava sempre:

– Sì sì... – diceva. – Ma lasciatemi in pace – pregava.

E nel profondo del cuore sentiva che la casa paterna, mutata, trasformata, la respingeva da sé, a poco a poco.

– Non si torna indietro! – Sussurravano le rose molli e profumate sfiorandole i capelli.

– Non si torna indietro! – Ammoniva il mare da lontano, gettando sulla riva la sua spuma argentea, come se avesse voluto spingersi fino alla terrazza.

– Non si torna. Tutto cambia. I fratelli hanno un altro viso. La madre ha un'altra voce. Altre donne hanno occupato il tuo posto mentre eri lontana. E ciascuno ti accoglie, come s'accoglie una straniera di passaggio.

Vanna sentiva le gravi parole nella notte cupa.

Ora rispondi alle domande.

In che situazione ci troviamo? Chi sono i diversi personaggi menzionati? Cosa è successo?
Quali sono secondo voi le opinioni di ciascuno dei personaggi?
Siete d'accordo con loro oppure no? Perché? Parlatene. Cosa pensate che succederà poi?

20 Ci sono però anche persone che non sanno o non vogliono dare la loro opinione sulle cose, sulla vita, sul mondo. Leggi questa famosa poesia di Eugenio Montale.

NON CHIEDERCI LA PAROLA...

Non chiederci la parola che squadri da ogni lato
l'animo nostro informe, e a lettere di fuoco
lo dichiari e risplenda come un croco
perduto in mezzo a un polveroso prato.

Ah, l'uomo che se ne va sicuro,
agli altri ed a se stesso amico,
e l'ombra sua non cura che la canicola
stampa sopra uno scalcinato muro!

Non domandarci la formula che mondi possa aprirti,
sí qualche storta sillaba e secca come un
ramo.
Codesto solo oggi possiamo dirti,
Ciò che *non* siamo, ciò che *non* vogliamo.

da *Ossi di seppia*, 1925

Secondo me la vita nelle grandi città è stressante

1

Ascolta queste persone che parlano della loro vita, del loro lavoro, ecc. e completa le schede.

LUISA

Professione?
Esercita la sua professione?
Altre attività svolte?
Dove svolge le diverse attività?
Cosa sappiamo della sua famiglia?
Secondo te è soddisfatta della sua vita?
Perché?
Cosa sappiamo della sua giornata?
Quali sono i suoi hobby e i suoi interessi?
Età?

ALESSANDRO

Professione?
Esercita la sua professione?
Altre attività svolte?
Dove svolge le diverse attività?
Cosa sappiamo della sua famiglia?
Secondo te è soddisfatto della sua vita?
Perché?
Cosa sappiamo della sua giornata?
Quali sono i suoi hobby e i suoi interessi?
Età?

DOMENICA

Professione?
Esercita la sua professione?
Altre attività svolte?
Dove svolge le diverse attività?
Cosa sappiamo della sua famiglia?
Secondo te è soddisfatta della sua vita?
Perché?
Cosa sappiamo della sua giornata?
Quali sono i suoi hobby e i suoi interessi?
Età?

CARLO

Professione? _____

Esercita la sua professione? _____

Altre attività svolte? _____

Dove svolge le diverse attività? _____

Cosa sappiamo della sua famiglia? _____

Secondo te è soddisfatto della sua vita? _____

Perché? _____

Cosa sappiamo della sua giornata? _____

Quali sono i suoi hobby e i suoi interessi? _____

Età? _____

2

Che differenze vedi tra le vite di queste persone? Qual è quella che
ti attira o incuriosisce di più? Parlane con i tuoi compagni.

- A me piace di più Carlo perché mi interessa molto la vita di un giudice.
- A me no, io preferisco Luisa. Fa una vita molto più varia. E poi ha un modo di parlare che mi
  incuriosisce: per esempio, chissà perché dice che ha "costruito" quattro figli...

3

Come immagini il carattere delle persone che
hai appena ascoltato? Perché? Qual è quello
che ti somiglia di più? Parlane con i tuoi
compagni.

- Secondo me Domenica è una
  persona molto coscienziosa.
  Dev'essere un'ottima madre...
  Sembra molto preoccupata dal suo
  lavoro ma è evidente che fa di tutto
  per non trascurare i figli...
- Dici? Io invece avevo la sensazione
  che...

4

Come immagini il carattere delle persone che

E la tua vita a quale assomiglia di più? Perché?
Parlane con i tuoi compagni e con il tuo insegnante.

- La mia vita somiglia di più a quella di Carlo. Anch'io lavoro molto, forse più di quanto non
  vorrei, anch'io mi angoscio per il mio lavoro ma al tempo stesso mi piace...

5

Ti ricordi di Nico? L'abbiamo incontrato in *Uno* nell'Unità 11. Vediamo ora com'è la vita
dei bambini e dei maestri nel suo asilo, la scuola "Arcobalena" di Roma.

L'Arcobalena è una scuola
materna che accoglie bambini
dai 20 mesi ai 6 anni di età. È
situata su uno dei colli romani, il
Celio, all'interno di un parco
pubblico. È gestita da una società
cooperativa che si ripropone di indirizzare il
bambino allo sviluppo, alla socialità, alla
creatività e alla critica.
Al momento dell'iscrizione il bambino entra
in contatto con questo nuovo ambiente, in cui

▶▶

dovrà passare molte ore della sua giornata, accompagnato da uno dei genitori o da una persona a lui comunque molto cara, che per i primi giorni gli rimarrà accanto per alcune ore, dividendo con lui questa sua prima esperienza scolastica. Questo inserimento graduale lo aiuterà ad entrare in contatto con l'ambiente e a favorire la conoscenza sia degli altri bambini, sia degli adulti con cui dovrà instaurare un rapporto (maestre e maestri). Il 1° anno il bambino viene inserito nel gruppo dei "piccoli", poi negli anni successivi passerà prima ai "medi" e poi ai "grandi", secondo l'età ma anche secondo il suo livello di socializzazione.

Ogni gruppo (circa 20 bambini) ha 3 maestri (in genere due maestre e un maestro) che guidano e assistono i bambini per tutta la giornata, sia nelle attività guidate sia nei momenti di giochi all'aperto in giardino. Qui i bambini si relazionano tra di loro in modo più "libero" organizzando, a partire dai 3 anni, anche dei giochi, più o meno complessi secondo l'età, senza l'aiuto dei maestri, che sono però sempre molto presenti e pronti ad intervenire. Alcuni bambini escono da scuola subito dopo il pranzo, tra le 13:00 e le 14:00; altri rimangono fino a dopo la merenda e tornano a casa dopo le 16:00.

Gli operatori che lavorano all'interno della scuola (le maestre e i maestri, ma anche la cuoca e la presidente) pianificano e organizzano le attività in modo da assistere ed aiutare i bambini a tutti i livelli (cognitivo, fisico, di socializzazione, ecc.) senza forzarne lo sviluppo. Il bambino sente e percepisce un rispetto nei suoi confronti fondamentale per la sua crescita. Naturalmente ciò avviene all'interno di un gruppo e, come in tutte le forme sociali, il bambino si trova a dover tener conto di alcuni limiti. In poco tempo impara a rispettare quelle che vengono dette "regole" e impara a farlo in maniera per lo più naturale, senza timore di punizioni.

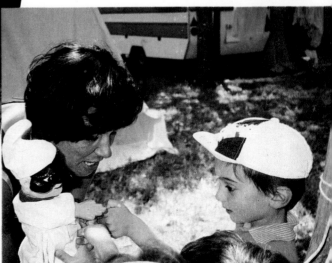

6 Ora ascolta due insegnanti che ci parlano di com'è organizzata la scuola, della loro giornata e del loro lavoro, e rispondi alle domande.

GABRIELE

In quanti momenti diversi si articola la giornata all'Arcobalena?

Quali sono?

Cosa si fa in ognuno di questi momenti?

Quanto dura ogni momento? Puoi specificare le ore?

Quali sono i momenti più strutturati? E quelli più liberi?

Chi apparecchia all'ora di pranzo?

Quando si mangia la frutta?

Secondo te a cosa serve ognuno dei momenti in cui si articola la giornata? Cosa imparano i bambini?

Puoi riassumere il discorso di Gabriele sulla giornata all'Arcobalena in uno schema?

LUISA

In quanti gruppi sono divisi i bambini all'Arcobalena?

Da che età a che età rimangono in ogni gruppo?

Che differenze ci sono tra le attività svolte in ogni gruppo?

Quali sono le attività caratteristiche di ogni gruppo?

Cosa sappiamo del giardino della scuola?

In quale dei gruppi i bambini cominciano a fare esperimenti di cucina? Che cose preparano?

Cosa sono i percorsi?

Come iniziano i bambini ad elaborare i loro primi racconti? In quale gruppo?

Qual è la funzione del disegno? Come viene usato?

Come è stato affrontato il discorso della nascita? In quale gruppo?

Imparano a leggere e scrivere i bambini all'asilo Arcobalena?

Come vengono preparati per la scuola elementare?

A cosa serve il gioco del mercato?

Secondo te a quale delle attività menzionate da Gabriele e Luisa corrisponde ognuna delle foto di queste pagine? Parlane con i tuoi compagni.

7

Come immagini sia la vita all'Arcobalena? Ti piacerebbe lavorarci?
Come ti sembra rispetto ad altre scuole che conosci?
Parlane con il tuo insegnante e con i tuoi compagni.

- • Io non potrei mai lavorare in un asilo.
- ○ Nemmeno io. Non sopporto i bambini.
- • Sì, però bisogna dire che questa scuola sembra carina.
- □ Infatti... A me nemmeno piacciono tanto i bambini, ma forse lavorando in una scuola così potrei imparare tante cose.
- ■ Secondo me i bambini sono noiosi se uno ha fretta e si aspetta da loro il comportamento di un adulto, ma se uno è disposto a giocarci e ad ascoltarli, sono divertentissimi. A me piacerebbe lavorare in un posto così.

8

Una giornalista ha scritto questo articolo sull'asilo Arcobalena.
Sei d'accordo con lei? Perché?

L'ASILO «ARCOBALENA»: UNA SCUOLA SENZA REGOLE

Continuiamo il nostro viaggio all'interno delle scuole romane recandoci a visitare uno degli asili più moderni e all'avanguardia della capitale. Si tratta della Cooperativa Arcobalena situata in Salita di San Gregorio al Celio, in un suggestivo e raro angolo di verde cittadino.

La scuola consiste in un prefabbricato colorato e allegro. Incontriamo la presidente della società nel bel giardino che circonda la scuola.

"Presidente, in cosa consiste il vostro lavoro?"

"Il nostro obiettivo è quello di spingere il bambino verso una crescita serena stimolandolo in tutte le sue attività e assistendolo sempre durante la giornata. Alcuni bambini entrano alle 8:00 ed escono alle 17:30 e quindi trascorrono con noi la maggior parte della loro giornata. Abbiamo dunque individuato anche dei momenti di riposo..."

"Ma la vostra diversità in cosa consiste? Come mai avete delle liste di attesa così lunghe?"

"Alcuni genitori si sono negli ultimi tempi molto sensibilizzati verso un rispetto dei bisogni del bambino ed evidentemente ritengono che qui da noi questo aspetto sia tenuto in considerazione. Il bambino è il vero protagonista della giornata. Nulla gli viene imposto con violenza o con la forza."

Ci allontaniamo dall'Arcobalena proprio nel momento in cui le allegre porte colorate si aprono sul verde e decine di bambini e bambine si lanciano a giocare allegri e spensierati senza più alcun limite, lasciando all'interno i maestri e le maestre e, con loro, limiti a cui sottostare e ai quali obbedire. È evidente che la forza e la novità di questa scuola è nella libertà assoluta che viene lasciata ai piccoli cuccioli di uomo. La cucina è sempre aperta, in modo da consentire dei pasti liberi senza nessuna organizzazione previa. Ogni bambino può mangiare in qualunque momento della giornata, entrando nella cucina che viene lasciata a sua completa disposizione. Allo stesso modo, può recarsi nella cosiddetta "stanza dei lettini" e riposare ogni qualvolta ne senta il bisogno. Oggi risulta così sempre diverso da ieri e da domani. E il bambino si trova a vivere in un ambiente vario, nel quale può sperimentare e scoprire le sue capacità senza nessun controllo da parte degli adulti.

Che sia l'inizio di una nuova era meno conformista e più spregiudicata? Le generazioni del domani ce ne renderanno testimonianza.

Ines Atta

Leggi di nuovo l'articolo e indica tutte le inesattezze.

9 Una coppia di tuoi amici di Roma cerca un asilo per il loro bambino di due anni e mezzo. Gli consiglieresti l'Arcobalena? Perché? Scrivigli una lettera in cui racconti che nel corso d'italiano avete letto dei testi ed ascoltato dei maestri di questa scuola, riassumi tutto quello che sai ed esprimi le tue impressioni.

> Monaco 22 aprile 1993
>
> Cari Anna e Gianluca,
> Come state? Spero bene. Noi pure stiamo tutti benino. In questi giorni ho pensato molto a voi, e soprattutto al problema della scelta di un asilo per Gloria, a cui avete accennato l'ultima volta che ci siamo visti. Sarà una coincidenza, ma mi sembra comunque sorprendente: nel corso di italiano abbiamo lavorato per alcune lezioni su un asilo di Roma che mi è sembrato...

10 Ora parliamo di altro. Che differenze ci sono, secondo te, tra la vita in una grande città e la vita in campagna o in un paesino di montagna? Qual è la vita che preferiresti per te? Parlane con i tuoi compagni.

- Secondo me la vita nelle grandi città è sempre più stressante. Sempre tutto di corsa. Uno si alza, va al lavoro...

- In città bisogna usare la macchina. In campagna passano giorni senza che uno debba prendere la macchina. Se uno abita in un paesino può andare dappertutto a piedi.
○ Sì ma in campagna tutto è più scomodo...

11 In molti paesi ci sono differenze più o meno marcate tra la vita nelle diverse zone. In Italia, ad esempio, ci sono molte differenze tra la vita nel Nord e nel Sud. Ne sai qualcosa? Parlane con i tuoi compagni e con il tuo insegnante.

12 Anche nel tuo paese ci sono differenze tra la vita nelle diverse regioni? Parlane con i tuoi compagni e con il tuo insegnante.

13 Vuoi sapere qualcosa sull'infanzia e la gioventù di un giornalista famoso in un paese del Sud? Leggi questo testo di Michele Santoro.

Volete sapere come la penso io? Sono nato in una città meridionale, nel centro storico appoggiato al lungomare di palme fasciste. La scuola elementare era così vicina al mare che mi bastava correre un centinaio di metri per tuffarmi. Raccoglievo le vongole veraci dalla sabbia, succhiavo i granchi vivi e pescavo polipi tra i frangiflutti, da marzo a novembre. Me ne stavo a lungo sugli scogli a guardare gli sbuffi di fumo del cementificio, l'unica fabbrica, poco distante. Una locomotiva attraversava lentamente il lungomare, collegando alla stazione ferroviaria il cementificio e il deposito di legname alle mie spalle. Ogni tanto sui binari indugiava un ragazzino in bicicletta oppure una signora col carrozzino; allora la macchina a vapore fischiava forte e, qualche volta, s'arrestava, in attesa che i distratti si spostassero. I bagni veri iniziavano a giugno, quando tutti prendevano posto sulla spiaggia più bella, cinquecento metri più in là del municipio e del duomo normanno. In estate la cabina era più importante di una casa: serviva come spogliatoio, come deposito di sedie e ombrelloni e da garçonnière per i giovanotti in tiro. "Michele, sbrighiamoci a fare i buchi col trapano, quest'anno." I piccoli si arrangiavano così. Il danaro si esibiva pochissimo e le differenze di ceto non erano molto percettibili; ma dalla cabina ho capito che il mondo era diviso in classi. C'erano famiglie che potevano permettersene una per tutta l'estate e altre costrette alla coabitazione. E c'erano quelli come me, obbligati a chiedere ospitalità, eternamente perseguitati dai bagnini: "Qual è il tuo cognome, a quale famiglia appartieni?" I più poveri se ne stavano su un lungo braccio di cemento al limite della baia, un'opera incompiuta che noi ragazzi chiamavamo "il porto nuovo". Era una meta obbligata per i tuffi e per raggiungere il giardino delle cozze. Saltavamo in acqua dalla punta e fingevamo grandi gare di nuoto; poi, approfittando della distrazione dei pescatori, qualcuno di noi s'immergeva rapidamente e, zac, con un coltello, tagliava un pezzo della corda attorno alla quale crescevano i molluschi. Riuscire a portarlo via, senza farsi scoprire, e senza beccarsi una fucilata al sale, era una memorabile impresa. Poi le autorità decisero di dare un'accelerazione ai lavori. "Il porto è un'infrastruttura indispensabile allo sviluppo industriale."
"Ma le fabbriche sono previste dalla parte opposta della città!"
Obiezione inutile; la spiaggia fu chiusa e anche il mare si allontanò. Restò una pozzanghera maleodorante ai bordi del lungomare, dove nessuno avrebbe pescato più niente. Al posto delle vongole si moltiplicarono i topi di fogna.
Noi ragazzi degli anni Sessanta non ci accorgemmo di

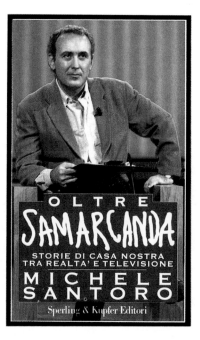

quanto stava avvenendo. Piano piano, seppellimmo nella memoria i muri in rovina, le piazze del centro antico, gli scogli dei giochi, i sapori e gli odori della nostra cucina, il dialetto.
"Lei, Santoro, che cosa sta facendo, invece di seguire la lezione?"
"Leggo Kerouac, professore."
"Vada a leggerlo a casa; e torni accompagnato da suo padre!"
Non ne potevamo più dell'insopportabile ordine dei licei e dell'oratorio, dei preti insegnanti pedanti e ignoranti. Non ne potevamo più di passeggiare sul lungomare diviso in corsie, i giovani da una parte e i vecchi dall'altra, guardando le ragazze da lontano. Qualsiasi novità sarebbe stata meglio del passato. "Dipingiamo tutto di bianco. Occupiamo le scuole..." Il mio editoriale per il giornale del liceo non l'ha letto nessuno. Censura.
Ci siamo ribellati, abbiamo sognato, e siamo stati sconfitti. Qualcuno di noi è diventato tossicodipendente, qualcuno terrorista, qualcuno è morto. Io sono andato via per fare il giornalista.
"Faresti meglio ad accettare la nomina a professore di filosofia." Mio padre è più meridionale di me, avrebbe dato diversi anni della sua vita per vedermi sistemato subito. Invece il posto lo rifiutai.
Oggi il porto è stato completato e il traffico è diventato un inferno. Per molti anni le merci hanno dovuto attraversare il centro per raggiungere le autostrade; fino a quando è stata costruita una bretella. S'inerpica in tanta vertiginosa salita che, a guardarla, ti viene il torcicollo; e i Tir spesso preferiscono evitarla. In compenso il panorama è mutilato, l'asfalto lambisce il mare con le sue banchine, al posto delle cabine ci sono tante Fiat altrettanto colorate in attesa di raggiungere i concessionari per la vendita.
"Siamo stati bravi. Abbiamo dato lavoro a un centinaio di portuali, che possono finalmente portare le loro famiglie in villeggiatura. Due settimane di bagni in quel mare di merda di Rimini." Il vecchio bagnino la pensa come Giorgio Bocca, col progresso non si è progrediti.
Le fabbriche nate coi soldi dello Stato sono tutte chiuse. La città si è gonfiata come un enorme pallone, ha divorato le colline e gli aranceti, raggiungendo i paesi vicini come una lava inarrestabile. Solo le fogne sono quelle di prima.
"Come si vive da noi? Splendidamente. Nessuno lavora e tutti stanno bene. Il perché non si può spiegare: è un mistero." Forse ha ragione la signora siciliana intervistata in treno. Stanno tutti bene al Sud. Ma io ho preferito andarmene.

Michele Santoro
Oltre Samarcanda

Leggilo di nuovo e rispondi alle domande.

Come passava il suo tempo libero Michele da ragazzino?

Cosa sappiamo della sua famiglia?

Cosa è cambiato nella sua città dai tempi della sua infanzia?

Cosa ne pensa Santoro? Cerca le espressioni che possono caratterizzare la sua città come la vedeva lui prima e come la vede adesso.

Ti sembra un'infanzia felice quella descritta da Santoro in questo testo? Come pensi che si sentisse lui allora e come pensi che si senta adesso ripensandoci?

Perché, secondo te, invece di seguire le lezioni Michele leggeva Kerouac?

Perché, secondo te, se n'è andato Michele?

14 E la tua infanzia?

È stata molto diversa?

Parlane con i tuoi compagni.

15 Leggi questa poesia di Cesare Pavese. Di cosa parla?

Come si sente l'uomo solo? Come vive? Cosa vorrebbe?

Secondo te, chi è "l'uomo solo"? Parlane con i tuoi compagni e con il tuo insegnante.

L'UOMO SOLO

L'uomo solo -che è stato in prigione- ritorna in prigione
ogni volta che morde in un pezzo di pane.
In prigione sognava le lepri che fuggono
sul terriccio invernale. Nella nebbia d'inverno
l'uomo vive tra muri di strade, bevendo
acqua fredda e mordendo in un pezzo di pane.

Uno crede che dopo rinasca la vita,
che il respiro si calmi, che ritorni l'inverno
con l'odore del vino nella calda osteria,
e il buon fuoco, la stalla, e le cene. Uno crede,
fin che è dentro uno crede. Si esce fuori una sera,
e le lepri le han prese e le mangiano al caldo
gli altri, allegri. Bisogna guardarli dai vetri.

L'uomo solo osa entrare per bere un bicchiere
quando proprio si gela, e contempla il suo vino:
il colore fumoso, il sapore pesante.
Morde il pezzo di pane, che sapeva di lepre
in prigione, ma adesso non sa più di pane
né di nulla. E anche il vino non sa che di nebbia.

L'uomo solo ripensa a quei campi, contento
di saperli già arati. Nella sala deserta
sottovoce si prova a cantare. Rivede
lungo l'argine il ciuffo di rovi spogliati
che in agosto fu verde. Dà un fischio alla cagna.
E compare la lepre e non hanno più freddo.

Cesare Pavese, *Lavorare stanca*

Hai notato le diverse forme usate in questo testo per presentare una cosa come universale, senza riferirla a un soggetto preciso? Rileggilo e cercale.

UNITÀ 15

16 Pensa a qualche paese o qualche epoca del passato che ti interessa e fai una ricerca sulla vita in quella società o in quel paese. Come vive/viveva la gente? Cosa mangia/mangiava? ecc.

 Ora presenta ai tuoi compagni e al tuo insegnante i risultati della tua ricerca.

17

C'è qualche specie animale che ti interessa? Fai una ricerca sulla sua vita e le sue abitudini e presentale ai tuoi compagni e al tuo insegnante.

18

Ascolta le coppie di frasi e cerca di notare le differenze tra l'intonazione della frase affermativa e quella della frase negativa.

Hai notato che nelle frasi negative l'elemento verbale viene messo in risalto rispetto alle frasi affermative?

Ascoltale di nuovo e cerca di notarlo.

In alcuni casi, quando il **non** della negazione viene ripreso da un'altra parola negativa come **nessuno**, **niente** e **mai**, anziché il verbo si mette in risalto quest'ultima parola negativa. In questi casi di solito il verbo si trova tra il **non** e l'altra parola negativa in correlazione con il **non**, e tende a perdere il suo accento proprio.

Ascolta le frasi e facci caso.

Cercando lavoro

1 Guarda questi annunci di offerte di lavoro. Qual è il lavoro che ti attrae di più? Perché? Parlane con un tuo compagno e con il tuo insegnante.

Professioni & Carriere AFFARI & FINANZA

2 Leggi di nuovo gli annunci e cerca tutte le parole o espressioni che si riferiscono a:

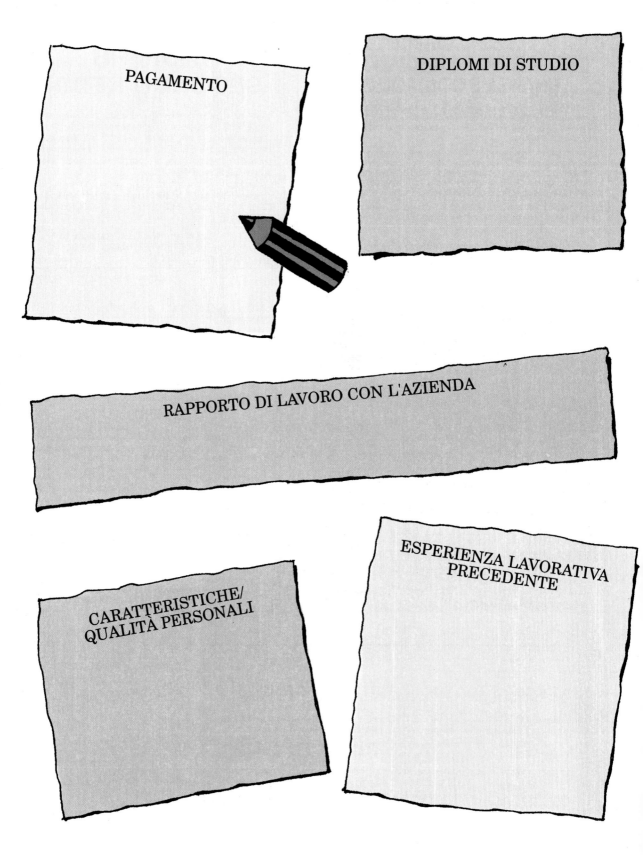

PAGAMENTO

DIPLOMI DI STUDIO

RAPPORTO DI LAVORO CON L'AZIENDA

CARATTERISTICHE/
QUALITÀ PERSONALI

ESPERIENZA LAVORATIVA
PRECEDENTE

Hai notato che negli annunci ci sono inoltre diverse espressioni o parole che servono
per esprimere la necessità (caratteristiche richieste) e le possibilità o le promesse?
Leggi di nuovo gli annunci e sottolineale.

3 Leggi queste lettere. A quali degli annunci precedenti si riferiscono? Le persone che le scrivono ti sembrano adatte ai posti ai quali aspirano? Parlane con un tuo compagno.

Spett. Orga Selezione S.r.l.
Via Gregorio VII, 466
00165 Roma

Roma, 28 febbraio 1993

Gentile Dottore,

In risposta all'annuncio (rif. E 827 R) da voi pubblicato nella sezione Professioni e Carriere del supplemento Affari e Finanza del quotidiano la Repubblica, Le allego il mio curriculum vitae con l'obiettivo di presentare la mia candidatura al posto in questione.
Come Lei stesso potrà costatare, ho 35 anni, un diploma di maturità linguistica con 60/60, e lavoro da anni come segretaria di direzione in una casa di moda. Avendo frequentato tutti i corsi della Scuola Interpreti (pur non avendo ancora conseguito il diploma a causa dei miei impegni lavorativi) parlo correntemente l'inglese, il francese e il tedesco.
Per anni ho coordinato il lavoro di segreteria a livello dirigenziale in aziende d'importanza internazionale. Ho un'ampia esperienza di uso dei personal computer, in particolare con programmi di elaborazione testi.
Qualora ce ne fosse bisogno posso fornire numerose ed ottime referenze.
In attesa di un Suo cortese riscontro, rimango a disposizione per qualsiasi ulteriore chiarimento e La prego di voler gradire i miei più distinti saluti.

Gabriella Guidi di Meo

Gabriella Guidi di Meo

Spett. Pubbliman
Largo Chigi, 9
00187 Roma

Rieti, 26 febbraio 1993

Gentili Signori,

In riferimento al vostro annuncio pubblicato in data odierna nel supplemento del quotidiano la Repubblica, vi allego il mio curriculum vitae, dal quale potrete desumere che ho una certa, seppur breve, esperienza nel settore.
Con la speranza di venire selezionato, vi porgo i miei distinti saluti.

Andrea Rossi

Andrea Rossi

Spett. Pubbliman
Casella 170/T
20139 Milano

Bologna, 27 febbraio 1993

Egregio Dottore,

Mi è gradito rivolgermi a Lei per porre la mia candidatura al posto da Voi annunciato sul quotidiano la Repubblica in data 26 febbraio 1993. All'uopo allego il mio curriculum vitae documentato e una copia della mia carta d'identità. Come potrete rilevare, ho frequentato la Facoltà di Economia e Commercio dell'Università degli Studi di Bologna dove mi sono laureato a pieni voti nel 1985. Già prima della laurea ho cominciato a lavorare in qualità di consulente finanziario per conto di importanti aziende quali la Fideuram. Successivamente ho coordinato e seguito il lavoro di un gruppo di giovani fino al 1991, anno nel quale sono passato alla direzione del personale in seguito ad una promozione. Con la speranza di poterLe illustrare personalmente le diverse tappe della mia carriera professionale, rimango a Sua disposizione per ogni eventuale chiarimento.

La prego di gradire i miei più distinti saluti.

Claudio Cinti

4 Leggi di nuovo le lettere e cerca le espressioni usate per iniziare e per concludere una lettera formale.

Hai notato che in italiano, come nella maggior parte delle lingue, ci sono molti modi di esprimere le stesse cose a seconda del tipo di rapporto che intratteniamo con il nostro interlocutore e dell'immagine di noi stessi che vogliamo trasmettergli? Questo è particolarmente visibile nella lingua scritta. Ci sono modi più o meno formali, più o meno delicati di dire le stesse cose. In queste lettere ce ne sono diversi esempi. Leggile di nuovo e cerca gli equivalenti delle seguenti espressioni. Attenzione! L'elenco non è nell'ordine in cui appaiono le espressioni nelle lettere.

oggi _____

il giorno 26 febbraio 1993 _____

ho il piacere di _____

dopo (2 espressioni) _____

se (*condizione*) _____

anche se (*concessivo*) (2 espressioni) _____

dare/presentare _____

sperando di _____

accettare/ricevere _____

vedere/notare (2 espressioni) _____

dedurre/notare _____

raccontare/commentare _____

per questo/a questo scopo _____

lavorare come consulente _____

Naturalmente queste lettere potrebbero essere molto più formali: i gradi di formalità sono numerosissimi. Ma non c'è bisogno che impari da subito ad usare attivamente tutte queste espressioni. L'importante, per ora, è che cominci a notare queste differenze.
Per quanto possa sembrare paradossale, la massima che sembra governare l'italiano scritto mediamente formale sembra essere "Non dire con una parola ciò che puoi esprimere con due e non dire in modo troppo esplicito ciò che puoi dire in modo leggermente meno trasparente e facilmente comprensibile". Non bisogna comunque esagerare per non correre il rischio di scrivere frasi pesanti e incomprensibili, se non addirittura ridicole. L'origine di questo fenomeno sembra derivare dal fatto che fino a tempi relativamente recenti la gente parlava in dialetto e usava la lingua italiana scritta quasi esclusivamente per motivi burocratici. Con la diffusione della radio e, successivamente, della televisione, il dialetto ha cominciato ad essere vissuto come più volgare. Si cercava allora di allontanarsene il più possibile. Senza contare che spesso chi scriveva aveva difficoltà ad usare una lingua di cui non era del tutto padrone.
Attualmente i dialetti vengono usati esclusivamente in contesti familiari e informali.

5 Scegli tra gli annunci del punto 1 quello che più ti interessa e scrivi una lettera di candidatura.

6

Ascolta un gruppo di amici che hanno deciso di fondare un'azienda insieme.
Si stanno mettendo d'accordo sul tipo di impresa che vogliono avviare.
Prendi appunti. Com'è l'azienda che decidono di creare? Di cosa si occuperanno?

7

Giochiamo? Anche tu e alcuni tuoi compagni potreste metter su un'azienda.
La Banca Bonacci & Meta finanzia nuove iniziative. Condizione indispensabile è
che ci siano almeno tre soci. Ma attenzione: è meglio non essere più di cinque.
Le società che hanno troppi soci rischiano di funzionare male. Scegli i tuoi
possibili partner e mettetevi d'accordo sulle caratteristiche dell'azienda che
volete aprire: settore di attività, tipo di attività che vorreste svolgere, numero
di addetti, ecc.

● A me piacerebbe creare un'agenzia di pubblicità.
○ Ma ce ne sono già tantissime. E come faremo a trovare i
   clienti?
□ Secondo me è perfettamente possibile, anche se ce ne
   sono tante. Basta fare i prezzi più bassi, soprattutto
   all'inizio, per farci conoscere...
○ Sì, ma chi si fiderebbe di noi?
● Dai, che è un settore appassionante. Basterebbe trovare
   qualcosa che ci renda diversi dagli altri. E il nostro miglior
   biglietto da visita potrebbe essere proprio una buona
   campagna pubblicitaria della nostra agenzia.
□ Certo, bisognerebbe trovare qualcosa di carino e
   originale... Non è facile. Però l'idea mi attira... E poi, con
   gli studi che abbiamo fatto tutti e tre...
○ Perché invece non facciamo qualcosa di totalmente
   diverso? Per esempio, potremmo metter su un'impresa
   di agriturismo...
● No, allora io non ci sto.
□ Aspetta, sentiamo anche la sua idea...

8

La vostra azienda ha bisogno di nuovo personale. Dopo aver deciso le funzioni, la retribuzione, l'orario di lavoro, ecc. delle persone di cui avete bisogno, preparate gli annunci da pubblicare sui giornali, e appendeteli alla lavagna. Magari uno dei tuoi compagni potrebbe essere interessato...

- ● Secondo me ci serve una nuova segretaria. Costanza da sola non ce la fa più. Ormai il lavoro è aumentato molto.
- ○ Sì, sono d'accordo. E ci vorrebbe anche una persona che si occupi soltanto della corrispondenza.
- □ Allora come deve essere la nuova segretaria?
- ● Meglio se ha un po' di esperienza, no?
- □ Sì, certo. Ed è importantissimo che oltre all'italiano parli bene anche l'inglese... Visto che la maggior parte dei clienti sono americani...

9

Non ti senti sicuro o totalmente soddisfatto del tuo attuale lavoro, e senza dir niente ai tuoi colleghi, decidi di provare a trovarne un altro migliore. Cerca tra gli annunci affissi alla lavagna e scegline uno o due che possano fare per te, tenuto conto dei tuoi interessi e della tua preparazione, e scrivi delle lettere e dei curriculum da spedire in busta chiusa. Il tuo insegnante fa da ufficio postale. Ricordati di precisare il tuo recapito postale per le eventuali risposte.

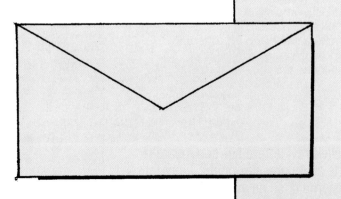

10

Intanto, la vita nella tua azienda continua... Avete ricevuto alcune richieste di lavoro per i posti per i quali avevate messo l'annuncio. Insieme ai tuoi colleghi le leggete e le discutete per vedere se c'è qualcuno che fa al caso vostro. Selezionate le persone che vi possono interessare per intervistarle. Potete scegliere anche più di una persona per ogni posto di lavoro.

● Leggi questa. Sembra molto interessante. È un ragazzo tedesco con tre anni di esperienza in un'azienda come questa...
○ Ma sa parlare l'italiano?
● Dalla lettera, sembrerebbe di sì. E poi nel curriculum dice che l'ha studiato per tre anni...
□ ...

11

Ora fissate delle date per intervistare le persone che avete selezionato. Un consiglio: non fissate le interviste con scadenze troppo brevi, in modo da lasciare tempo alle persone convocate di avvertire al loro attuale lavoro che si dovranno assentare per un giorno, di trovare una scusa, mettersi d'accordo con i colleghi, ecc., o di rispondervi se non possono venire all'appuntamento da voi fissato.

● Quando cominciamo le interviste?
○ Io direi di lasciar passare almeno due o tre settimane... Così siamo sicuri che tutti abbiano ricevuto la nostra lettera e abbiano avuto tempo di organizzarsi e di risponderci...

12

Scrivete delle brevi lettere per convocare le persone che avete preselezionato. Le potete scrivere insieme o, se ne avete molte, distribuirvele e farne un po' per uno.

Se volete, potete anche scrivere delle brevi lettere alle persone che avete deciso di scartare per avvertirle della vostra decisione, magari con qualche motivazione. L'immagine della vostra azienda ne trarrà senz'altro un grande beneficio.

Ecco alcuni esempi di lettera che potete scrivere.

Egr. Dott. Lorenzo Marchesi
Via Oslavia, 95
Firenze

Milano, 23 aprile 1993

Gentile dottor Marchesi,

In riferimento alla Sua lettera del 20 marzo 1993, mi è gradito annunciarLe con la presente che la S.V. è stata preselezionata per il posto di responsabile dell'amministrazione in oggetto. Ho quindi il piacere di invitarLa a un colloquio presso i nostri uffici di Milano, P.le Cadorna, 15, alle ore 15:30 del 5 maggio p.v.

Qualora fosse impossibilitato a venire, La prego di informarmene tempestivamente.

Distinti saluti.

Alessandro Grasso
Responsabile della Divisione
del personale

Gentile Sig.na Maria Coppola
Via Ospedale, 4
Cuneo

Roma, 26 aprile 1993

Gentile signorina Coppola,

In riferimento alla Sua lettera del 5 u.s. la preghiamo di presentarsi presso i nostri uffici di Roma in data 3 maggio 1993 per un'intervista.

Per eventuali informazioni può contattare la Sig.ra Fefè - Ufficio del personale - tel. 06/55.63.13.93

Distinti saluti.

Emma Policano
Direttrice del personale

Egr. Sig. Alessandro Giuliani
Corso della Repubblica, 20
Ascoli Piceno

Firenze, 15 aprile 1993

Gentile signor Giuliani,

In merito alla Sua lettera riguardante il posto di insegnante di dizione presso il nostro istituto, mi rincresce di doverla informare che non è stato possibile tenere in considerazione la Sua candidatura a causa della Sua mancanza di esperienza specifica nel settore. La Sua ampia esperienza nel campo musicale, per quanto interessante, nonché l'aver collaborato alla registrazione dei nastri di un corso di italiano per stranieri non ci sembrano titoli sufficienti per il delicato lavoro di insegnante di dizione.

Terremo la sua domanda nei nostri archivi, e qualora se ne presentasse l'occasione in futuro ci metteremo in contatto con Lei.

Distinti saluti.

Angela Pagano
Direttrice

13

Se sei stato convocato per un'intervista anche tu: inventati
una scusa con i tuoi colleghi, e avvertili che dovrai assentarti.

- ● Lunedì prossimo non posso venire. Devo accompagnare mia moglie dal dottore.
- ○ Non mi dire che aspetti un altro figlio...
- ● Beh... Per ora, diciamo di no...
- □ Ehi, ma lunedì prossimo cominciamo le interviste per il nuovo direttore commerciale...
- ● Lo so, ma purtroppo non posso farci niente. Se non ci andiamo lunedì, dobbiamo aspettare almeno un altro mese...
- □ Ma tua moglie non può andarci da sola?
- ● Certo, potrebbe, ma così mi fai litigare... Starò via solo un paio d'ore. Intanto potete cominciare voi. Poi appena mi libero, arrivo.
- □ E va bene... Anche perché anch'io lunedì pomeriggio ho un problemino...
- ○ Avete deciso di lasciarmi solo?
- □ No... Ehm... Passa da Roma quella mia amica inglese... Sta solo un pomeriggio e una notte. Riparte martedì mattina prestissimo...

14

Insieme ai tuoi colleghi, preparate le interviste. Decidete le cose che vorreste chiedere alle
persone intervistate per farvi un'idea della loro personalità, del loro carattere, della loro
formazione, ecc. e per completare l'immagine che già vi siete formati dal curriculum e dalla
lettera che vi hanno inviato.

- ● Io a questo vorrei chiedere perché vuole lasciare l'azienda in cui lavora adesso...
- ○ Ma lo dice nella lettera, guarda... Ecco: "Non essendo pienamente soddisfatto

della mia attuale retribuzione, vorrei cambiare lavoro."
- ● Ah, non me n'ero accorto. Poi dobbiamo chiedergli se è disposto a viaggiare...

15

Intervistate le persone selezionate, e prendete appunti delle cose più importanti.
Se ne avete molti da intervistare vi potete dividere il lavoro e farne un po' per uno,
ma comunque è meglio se le interviste le fate insieme.
Così ognuno avrà un'idea personale e potrete discutere meglio tra di voi.

Se sei stato convocato anche tu
per un'intervista, ricordati di andare.

- ● Ci può spiegare in cosa consiste il suo attuale lavoro?
- ○ Sì, dunque... Diciamo che mi occupo degli acquisti. Tutto quello che c'è da comprare...

16 Parla con i tuoi colleghi dell'immagine che vi siete fatta delle persone che avete intervistato, e decidete se e a chi offrire il lavoro.

- • A me è piaciuto di più il primo che abbiamo visto... Come si chiama? Sinatra. Dario Sinatra.
- ○ Sì, non era male. Sembrava molto preparato. E l'inglese lo parlava molto

bene. Però anche Donatella Corsetti non era male. E ha un po' più di esperienza.
- □ Io, tra tutti quelli che abbiamo visto preferisco Laura Bruni, peccato che non parla l'inglese...

17 Scrivete delle brevi lettere per informare le persone che avete scartato, e per offrire il lavoro alle persone prescelte.

Ecco un esempio di lettera che potete scrivere.

> Dott.ssa Lucia Panciera
> V.le Angelico, 32
> Roma
>
> Bologna, 10 maggio 1993
>
> Gentile dottoressa Panciera,
>
> In seguito alla nostra intervista del 3 u.s., ho il piacere di annunciarLe con la presente che la S.V. è stata scelta per il posto di bibliotecaria presso il nostro istituto.
>
> Qualora fosse ancora interessata, La prego di mettersi in contatto con il Dott. Gabriele Eminente del nostro Ufficio del Personale per il perfezionamento della pratica di assunzione.
>
> Rimango a Sua disposizione per ogni ulteriore chiarimento.
>
> Distinti saluti.
>
> Alessandra Ferranti
> Amministratore Delegato

18 Se sei stato prescelto per un nuovo lavoro, informa i tuoi soci.

- • Ragazzi, io vi dovrò lasciare.
- ○ Sì, hai ragione, è tardi. Ci vediamo domani.
- • No, non in quel senso... Devo lasciare la società...
- ○ Ma che dici? E perché? Che è successo?

Voglio raccontarti una conversazione che ho sentito questa mattina

Sia in *Uno* che in *Due* abbiamo già incontrato in varie occasioni i diversi aspetti del raccontare. Abbiamo visto anche una serie di altri atti sociali, come chiedere agli altri di fare cose, dare consigli, ecc. Vediamo ora insieme come possiamo raccontare ad altri le conversazioni a cui abbiamo partecipato o che abbiamo sentito.

1 Copri il testo, ascolta il dialogo una o due volte e prendi appunti. Poi cerca di riassumerlo.

● Signorina, ha portato il libro?
○ Sì, direttore, certo...
● Beh? E dov'è allora?
○ Vorrei prima chiarire alcune cose, poi le darò questo libro... così importante per lei.
● Ah, ho capito! Lei probabilmente vuole degli altri soldi...
○ No, non ha capito proprio nulla, invece. Lei sa benissimo che se accetto questa manovra sporca è solo per mio marito... Se e cosa voglio glielo dirò tra un momento, ma prima mi ascolti bene...
● Guardi che...
○ Cosa vuole fare? Cosa può fare? Vuole chiamare la polizia? Mi ascolti, per favore e per una volta... Almeno per una volta stia in silenzio. Sono anni che sopporto i suoi ricatti, le sue richieste, e sempre per amore della mia famiglia, per non fare del male a chi ha già sofferto così tanto...
● Andiamo... Cosa vuole fare?
○ Niente. Niente soldi. Voglio solo la garanzia che questa è l'ultima volta che mi chiede un favore del genere...
● D'accordo. È l'ultima volta. Ora per favore voglio vedere il libro...
○ No, non ho finito...
● Ancora? Cos'altro c'è?
○ Voglio vedere Gino Perlasca personalmente.
● Cosa? Ma è impazzita? E come? Dove?
○ Come non lo so. Deve pensarci lei. Dove è semplice: qui, nel suo ufficio.
● Qui? Ma lo vedrebbero tutti!
○ E allora? Trovi lei un modo.
● Non è proprio possibile... No, non è possibile... Gino non accetterà mai di vederla.
○ Sì che accetterà. Lei gli dica che Emma vuole incontrarlo, come ai vecchi tempi...
● Emma? Ma chi è Emma?
○ Emma sono io, direttore. Davvero lei crede di sapere tutto?
E non si chiede come mai io posso avere questo libro così facilmente?
● Emma... Emma... Emma Scaligeri, la bionda scomparsa nel 1964...
○ Ecco il suo libro. Ora prenda quel telefono e chiami subito Gino. Gli dica che Emma, la sua Emma, è qui che lo aspetta.

2

Ora leggi questa lettera di Sandro, che senza volerlo si è trovato ad ascoltare la conversazione che abbiamo appena sentito.

Carissimo Pietro,
ti scrivo dopo tanto tempo dalla tua ultima lettera e un po' me ne vergogno, ma scusami, ti prego, ho sempre tanto da fare... Scusa se ti scrivo a macchina, ma il fatto è che sono molto turbato perché mi è successa una cosa molto strana questa mattina, al lavoro. Mi tremano ancora le mani e non riesco a scrivere. Non so cosa pensare e con chi parlarne, allora ho deciso di scrivere a te che conosci tutti così bene in quella tipografia, dopo 35 anni di servizio. Forse è per questo che te ne sei andato. Solo ora ci sto pensando. Comunque voglio raccontarti una conversazione a cui ho assistito ma che non avrei dovuto sentire, come capirai tra poco...
Ero entrato nell'ufficio del direttore per fargli vedere una proposta che era appena arrivata, e siccome lui non c'era sono andato sul suo terrazzino, quello che si affaccia sull'orto del monastero che è lì dietro. La giornata era bella e così limpida che mi sono distratto e quando mi sono accorto che era entrato il direttore ormai era troppo tardi per farmi vedere, perché insieme a lui era entrata anche Laura, Laura dell'amministrazione. Cioè, quella che tutti conoscono come Laura, Laura Mucci, ma che non è Laura, ormai lo so. Anche se non capisco.
Il direttore, che è sempre così gentile con tutti, era freddo, e anche molto duro. Senza neanche salutarla le ha chiesto di dargli un libro, un libro misterioso che io non potevo certo vedere. Lei ha risposto di sì, ma che prima di consegnarglielo voleva chiarire alcune cose. Lui ha subito concluso che lei volesse dei soldi ma si sbagliava, perché lei gli ha detto che invece i soldi non le interessavano per niente e che se accettava dei ricatti era solo per suo marito. Ma Laura Mucci non è nubile? È sposata? Tu sai qualcosa?
Lei che è sempre così dolce e sorridente è diventata ancora più fredda del direttore. Lo ha minacciato e ha detto che gli avrebbe dato il libro a due condizioni: primo, che quella doveva essere l'ultima volta che le chiedeva qualcosa, e la seconda, che voleva incontrare un certo Gino Perlasca. Il direttore era assolutamente sconvolto, continuava a dire che era impossibile e che non poteva certo portarlo lì, nel suo ufficio, ma lei... lei così forte, determinata, non ha voluto accettare nessuna scusa e per convincerlo gli ha detto chi è lei veramente: il suo vero nome è Emma Scaligeri. Questo nome deve aver colpito molto il direttore, e sono sicuro che non gli era nuovo perché tutto ad un tratto sembrava aver capito tutto, ma non ha spiegato nulla esplicitamente. Ha solo parlato di una bionda scomparsa nel 1964. Comunque, era chiaro che Gino Perlasca e Emma Scaligeri si conoscono da tanti anni. Poi, lei, Laura, cioè Emma (cioè, non so più chi è) ha ordinato al direttore di telefonare a questo Perlasca e di farlo andare lì subito.
Poi non ho sentito più niente, perché mi sono spaventato. Allora sono sceso giù, nell'orto del monastero e sono passato da fuori.
Ti prego, Pietro, sono sicuro che tu puoi aiutarmi. Scrivimi al più presto, spiegami, raccontami quello sai, o io non riuscirò più a dormire. Chi è Emma Scaligeri? Chi è Gino Perlasca? Chi è il direttore? Cosa c'è dietro tutto questo?
Aspetto un tuo racconto. Il tuo caro amico,

Sandro

Hai notato che nel raccontare la conversazione Sandro modifica in vari modi le parole che ha sentito per inserirle nel suo discorso, cioè nella sua lettera?
Ci sono parole che cambiano, cose che vengono reinterpretate, cose che vengono tralasciate.

Ascolta di nuovo il dialogo paragonandolo al racconto che se ne fa nella lettera e cerca di individuare i cambiamenti.

E i tuoi compagni quali cambiamenti hanno notato? Sono gli stessi che hai notato tu? Parlatene.

UNITÀ 17

3 Guarda questo.

Nel passaggio dal discorso diretto al discorso riferito è importante osservare tutti gli elementi che si definiscono in relazione al momento e all'atto dell'enunciazione. Infatti, col cambiare della situazione e della persona che parla, per non alterare il significato delle parole riferite, e affinché i referenti siano gli stessi del discorso diretto di partenza, bisogna adattare diversi elementi alla nuova situazione di enunciazione. In particolare, bisogna controllare ed eventualmente modificare le seguenti categorie di parole:

- pronomi personali soggetto e complemento
- possessivi
- dimostrativi
- riferimenti temporali
- riferimenti spaziali
- persone dei verbi
- tempi verbali

È importante notare che nel discorso riferito queste parole continuano a funzionare nel loro modo abituale, ma adattate alla nuova situazione.

Ora riprendete i cambiamenti che avete individuato nel passaggio dal discorso diretto alla lettera, e osservate di che categorie di parole si tratta.

4 Vuoi fare un po' di pratica?
Ascolta i dialoghi e sottolinea le parole che potrebbero cambiare.

A

- Oh che carino! È suo?
- ○ Sì, l'ho comprato a Venezia, tanti anni fa...
- Io ne ho uno uguale, però questo è molto più carino.

B

- Ciao. Ieri sera ti ho visto mentre andavi via. Ti ho chiamato ma non mi hai risposto.
- ○ Oh, mi dispiace, non ti ho proprio sentito.

C

- OK. Io vado. Domani che fai?
- ○ Ti volevo dire che domani non ci possiamo vedere...

D

- Dov'è la mia borsa?
- ○ Ah, non lo so! Se non lo sai tu dove la metti! Te la perdi sempre!

E

- Chi sono quei bambini?
- ○ Quello è Nico, mio figlio, e quello è Robertino, un suo amico.

F

- Laggiù ci sono dei dolci e dei giochi per voi.

G

- Indovina un po' chi ho incontrato!
- ○ Non lo so... dove?
- Proprio qui sotto, un minuto fa... Andrea Carini!
- ○ Andrea? Quello che lavora con te a Bari?
- Eh!
- ○ E che ci fa qui a Roma?

5

Come cambieresti le parole che hai sottolineato nei dialoghi del punto 4
in ognuna delle seguenti eventualità? Parlane con un tuo compagno.

> se a riferire ogni dialogo fosse uno degli interlocutori
> partecipanti al dialogo (decidi tu quale)

> se a riferire i dialoghi fossi tu, ascoltatore esterno

> se i dialoghi venissero riferiti la sera dello stesso giorno

> se i dialoghi venissero riferiti il giorno dopo

> se i dialoghi venissero riferiti dopo un mese

> se i dialoghi venissero riferiti nello stesso posto in cui
> sono avvenuti

> se i dialoghi venissero riferiti in un luogo diverso da
> quello in cui sono avvenuti

Hai notato che in alcuni casi non vi sono modifiche e in altri sì?
Sono soggetti a cambiamento soltanto quegli elementi che si
riferiscono a coordinate diverse nella nuova situazione di enunciazione.

6

Ora parliamo un po' dei tempi verbali.

Per capire come si modificano i verbi
nel passaggio dal discorso diretto
al discorso riferito bisogna innanzitutto domandarsi
che tipo di atto si sta effettuando.

Quando riferiamo una domanda che richiede
una risposta del tipo sì/no

| domandare/chiedere | se | + | verbo coniugato |

• Le ha chiesto se aveva portato il libro.

Quando riferiamo una domanda che richiede
un'informazione mancante

| domandare/chiedere | + | informazione richiesta |

• Mi ha domandato l'ora.

• Mi ha chiesto dove abito.

UNITÀ 17

Nei registri più formali o colti il verbo coniugato che segue
domandare e **chiedere** nelle domande riferite va spesso al *congiuntivo*.

- Le ha chiesto se avesse portato il libro.
- Ogni volta che mi vede mi domanda come mi chiami e se ti conosca.
- Mi ha chiesto dove abitassi.

Tuttavia, un numero sempre maggiore di parlanti trovano artificiali e forzati molti di questi usi.

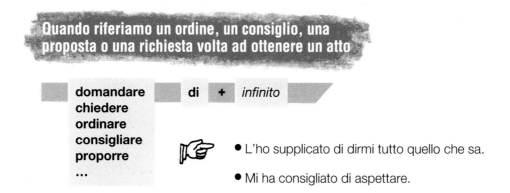

**Quando riferiamo un ordine, un consiglio, una
proposta o una richiesta volta ad ottenere un atto**

domandare			di	+	*infinito*
chiedere					
ordinare					
consigliare					
proporre					
...					

- L'ho supplicato di dirmi tutto quello che sa.
- Mi ha consigliato di aspettare.

7

Come riferiresti questi scambi di battute? Immagina di essere un
osservatore esterno che le riferisce poco dopo.

A
- Senta, scusi!
- ○ Sì?
- Stiamo facendo un'inchiesta sulle
  automobili. Possiamo farle delle
  domande?

B
- Mi scusi, questa macchina è sua?
- ○ No, mi spiace.
- Senta, questa macchina è sua?
- □ Sì, mi scusi, la sposto subito.
- Ma sono dieci minuti che la cerco! Si
  sbrighi! Io devo uscire!

C
- Quanti anni hai?
- ○ Trentadue, e tu?

D
- Ho freddo, ti dispiace chiudere la
  finestra?

E
- Mi passi quel libro, per favore?

F
- Che facciamo? Andiamo al cinema?

G
- Dammi retta, non aspettare che ti richiami
  lei. Chiamala tu, oggi stesso.

8

Ma non sempre cambiano i tempi verbali.
L'hai notato, nella lettera del punto 2?
Rileggi ancora una volta il testo
paragonandolo al dialogo, e trascrivi i verbi
per i quali è cambiato il tempo verbale e
quelli rimasti nello stesso tempo.

verbi rimasti nello stesso tempo

verbi che sono cambiati

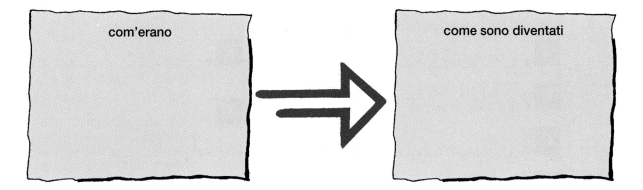

Riesci a capire in quali casi cambiano i tempi verbali e in quali rimangono invariati? Parlane con i tuoi compagni e con il tuo insegnante.

9 Guarda questo.

Quando il verbo viene utilizzato per dare informazioni, nel riferire le parole di altri il tempo verbale cambia se è cambiato il rapporto temporale dell'azione rispetto al momento dell'enunciazione. Altrimenti può rimanere invariato.

Guarda come può essere riferito questo dialogo.

● Gianni!
○ Paolo! Ciao, come va? È un secolo che non ci vediamo!
● Eh, sì, è proprio tanto. Come stai?
○ Benone, grazie, e tu?
● Mah, diciamo bene... Cioè... Sono molto stanco. Mi sono successe tante cose. Sai, ho cambiato lavoro.
○ Ma davvero? E come mai?

● Ieri mattina ho incontrato Paolo.
○ Davvero? E come sta? È tanto che non ci sentiamo.
● Mi sembra che stia bene. Era solo un po' stanco. Mi ha detto che gli sono successe tante cose, che ha cambiato lavoro...
○ Come mai? Si trovava così bene...

Presente

| **Sono** stanco |

➡ *Imperfetto*

| **Era** stanco |

La persona che parla presenta l'informazione come un fatto relativo al momento della prima conversazione, e non come qualcosa di valido anche nel momento in cui lo racconta, cioè il giorno dopo.

Passato prossimo

| **Ho cambiato** lavoro |

➡ *Passato prossimo*

| **Ha cambiato** lavoro |

La persona che parla indica che per lei le condizioni non sono mutate, e che riguardo a quest'informazione *ieri* e *oggi* sono sostanzialmente la stessa cosa.

UNITÀ 17

10 Guarda questi frammenti di dialoghi, contenenti delle informazioni. Cambieranno i verbi nel discorso riferito o rimarranno invariati? Parla con un tuo compagno delle diverse possibilità. Prima però ricordatevi di definire bene la situazione in cui erano state date le informazioni, e quella in cui vengono riferite!

A
- Abito a Bologna, in via San Vitale.

B
- Ora lavoro in un bar.

C
- Guarda, questo libro è scritto in italiano.

D
- In questo corso usiamo un libro che si chiama *Due*.

E
- L'Italia ha una superficie di 301mila chilometri quadrati circa.

F
- Non posso venire da te questo pomeriggio, perché ho la gamba ingessata. La settimana scorsa sono caduto e me la sono rotta. Se vuoi, vieni tu da me.

11 Inoltre, la persona che parla spesso decide di cambiare il tempo verbale anche quando non vi è stato un mutamento chiaro delle condizioni, per sottolineare il fatto che sta riferendo parole di altri. Al contrario, quando mantiene lo stesso tempo fa sue le informazioni che riferisce, e cancella in parte il fatto che vi sia stata trasmissione di informazioni. Osserva questo dialogo.

- Hai visto Gianni?
- No, oggi non viene. Ha appena chiamato. Sta male e non se la sente di uscire. Se vuoi chiamalo.
- ...Non c'è.
- Ah, non lo so. A me ha detto che era a casa e che non se la sentiva di uscire.

Le cose dette al *presente* (per parlare del presente) possono dunque essere riferite al *presente* o all'*imperfetto*. Si usa l'*imperfetto* quando sono mutate le condizioni, o quando si vuole sottolineare il fatto che si stanno riferendo parole dette da altri (ad esempio, quando la persona che parla non è convinta di ciò che riferisce).

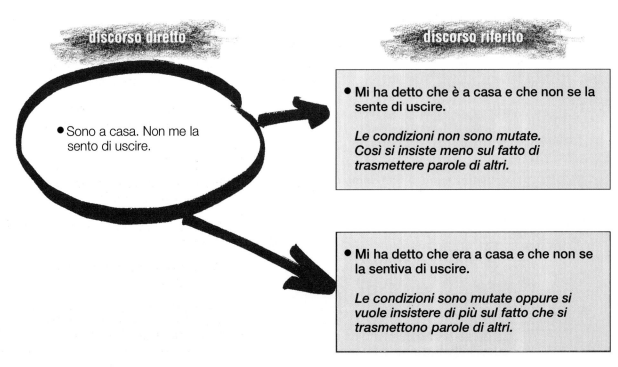

discorso diretto

- Sono a casa. Non me la sento di uscire.

discorso riferito

- Mi ha detto che è a casa e che non se la sente di uscire.

  Le condizioni non sono mutate. Così si insiste meno sul fatto di trasmettere parole di altri.

- Mi ha detto che era a casa e che non se la sentiva di uscire.

  Le condizioni sono mutate oppure si vuole insistere di più sul fatto che si trasmettono parole di altri.

Le cose dette al passato vengono riferite con lo stesso tempo verbale se le facciamo nostre e non ci interessa soffermarci sul fatto che vi sia trasmissione di informazioni. Vengono riferite, invece, al *trapassato prossimo* se si vuole sottolineare che c'è trasmissione di informazioni, mettendo in risalto il momento della prima enunciazione.

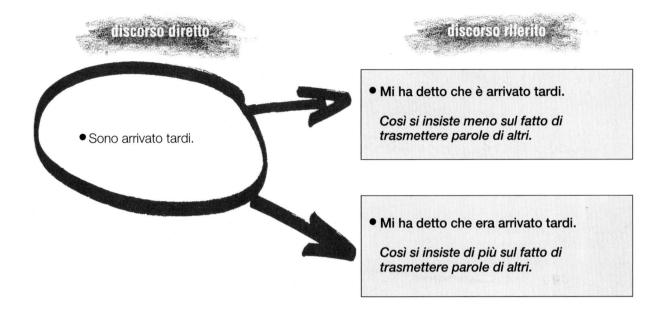

discorso diretto

- Sono arrivato tardi.

discorso riferito

- Mi ha detto che è arrivato tardi.

  Così si insiste meno sul fatto di trasmettere parole di altri.

- Mi ha detto che era arrivato tardi.

  Così si insiste di più sul fatto di trasmettere parole di altri.

Anche le cose che si riferiscono al futuro possono essere riferite in due modi: se le condizioni sono mutate, e si tratta di cose che ormai non si riferiscono più al futuro, e che sono cioè future soltanto rispetto al momento del passato in cui sono state dette, si esprimono al *condizionale composto*. Se le condizioni sono le stesse e si tratta sempre di cose che si riferiscono ancora al futuro si può mantenere lo stesso tempo verbale, oppure usare il *condizionale composto* per sottolineare che vi è trasmissione di parole di altri.

discorso diretto

- Arrivo domani mattina.

- Domenica prossima andremo in campagna.

discorso riferito

- Ha detto che arriva domani mattina.

- Ha detto che domenica prossima andranno in campagna.

  Le condizioni non sono mutate. Così si insiste meno sul fatto di trasmettere parole di altri.

- Ha detto che sarebbe arrivato stamattina/ieri mattina.

- Ha detto che sarebbe arrivato domani mattina.

- Ha detto che sarebbero andati in campagna.

  Le condizioni sono mutate oppure si vuol insistere di più sul fatto di trasmettere parole di altri.

UNITÀ 17

12 Ma nel passaggio dal discorso diretto al discorso riferito, oltre a tutte le trasformazioni affrontate fin qui, utilizziamo un certo numero di verbi particolari per inserire le parole riferite all'interno del nostro discorso. Eccone alcuni che abbiamo già visto.

Dire, domandare, chiedere, ordinare, consigliare, proporre, supplicare ...

Ne conosci altri? Completa la lista e poi parlane con i tuoi compagni e con il tuo insegnante.

13 Hai notato che con ognuno di questi verbi la persona che parla mostra un atteggiamento diverso riguardo alle cose che riferisce? Riesci a percepire bene le diverse sfumature? Parlane con i tuoi compagni e con il tuo insegnante.

14 Riprendiamo ancora una volta il discorso sulle consonanti doppie, tenendo conto però del fenomeno del rafforzamento sintattico.
Ascolta la cassetta e trascrivi tutte le parole che contengono una consonante doppia. Poi leggi ad alta voce le parole che hai scritto.

Ha chiamato la dottoressa Rocchi.
Ti richiama lei stasera

Nell'unità precedente abbiamo visto i principali aspetti formali del discorso riferito. Ma le situazioni come quella in cui si trova Sandro sono molto rare. Vediamo cosa avviene nella realtà.

1 Leggi questi biglietti. Se ci sono cose che non capisci, chiedi aiuto al tuo insegnante.

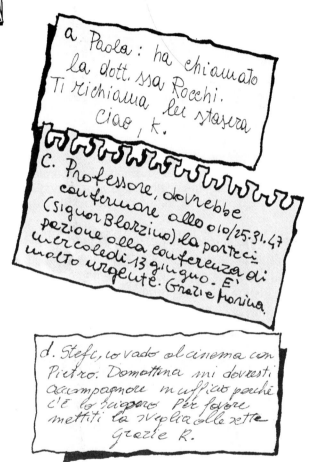

a. Paola: ha chiamato la dott.ssa Rocchi. Ti richiama lei stasera. ciao, K.

c. Professore, dovrebbe confermare allo 010/25.31.47 (signor Blorzino) la partecipazione alla conferenza di mercoledì 13 giugno. È molto urgente. Grazie Marina.

d. Stefi, io vado al cinema con Pietro. Domattina mi dovresti accompagnare in ufficio perché c'è lo sciopero. Per favore mettiti la sveglia alle sette. Grazie R.

b. AMORE HO INCONTRATO DARIO: CI HA INVITATO A CENA PER MERCOLEDÌ SERA. VUOLE UNA RISPOSTA AL PIÙ PRESTO !!! TORNO VERSO LE NOVE. LA CENA È IN FRIGO. BACI, G.

e. TI HO ASPETTATO IN PIEDI FINO ALLE 11. HO VISTO ANDREA E MI HA DETTO CHE CARLO HA DEI PROBLEMI. QUANDO TORNI SVEGLIAMI (A QUALUNQUE ORA! OK) GIACOMO

2 Ora ascolta i dialoghi. A quale dei biglietti che hai appena letto corrisponde ognuno?

Dialogo	Biglietto
——	——
——	——
——	——
——	——
——	——

3

Hai notato che nei biglietti del punto 1 non vengono trascritte tutte le parole dei dialoghi? Ascolta di nuovo le registrazioni rileggendo per ogni dialogo il messaggio corrispondente e cerca di notare le variazioni. Prendi appunti.

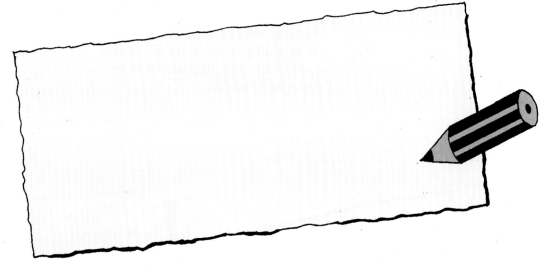

E i tuoi compagni? Hanno osservato le stesse modifiche? Parlatene. Se volete potete utilizzare le trascrizioni dei dialoghi alla fine del libro.

Oltre ai cambiamenti che abbiamo visto nell'Unità 17, avete dunque notato che non si ripete o riferisce tutto, bensì il succo di quanto viene detto, il significato che attribuiamo noi alle parole ascoltate. Anzi, nel riferire una conversazione usiamo spesso parole totalmente diverse, che esprimono il modo in cui noi interpretiamo le parole sentite.

4

È fondamentale, dunque, saper interpretare bene l'intenzione con cui sono state dette le parole che riferiamo. Ti vuoi allenare? Come riferiresti queste brevi conversazioni? Ascoltale e per ognuna scegli l'opzione che ti sembra più giusta. Se ce ne sono diverse che ti sembrano adeguate, parla con i tuoi compagni e con il tuo insegnante delle differenti sfumature che esprimono, e dei contesti in cui sceglieresti ognuna delle possibilità.

A

- Hai comprato il giornale?
- Sì, certo. È nella borsa nera.

B

- Scusi, sa che ore sono?
- Sì... le dieci meno un quarto.

C

- Ti va di andare al cinema?
- OK. Cosa andiamo a vedere?

D

- Uff... ti avevo detto di non mettere la pentola bollente sul tavolo bianco... Guarda qui! Tutto nero... Ora come faccio?

E

- Mi potresti portare quella valigia giù al portone?
- Quale? Questa grande o quella verde?
- No, no, non questa. Quella grande.

F

- Ho un sonno... tu non vuoi un caffè?
- Sì, ora lo preparo.

G

- Signorina, non crede che questo progetto sia un po' troppo costoso per un'impresa come la nostra?
- No, non credo. Credo che sarebbe ottimo per ridare credibilità all'azienda.

H

- Mamma, hai visto il mio orologio?
- È nell'ingresso. Ma è possibile che non ti ricordi mai dove lo metti?

A

Le ha chiesto il giornale. ☐

Le ha chiesto se ha/aveva comprato il giornale. ☐

Le ha chiesto se avesse comprato il giornale. ☐

Le ha chiesto dov'è/era il giornale e lei ha risposto che è/era nella borsa nera. ☐

Le ha chiesto dove fosse il giornale e lei ha risposto che è/era nella borsa nera. ☐

B

Gli ha chiesto se sapeva che ore fossero e lui ha risposto di sì ed ha aggiunto che erano le dieci meno un quarto. ☐

Gli ha chiesto se sapeva che ore erano e lui ha risposto di sì ed ha aggiunto che erano le dieci meno un quarto. ☐

Gli ha chiesto se sapesse l'ora e lui ha risposto di sì ed ha aggiunto che erano le dieci meno un quarto. ☐

Gli ha chiesto se sapesse l'ora e lui ha risposto che erano le dieci meno un quarto. ☐

Gli ha chiesto che ora era e lui gli ha detto che erano le dieci meno un quarto. ☐

Gli ha chiesto l'ora e lui ha risposto che erano le dieci meno un quarto. ☐

Gli ha chiesto l'ora. ☐

C

Lui le ha chiesto se le andava di andare al cinema e lei gli ha detto di sì e gli ha chiesto cosa andavano a vedere. ☐

Lui le ha chiesto se le andasse di andare al cinema e lei gli ha detto di sì e gli ha chiesto cosa andassero a vedere. ☐

Lui le ha chiesto se le andava di andare al cinema e lei gli ha risposto di sì e gli ha chiesto cosa andavano a vedere. ☐

Lui le ha chiesto se le andasse di andare al cinema e lei gli ha risposto di sì e gli ha chiesto cosa andassero a vedere. ☐

Lui le ha proposto di andare al cinema e lei ha accettato. ☐

Lui le ha proposto di andare al cinema e lei gli ha detto di sì. ☐

Lui le ha proposto di andare al cinema e lei ha accettato e gli ha chiesto cosa andavano a vedere. ☐

Lui le ha proposto di andare al cinema e lei ha accettato e gli ha chiesto cosa andassero a vedere. ☐

Lui le ha proposto di andare al cinema e lei ha accettato e gli ha chiesto cosa sarebbero andati a vedere. ☐

D

Gli ha detto che gli aveva detto di non mettere la pentola bollente sul tavolo bianco e gli ha detto di guardare come è diventato tutto nero. Poi gli ha chiesto cosa faceva lei ora. ☐

Gli ha ricordato che l'aveva avvertito di non mettere la pentola bollente sul tavolo bianco e gli ha fatto notare come è diventato tutto nero. Poi gli ha chiesto cosa doveva fare lei ora. ☐

L'ha rimproverato perché ha messo la pentola bollente sul tavolo bianco sapendo che il tavolo sarebbe diventato tutto nero. ☐

L'ha rimproverato perché ha messo la pentola bollente sul tavolo bianco e il tavolo è diventato tutto nero. ☐

L'ha rimproverato perché ha messo la pentola bollente sul tavolo bianco e il tavolo è diventato tutto nero, e l'aveva avvertito che sarebbe successo. ☐

Si è arrabbiata perché lui ha messo la pentola bollente sul tavolo bianco e il tavolo è diventato tutto nero e lei l'aveva avvertito di non farlo. ☐

L'ha sgridato perché lui ha messo la pentola bollente sul tavolo bianco, che è diventato tutto nero, e si è angosciata perché non sapeva come fare a far tornare il tavolo come prima. ☐

E

Lei gli ha chiesto se le poteva portare la valigia grande al portone. ☐

Lei gli ha chiesto se le poteva portare la valigia al portone, lui le ha chiesto quale e lei ha precisato che si trattava della valigia grande. ☐

Lei gli ha chiesto di portarle la valigia al portone. ☐

Lei gli ha chiesto di portarle la valigia al portone, che si trovava giù. ☐

Lei gli ha chiesto di portarle la valigia al portone che si trovava giù. Allora lui lei ha chiesto di specificare quale delle due valigie e lei ha precisato che si riferiva a quella grande. ☐

Lei gli ha chiesto di portarle la valigia al portone che si trovava giù. Allora lui le ha chiesto di specificare se intendeva quella grande o quella verde e lei ha precisato che non si riferiva a quella verde bensì a quella grande. ☐

F

Lei ha detto che aveva un sonno e gli ha chiesto se non voleva un caffè e lui ha risposto di sì, ed ha aggiunto che lo avrebbe preparato. ☐

Lei ha detto che aveva molto sonno e gli ha chiesto se non voleva un caffè e lui ha risposto di sì, ed ha aggiunto che lo stava per preparare. ☐

Lei ha detto che aveva molto sonno e gli ha chiesto un caffè. ☐

Lei ha detto che aveva molto sonno e gli ha chiesto un caffè e lui ha risposto di sì, ed ha aggiunto che lo stava per preparare. ☐

Lei ha detto che aveva molto sonno e gli ha offerto un caffè. ☐

Lei ha detto che aveva molto sonno e gli ha proposto un caffè. ☐

Lei aveva molto sonno e gli ha chiesto un caffè. ☐

G

Lui le ha chiesto se non credeva che il progetto fosse un po' troppo costoso per la loro azienda e lei ha risposto di no ed ha aggiunto che credeva che sarebbe stato ottimo per ridare credibilità all'azienda. ☐

Lui ha espresso i suoi dubbi sul progetto perché gli sembrava un po' troppo costoso per l'azienda ma lei lo ha difeso aggiungendo che sarebbe stato ottimo per ridare credibilità all'azienda. ☐

Lui ha criticato il progetto perché gli sembrava un po' troppo costoso, ma lei lo ha difeso argomentando che avrebbe ridato credibilità all'azienda. ☐

Lui l'ha rimproverata perché il progetto gli sembrava troppo costoso per le loro possibilità, ma lei si è difesa dicendo che così almeno avrebbero recuperato un po' di credibilità. ☐

H

Il ragazzo ha chiesto alla mamma dov'era il suo orologio. ☐

Il ragazzo ha chiesto alla mamma dov'era il suo orologio e la mamma ha risposto che si trovava nell'ingresso e l'ha rimproverato perché non si ricorda mai dove lo mette. ☐

Il ragazzo ha chiesto alla mamma dov'era il suo orologio e la mamma ha risposto seccata perché lui non si ricorda mai dove lo mette. ☐

Il ragazzo ha chiesto il suo orologio alla mamma e lei ha risposto che si trovava nell'ingresso. ☐

E i tuoi compagni come hanno risposto? Avete segnato le stesse risposte? Parlatene, spiegando le vostre scelte.

Hai notato che in molti casi la scelta tra i diversi modi di riferire un discorso dipende in gran parte dal perché lo si racconta? Da questo dipendono, infatti, il tipo di registro scelto (più o meno formale) e la quantità di dettagli che decidiamo di dare.

5

Ora prova tu insieme a un tuo compagno a riferire i dialoghi registrati.

6 Ci sono molte parole che spesso non vengono riferite tali e quali. Servono semplicemente a far capire l'intenzione comunicativa o l'atteggiamento con cui si dice qualcosa.

Eccone alcune. A cosa servono? Come le riferiresti? Parlane con i tuoi compagni e con il tuo insegnante. Se volete potete inventare brevi scambi di battute in cui usate queste espressioni.

sai
veramente
mah
il fatto è che
davvero?
senti, scusa

mamma mia!
macché!
dici?
certo
forza!
dai!

UNITÀ 18

7 Ti vengono in mente altre espressioni di questo tipo? Sfogliando il libro, cercane altre e prepara un elenco. Se volete, potete fare una gara: chi di voi ne trova di più in cinque minuti vince.

8 Hai notato che in molti casi vengono usati dei verbi particolari, che servono proprio a riassumere e interpretare un breve scambio di battute? Prova a fare una lista di tutti quelli che conosci.

INVIARE

MINACCIARE

INSULTARE

. . .

9  Alcuni di questi verbi si riferiscono a scambi di battute più puntuali ed altri sono più generici. Avrai senz'altro notato, inoltre, che ci sono diversi modi di fare la cosa espressa da ognuno dei verbi dell'elenco che avete appena preparato. Perché non provi, insieme ai tuoi compagni e al tuo insegnante, a immaginarne alcuni? Cercate di inventare diversi brevi dialoghi che potrebbero essere riassunti/interpretati con ognuno dei verbi che avete appena visto.

10 Nell'attività precedente è probabile che in alcuni casi non foste d'accordo e abbiate dovuto discutere e argomentare le vostre posizioni. Infatti, come avrai già notato, il discorso riferito non sempre è obiettivo. Molto spesso riferiamo quello che ci ha colpiti di più, che ci serve o ci interessa nel momento in cui ci troviamo, a seconda del motivo per il quale abbiamo deciso di riferire un discorso precedente. Inoltre, nella scelta degli elementi che decidiamo di trasmettere, influiscono fortemente anche il nostro atteggiamento nei confronti delle persone coinvolte nel discorso che stiamo riferendo, l'argomento di cui si parla, il nostro umore del momento e una serie di altri fattori. Insomma, lo stesso dialogo può essere riferito in molti modi diversi. Eccone un esempio.

 Ascolta il dialogo. Se hai studiato con *Uno* già lo conoscerai, ma non importa. Prendi appunti. Poi, insieme a un tuo compagno, provate a raccontarlo.

Ora ascolta i protagonisti di una discussione che riguarda il dialogo che hai appena sentito. Dicono le stesse cose? Chi ha ragione? Parlane con i tuoi compagni e con il tuo insegnante.

Se avete difficoltà a seguire tutto quello che dicono, leggete la trascrizione dei dialoghi alla fine del libro.

A quale conclusione siete arrivati?

In fondo nessuno ha ragione e tutti hanno ragione, perché il discorso riferito è un fatto prettamente soggettivo. Siete d'accordo?

11

Naturalmente, oltre al nostro atteggiamento nei confronti delle persone e delle cose di cui parliamo, sul discorso che riferiamo influisce anche il modo in cui vengono dette le cose. Come riferireste i seguenti dialoghi mettendo in evidenza i diversi modi di dire le cose? Parlane con un tuo compagno.

A1

● Signorina Patrizia, io sto uscendo. Ci vediamo domani per finire questo lavoro. L'aspetto qui alle otto.

A2

● Signorina Patrizia, io ora devo andare a casa.
○ Va bene dottoressa, vada pure, qui ci penso io.
● Ah, senta. Non è che lei domani potrebbe venire prima per finire questo lavoro?
○ Va bene. A che ora?
● Non so, alle otto per esempio...

B1

● Papà, io prendo la macchina, ciao.

B2

● Papà, ti volevo chiedere un favore.
○ Dimmi...
● Stasera mi puoi prestare la macchina? Sai, devo uscire con Marta e la sua è rotta.

C1

● E tu che macchina hai?
○ Io una FIAT Uno, perché?
● Così, per curiosità. Io l'ho avuta la Uno, però non mi piaceva proprio. Sai, col bambino... Senza sportelli dietro... Un disastro! L'ho cambiata appena ho potuto! Poi, senti, io trovo che è poco elegante... È da donna volgare!

C2

● E tu che macchina hai?
○ Io una FIAT Uno, perché?
● Così, per curiosità. Io l'ho avuta la Uno, poi la famiglia è cresciuta e mi sono dovuta comprare una macchina più grande.

D1

● Che caldo! Bisognerebbe aprire la finestra...

D2

● Ma che caldo! Gaia, apri la finestra, dai.

12

A volte nell'interpretare le parole degli altri mettiamo del nostro, e attribuiamo agli altri intenzioni che non avevano: sono i cosiddetti malintesi, sui quali influiscono in modo notevole le nostre emozioni, la nostra personalità, le nostre esperienze passate, ecc. Tutti questi elementi ci portano a interpretare le cose in un modo o in un altro. A te è mai capitato? Ricordi qualche malinteso avuto con altri per cose dette e interpretate male? Raccontalo a un tuo compagno. Cosa era stato detto? Com'è stato interpretato? A cosa era dovuto il malinteso?

13

Ma i malintesi e le discussioni con gli altri non sono sempre dovuti a un'errata interpretazione delle loro parole. Spesso sono causati da una nostra dimenticanza. Ti è capitato recentemente di discutere con qualcuno per qualcosa che ti aveva detto e di cui ti sei dimenticato? Come si è risolto il problema? Parlane con un tuo compagno.

14

Conosci il gioco del telefono? Perché non ci giochi con i tuoi compagni? Cercate di coinvolgere tutta la classe. Poi paragonate il messaggio iniziale con quello finale. Sono uguali? Cos'è cambiato?

15

Ascolta le frasi. Quante "consonanti doppie" senti in ciascuna? Attenzione: tieni conto anche del rafforzamento sintattico.

La notizia non è stata smentita

1 Leggi questo articolo tratto dal *Corriere della Sera*.

LA STORIA

Alessandra, 9 anni e 97 reati: il dramma degli zingarelli

ROMA — Alessandra, nove anni e 97 precedenti penali. Tutti per borseggio lungo via dei Fori Imperiali. L'hanno presa quasi sempre con le mani nelle tasche di qualche turista di passaggio, e ogni volta l'hanno dovuta rimandare a «casa», nel campo nomadi dove viveva. Adesso Alessandra è scomparsa. Forse la sua famiglia è emigrata a Firenze, dove sono fuggiti in tanti dopo il giro di vite dell'anno scorso. La storia di Alessandra fa impressione per via dell'infinito numero di denunce che ha collezionato. Ma fra le carte della Procura dei minori si trova anche di peggio.

Nel 1992 ad esempio sette dei 2287 ragazzini fermati avevano meno di 6 anni, 23 li avevano appena compiuti. Alcuni dei sette piccoli erano stati sorpresi mentre cercavano, assieme ad altri più grandi, di svaligiare appartamenti. Ma la statistica dice che, oltre a questo gruppo, ce n'erano 43 di sette anni, 109 di otto, 121 di nove, 182 di dieci, 229 di undici, 216 di dodici, 389 di tredici. Ed è proprio quella dei 13 anni, l'età considerata ottimale per chi li sfrutta: già «vecchi del mestiere», ma non ancora imputabili.

Vengono svegliati all'alba, messi in piedi per forza, sparpagliati sul territorio e controllati a distanza mentre «lavorano» negli appartamenti, per la strada con la mano tesa, o con quella «di velluto», tra i turisti. E se la sera non tornano al campo con almeno 800 mila lire, sono botte. Quando non tornano è perché li hanno «beccati». Dal 25 ottobre 1989 al 31 dicembre 1992 ben 21.276 minorenni sono stati denunciati all'autorità giudiziaria della capitale; di questi, 9436 erano «zingarelli».

E sono tantissimi, se si considera la scarsa percentuale che, nella fascia dei minori, rappresentano. Una situazione che alla Procura dei minori definiscono «tragica». Alessandra non è sola, in questo amaro Guinness. C'è anche Marcella, 10 anni: dal 29 dicembre '89 al 5 aprile '91 è stata fermata 25 volte. O Susanna, stessa età, specializzata in borseggi: 29 arresti. E Ramiza, coetanea: dal 25 ottobre '89 al 31 maggio '91 è stata fermata 52 volte. Piccoli «delinquenti» crescono: 968 ragazzi nomadi dai 14 ai 17 anni accusati di reato nel 1992.

Anche perché non c'è modo di fermare l'avidità delle famiglie nomadi. Qualche giudice quando si trova di fronte dei recidivi cerca di sottrarli ai genitori, ma non è così semplice. Soprattutto perché mancano le strutture chiuse, le uniche che possono impedire la fuga dei piccoli e il loro ritorno a «casa». La collaborazione del Comune poi, accusa qualche magistrato, è praticamente vicina allo zero: il Pronto intervento comunale, che dovrebbe trovare un posto per i fermati, spesso non risponde nemmeno al telefono. Sono stati anche presentati degli esposti, ma non è successo niente.

I fermi sono soprattutto per furti in appartamento o scippi. E non è sufficiente il termine «minorenne» per classificarli e per giudicare la gravità del fenomeno. La forma di schiavitù e di sfruttamento che questi bambini subiscono (sottoposti ad accertamenti medici sono risultati clinicamente «schiavi») privilegia le femmine. L'analisi dei dati lo dimostra. Un esempio: dei 182 bimbi di 10 anni e dei 229 di 11 rispettivamente 124 e 154 sono di sesso femminile.

G.Ga.

2 Hai notato l'uso della forma passiva? Guarda come si costruisce.

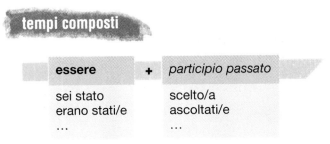

tempi semplici

venire	**+**	*participio passato*
viene		rispettato/a
venivamo		seguiti/e
…		…

essere	**+**	*participio passato*
sono		chiamato/a
sarete		premiati/e
…		…

Nei tempi semplici l'uso del verbo **venire** è più frequente.

tempi composti

essere	**+**	*participio passato*
sei stato		scelto/a
erano stati/e		ascoltati/e
…		…

Nella forma passiva, il *participio passato* concorda con il *soggetto*.

Attenzione! Nei tempi composti i participi che concordano con il soggetto sono due!

☞
- È **stata promossa**.
- Sono **stati visti** mentre uscivano.

UNITÀ 19

3
Ora rileggi l'articolo del punto 1
e sottolinea le voci passive.

4
La forma passiva è caratteristica dei registri
formali. Il suo uso è dunque più frequente
nella lingua scritta. Ascolta una
conversazione in cui si riportano i contenuti
di un articolo di giornale.

5
Hai notato che nel registro colloquiale si usa
maggiormente la forma attiva? Ora, con un
tuo compagno, ascolta ancora il dialogo del
punto 4 e provate a completare l'articolo con
le voci verbali. Usate i verbi della lista.
Attenti alle forme passive!

uccidere	morire	guadagnarsi	emergere
scagionare	basarsi	toccare	fare
firmare	trovare	essere	inchiodare

Era un commerciante di Londra il "mostro" terrore delle prostitute

Londra, svelato il mistero di Jack lo squartatore

LONDRA - Ha finalmente un nome colui che, con l'uccisione e successiva crudele mutilazione di cinque prostitute, _____ un posto nella storia con il nome di "Jack lo squartatore". Jack _____ un ricco commerciante di cotone di Liverpool, James Maybrick, trasferitosi a Watford, un quartiere settentrionale di Londra, dove _____ nel 1889 ucciso dalla moglie con l'arsenico.

La rivelazione _____ ieri dal quotidiano serale londinese *Evening Standard*, dopo che il *Liverpool Daily Post* aveva "bruciato" ieri mattina il segreto custodito con molta cura dall'editore di un libro che dovrebbe uscire in otto-

bre. Il libro, *Jack lo squartatore dall'A alla Z*, di Paul Begg, _____ sul ritrovamento di un diario che, secondo esperti, sarebbe autentico e _____ alle sue responsabilità il ricco commerciante, dedito alle droghe e noto frequentatore di bordelli. _____ quindi _____ tutti i precedenti sospettati di essere Jack lo squartatore, tra cui anche personaggi altolocati come Lord Randolph Churchill, antenato di Winston Churchill, il duca di Clarence e il medico privato della regina Vittoria, Sir William Gull.

Come mai il diario _____ soltanto ora? il diario, dice Paul Feldman, della compagnia televisiva "Mia Product"

che farà uscire un film sulla vita di Jack contemporaneamente alla pubblicazione del libro, « _____ nella casa dove Maybrick abitava, ed è venuto alla luce quando _____ qualcosa che non veniva toccato da 105 anni».

Il diario _____ "Jack lo squartatore" e contiene annotazioni significative tipo «Prenderò la prima puttana che incontro per mostrarle quello che è l'inferno. Tutte le cagne pagheranno in modo che, prima che io sia finito, tutta l'Inghilterra conosca il nome che mi sono dato».

Un anno dopo però _____ lui dalla moglie, di 20 anni più giovane, stufa dei suoi tradimenti.

CORRIERE DELLA SERA, 27/4/93

6

Nel linguaggio giornalistico, per introdurre discorsi riferiti si usano alcuni verbi che raramente vengono utilizzati nel registro colloquiale. Ci hai mai fatto caso? Leggi questi articoli e cerca di sottolinearne più che puoi.

L'INDIPENDENTE, 2/4/93

Uno studioso: «Gesù era vegetariano»

ROMA. Gesù Cristo era vegetariano. Per tutta la sua vita «il figlio di Dio» non avrebbe mai mangiato carne, invitando gli apostoli a fare altrettanto. Questa «l'arringa» di monsignor Mario Canciani, il parroco romano della chiesa di San Giovanni Battista, che è noto per le sue battaglie in favore degli animali. Sotto Pasqua le sue prediche hanno un filo conduttore: non mangiate carne di agnello.

Don Canciani ha appena finito di scrivere un libro intitolato appunto «Il Cristo vegetariano», nel quale spiega la sua tesi sulla base di un'ampia documentazione reperita a Gerusalemme, e sull'esame di centinaia di testi dei Padri della Chiesa. Il sacerdote sostiene che Gesù sarebbe stato influenzato, nella sua avversione per la carne, dagli Esseni, una setta religiosa di giudei celibi che basava i suoi insegnamenti sui testi biblici dei profeti. Secondo don Mario Canciani «non è un caso che Gesù abbia scelto di celebrare la sua ultima Pasqua proprio in un cenacolo del quartiere di Gerusalemme esclusivamente riservato alla setta degli Esseni che si nutrivano solo di pane, frutta e verdura, e che non mettevano a disposizione le loro sale a chiunque sacrificasse animali».

CORRIERE DELLA SERA, 27/4/93

ESPLODE UN JET INDIANO, OLTRE 75 MORTI

NEW DELHI - Un Boeing 737 dell'Air India con 118 persone a bordo, tra cui sei membri dell'equipaggio, è esploso schiantandosi durante la fase di decollo a 7 chilometri dall'aeroporto di Aurangabad, nell'India occidentale.

Il ministro dell'Interno Rajesh Pilot ha dichiarato che sono stati recuperati i resti di 40 persone. Un primo bilancio delle vittime ammonterebbe a 75 morti, mentre altre 43 persone, fra cui il pilota e il suo secondo, sarebbero riuscite a salvarsi con l'aiuto delle squadre di soccorso e dei vigili del fuoco.

L'aereo era partito da New Delhi per raggiungere Bombay, con scalo a Jaipur e Aurangabad.

Un portavoce della compagnia di bandiera indiana ha riferito che il Boeing si è spezzato in tre tronconi e ha preso fuoco per aver urtato prima un automezzo di traverso sulla pista, e poi i cavi dell'alta tensione. La violenza dell'impatto è stata tale che i rottami sono piovuti fino a tre chilometri di distanza.

La Boeing ha annunciato l'invio di una commissione di esperti per indagare sulle responsabilità della tragedia. Secondo un portavoce della società americana, il jet aveva all'attivo un notevole stato di servizio con 44 mila ore di tempo operativo e ben 50 mila manovre di atterraggio e decollo, mentre sull'età del velivolo non sono state date informazioni.

IL GIORNALE 31/4/93

Le carte di Mussolini sarebbero state gettate nel lago nel '45

«Nel Garda il tesoro del Duce»

Roma

I fondali del lago di Garda nascondono un «tesoro». Il «tesoro di Mussolini». È custodito in quattro casse di legno a tenuta stagna, con rivestimento interno di zinco. Furono affondate nelle acque del Garda il 18 aprile 1945, per ordine di Mussolini, proprio mentre il duce lasciava Gargnano, diretto a Milano, nel disperato tentativo di trovare una via di scampo di fronte all'ormai inesorabile avanzata degli alleati. Gli storici negli anni scorsi avevano parlato di quelle preziose casse. E più di un tentativo era stato fatto per ripescarle. Ma senza successo. Tanto che era stata messa in dubbio persino la loro stessa esistenza. Ma quelle casse esistono davvero. Il settimanale «Gente» è riuscito a rintracciare il falegname che nel 1945 le costruì, su richiesta del duce, aiutando poi i due marinai incaricati di inabissarle. Si chiama Franco Campetti. Ha 82 anni. Franco Campetti ha rivelato il contenuto di due di quelle casse. Documenti dell'archivio segreto del duce. «Sono in grado di affermarlo con sicurezza – ha dichiarato Campetti – perché Mussolini dette proprio a me l'incarico di riempire quelle due casse. Forse perché non si fidava più neppure dei suoi più stretti collaboratori».

Fra quei documenti dovrebbe esserci anche una copia del famoso carteggio Mussolini-Churchill, andato perso durante i tragici fatti di Dongo. Lo statista inglese, infatti, subito dopo la fine della guerra, durante una delle sue «vacanze» sul Garda, mostrò un grande interesse per le quattro casse affondate nel lago, convocò Campetti ed ebbe con lui un lungo colloquio, chiedendo di rivelargli tutto ciò che sapeva sull'argomento.

«La notizia relativa alle presunte casse contenenti documenti del Duce è assolutamente inedita e va quindi considerata con estrema precauzione». È quanto afferma in un comunicato Alessandra Mussolini, nipote del Duce e deputato del Msi. «Però – aggiunge – visto l'interesse storico-politico enorme che potrebbero avere quei documenti, sarebbe certo interessante e giusto fare qualche tentativo per individuarle».

■ Benito Mussolini nel '37

CORRIERE DELLA SERA, 27/4/93

Berlusconi magnate del calcio somalo

MOGADISCIO — Silvio Berlusconi magnate del calcio somalo. Lo ha rivelato ieri l'inviato speciale americano a Mogadiscio, Robert Gasende, secondo il quale il grand patron del Milan si occuperà con l'aiuto delle truppe USA della ricostruzione dello stadio Benadir nella capitale somala. Berlusconi si sarebbe impegnato a versare «molti soldi» e ha già inviato varie centinaia di tonnellate di alimenti da distribuire ai somali che saranno al lavoro nel cantiere dello stadio.

UNITÀ 19

7

Ascolta alcune notizie del giornale di Radio Studio 93. Ti sembra
che le informazioni vengano presentate come certe oppure no?

	A	B	C	D	E	F	G	H
INFORMAZIONI PRESENTATE COME CERTE								
INFORMAZIONI PRESENTATE COME NON CERTE								

Quali sono gli elementi che caratterizzano le notizie presentate come
non certe? Ascolta ancora la registrazione e trascrivili. Poi confrontate
tutti insieme le vostre risposte.

8 Guarda questo.

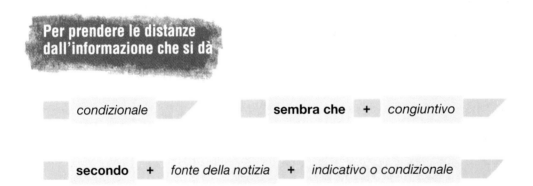

**Per prendere le distanze
dall'informazione che si dà**

condizionale   **sembra che** + congiuntivo

secondo + fonte della notizia + indicativo o condizionale

Hai notato quest'altro uso del *condizionale*? Si tratta di una strategia tipica del linguaggio
giornalistico, grazie alla quale chi parla o scrive prende le distanze dalla notizia che sta
trasmettendo, sottolineando il fatto di riferire informazioni riportate da altri.

9

Ora lavorate in coppia. Leggete questo
trafiletto e riscrivete le notizie usando le strategie
che abbiamo visto al punto 8. Poi
leggete le vostre versioni al resto della classe.

> **PESCI D'APRILE**
> Breve sintesi dei principali scoop storici di
> questo mese. Un documento «segretissimo»
> annuncia che (forse) Hitler ordinò di uccidere
> Pio XII. Un giornale inglese rivela che (forse)
> Grace Kelly fu fatta fuori da un complotto
> della mafia. La rivista *Studi Cattolici* legata
> all'Opus Dei scopre che (forse) Tangentopo-
> li è colpa del Risorgimento. Un giornale te-
> desco svela che (forse) Stalin brigava in gran
> segreto per riunificare la Germania. Un prete
> romano avanza l'ipotesi che (forse) Gesù Cri-
> sto fosse un intransigente vegetariano. L'eco-
> nomista Geminello Alvi rivela che (è sicuro,
> ne ha la certezza «filosofica») gli Stati Uniti
> allungarono a bella posta di un anno la dura-
> ta della prima guerra mondiale per mettere in
> ginocchio la vecchia Europa.

LA STAMPA, 26/4/93

10

Leggi questo articolo e completalo, scegliendo
tra le parole della lista quelle che ti sembrano adatte.

mentre prima e dopo perché ma nonostante e così invece
allora quindi dato che siccome insomma tuttavia in realtà
anche se inoltre al contrario in conclusione anche però poiché
comunque infatti o dunque

CORRIERE SALUTE

PSICOLOGIA

*Uno studio francese rivela che si ammala di più chi ha
avuto un'infanzia infelice, gravi traumi psichici in giovane
età, e soprattutto genitori in disaccordo tra loro*

Mali di famiglia

di **MARIO PAPPAGALLO**

Infelici nell'infanzia, malati da adulti. Una correlazione emersa non da uno studio psicologico _____ da un'indagine socio-economica francese. Da prendere con le molle, ma _____ da non sottovalutare. George Menahem, sociologo del Cnrs — corrispettivo francese del nostro Consiglio nazionale delle ricerche —, ha osservato tale legame tra infanzia e salute in età adulta valutando i dati di un'indagine effettuata su 4650 persone, interrogate sul loro profitto scolastico e professionale e sul loro stato di salute.

A queste persone, _____ era stato _____ chiesto se nel corso degli ultimi dodici mesi avevano sofferto di una delle 28 malattie più comuni (elencate in una lista) _____ se avevano vissuto gravi avvenimenti familiari in gioventù. L'analisi delle risposte a tali domande ha portato Menahem a concludere che gli episodi della vita familiare giocano un ruolo anche più importante dell'ambiente socio-economico sullo stato di salute di un individuo.

Il fattore di rischio più grave è apparso ai ricercatori il cattivo rapporto tra i genitori. Lo scontro tra le due figure di riferimento sembra essere veramente un grave trauma per il bambino. Genitori che litigano in continuazione dovrebbero sapere che, per il bene futuro dei loro figli, farebbero bene a separarsi. Soluzione che, all'analisi dei dati, sembra essere meno traumatica per il piccolo testimone delle crisi familiari. _____, chi è cresciuto in un clima di grave e continua frattura tra i suoi genitori ha un 48 per cento in più di probabilità di ammalarsi da adulto. Se, _____, vi è stata una separazione, la possibilità di ammalarsi aumenta solo del 10 per cento.

Il numero di malattie aumenta ugualmente (più 33 per cento) quando il genitore di esso opposto è stato, in modo grave, malato o vittima di un incidente. Il trauma prolungato di una relazione affettiva interrotta dai guai fisici di un genitore _____ resa poco serena dalle continue liti familiari, potrebbe _____ suscitare una maggiore vulnerabilità alle malattie. Non importa quali.

_____, un'infanzia resa infelice da una delle condizioni soprade-

scritte favorirebbe, soprattutto nelle donne, disturbi funzionali (mal di testa, gastrite, dolori alla schiena e alle articolazioni), deficit immunitari (predisposizione verso raffreddori e stati influenzali), malattie cosiddette atopiche (in particolare allergie) e reazioni del sistema venoso (varici, emorroidi). Alla sola crisi nei rapporti familiari sono collegabili, in età adulta, malattie nervose, depressioni e stati anoressici. Ma _____ altre patologie — come l'ipertensione, il diabete, i disturbi digestivi — sembrano essere più frequenti in chi ha avuto un'infanzia infelice.

Per quanto riguarda malattie gravi, che si ritrovano anche come causa di morte di un genitore, resta predominante il carattere in parte ereditario di certe vulnerabilità.

_____, i risultati di questa anomala indagine francese suggeriscono nuove ricerche sul tema del rapporto tra corpo, psiche e medicina psicosomatica. _____ pongono una domanda, per il momento priva di risposta: come si possono «curare» le ferite dell'infanzia? ∎

CORRIERE DELLA SERA, 26/4/93

UNITÀ 19

11 Ascolta alcuni italiani intervistati sui mezzi di informazione preferiti, e completa il quadro.

	TESTATE	PRO E CONTRO
RADIO		
TV		
STAMPA		

12 Ascolta la cassetta e scrivi le frasi che ti vengono dettate. Poi leggi ad alta voce le frasi che hai scritto.

Come sarebbe a dire?

1

Finora hai imparato a muoverti nei negozi, nelle agenzie di viaggi, negli alberghi, ecc. Vuoi vedere ora cosa puoi dire in banca, alla posta, e in altri luoghi pubblici? Ascolta i dialoghi e completa.

A

	vero	falso	non lo sappiamo
Per fare un versamento deve prendere un modulo qualsiasi.	☐	☐	☐
Per fare un versamento deve prendere un modulo aperto.	☐	☐	☐
I moduli per i versamenti sono in fondo sul tavolo grigio.	☐	☐	☐
Per fare un versamento si può andare in qualsiasi sportello.	☐	☐	☐
Per fare un versamento bisogna andare in uno degli sportelli che sono in fondo.	☐	☐	☐
Tutti gli sportelli sono aperti.	☐	☐	☐
Non sappiamo se tutti gli sportelli siano aperti.	☐	☐	☐
Alcuni sportelli sono chiusi.	☐	☐	☐

B

	vero	falso	non lo sappiamo
A questo sportello si fanno solo prelievi.	☐	☐	☐
A questo sportello si possono fare anche i prelievi.	☐	☐	☐
Per fare un prelievo ci vuole un assegno.	☐	☐	☐
I prelievi si possono fare con un assegno.	☐	☐	☐

C

	vero	falso	non lo sappiamo
A questo sportello non si fanno raccomandate.	☐	☐	☐
A questo sportello si fanno raccomandate.	☐	☐	☐
Non sappiamo se a questo sportello si facciano raccomandate.	☐	☐	☐
A questo sportello si possono pagare le bollette.	☐	☐	☐
Per fare una raccomandata bisogna andare allo sportello libero.	☐	☐	☐
Per fare una raccomandata si può andare anche allo sportello libero.	☐	☐	☐
Allo sportello libero non si possono pagare le bollette.	☐	☐	☐

D

	vero	falso	non lo sappiamo
Per fare una raccomandata con ricevuta di ritorno ci vogliono due moduli.	☐	☐	☐
Non sappiamo quanti moduli ci vogliono per fare una raccomandata.	☐	☐	☐
Per la ricevuta di ritorno ci vuole un modulo a parte.	☐	☐	☐
Tutte le raccomandate hanno la ricevuta di ritorno.	☐	☐	☐

E

	vero	falso	non lo sappiamo
Per fare un vaglia bisogna avere un conto in banca.	☐	☐	☐
Per mandare dei soldi all'estero bisogna fare un vaglia.	☐	☐	☐
Tramite banca l'invio è più veloce.	☐	☐	☐
Tutti i vaglia sono telegrafici.	☐	☐	☐
Il vaglia telegrafico costa di più.	☐	☐	☐
Il vaglia telegrafico arriva prima del vaglia normale.	☐	☐	☐
Il vaglia telegrafico arriva prima del bonifico bancario.	☐	☐	☐

F

	vero	falso	non lo sappiamo
Dopo aver fatto la fila uno può pagare tutti i conti correnti che vuole.	☐	☐	☐
C'è un limite al numero di conti correnti che uno può pagare per ogni volta che fa la fila.	☐	☐	☐
Le raccomandate e i conti correnti sono la stessa cosa.	☐	☐	☐
Per fare una raccomandata bisogna aspettare tre ore.	☐	☐	☐
Allo sportello delle raccomandate si possono pagare i conti correnti ma bisogna aspettare tre ore.	☐	☐	☐
La signorina che è davanti ci metterà tre ore esatte.	☐	☐	☐
Per pagare una bolletta ci vuole meno tempo che per pagare un conto corrente.	☐	☐	☐

G

	vero	falso	non lo sappiamo
Al terzo piano sanno quali sono le macchine che sono state portate via dal carro attrezzi e quali sono le macchine rubate.	☐	☐	☐
La macchine rubate sono registrate al terzo piano.	☐	☐	☐
I ladri avvertono i vigili al terzo piano.	☐	☐	☐
Il portiere crede che al terzo piano sappiano quali sono le macchine portate via dal carro attrezzi ma non è sicuro.	☐	☐	☐
Le macchine parcheggiate in via della Stelletta le porta via il carro attrezzi.	☐	☐	☐

H

	vero	falso	non lo sappiamo
La fila comincia alle sei.	☐	☐	☐
Se uno arriva alle otto è troppo tardi e deve aspettare tutta la mattina.	☐	☐	☐
Per finire presto bisogna arrivare alle sei.	☐	☐	☐
La fila finisce all'una.	☐	☐	☐
Il marito della signora lavora in questura.	☐	☐	☐
Il marito della signora lavora in questa città.	☐	☐	☐
L'agente dà alla signora la domanda in carta da bollo.	☐	☐	☐
L'agente dà alla signora una copia del testo che deve scrivere sulla carta da bollo.	☐	☐	☐

2 Conosci le seguenti parole e espressioni? Spiegane il significato e per ognuna dì a cosa pensi che si riferisca. Se hai dei dubbi chiedi aiuto al tuo insegnante.

- un vaglia
- un telegramma
- una raccomandata con/senza ricevuta di ritorno
- una lettera assicurata
- un bollettino di conto corrente
- pagare un conto corrente
- il codice fiscale
- un documento d'identità
- la patente
- la carta d'identità

- compilare/riempire un modulo
- una cambiale
- un libretto di risparmio
- un libretto al portatore
- un libretto nominativo
- incassare un assegno
- fare un versamento
- fare un prelievo
- ritirare /prelevare dei soldi
- fare un bonifico
- un assegno circolare
- fare un assegno
- un assegno non

trasferibile
- intestare un assegno
- un libretto di assegni
- un conto corrente postale o bancario
- ufficio informazioni
- usciere
- lo sportello
- un foglio di carta da bollo o carta bollata
- fare una domanda in carta semplice o in carta da bollo
- una marca da bollo
- un bando di concorso

3

Ora guarda questi scambi di battute. Secondo te chi sono le persone che parlano? In quale situazione immagini che si trovino? Parlane con i tuoi compagni e con il tuo insegnante.

● Le posso fare un assegno?
○ Sì ma solo se ha due documenti.
● Beh, sì, ho la patente e la carta d'identità.
○ Allora va bene.

● Si può pagare con un assegno o con la carta di credito?
○ Sì, ma deve passare in direzione prima di arrivare alla cassa. L'assegno va compilato prima. Alla cassa aggiunge solo l'importo.

● Se mi dà il suo numero di conto le facciamo un bonifico, a meno che preferisca un assegno non trasferibile.
○ No, no, va bene anche un bonifico. Ecco, il mio numero di conto è questo.

● Deve mandare la domanda in carta bollata a questo indirizzo entro il 20 maggio. Fa fede il timbro postale.
○ E non si può consegnare a mano?
● Sì, se vuole, sì.

● Come lo intesto?
○ Lasci, ci mettiamo noi un timbro.

● E si può pagare a rate?
○ Sì, certo. Senza cambiali. Facciamo dei semplici bollettini di conto corrente che lei paga mensilmente alla posta o in banca. Così almeno tutto è un po' più elastico, non c'è il rischio che le vadano in protesto le cambiali per un giorno di ritardo nel pagamento.
● E cosa occorre?
○ Per il pagamento rateale? Basta una busta paga.
● Il fatto è che io non sono un lavoratore dipendente.
○ Allora ci vuole una copia del suo sette e quaranta.
● E quanto ci vuole per la consegna?
○ Se paga in contanti, un paio di settimane. Se paga a rate, al massimo un mese.

4

Ma non sempre le cose vanno per il verso giusto. A volte dobbiamo discutere o protestare. Vuoi sapere come si fa? Ascolta i dialoghi senza leggere il testo. In che situazione siamo in ogni caso?

A

● Buongiorno.
○ Buongiorno. Senta, io vorrei cambiare questo maglione.
● Uhmm... Quando l'ha comprato?
○ Me l'hanno regalato.
● E non sa quando è stato acquistato?
○ No. A me l'hanno regalato sabato sera.
● Il fatto è che io non so se lo possiamo cambiare. Non è che per caso ha lo scontrino?
○ Ma scusi, le pare che se è un regalo io posso avere lo scontrino?
● Lo so, però noi diciamo sempre di tenere lo scontrino se non si è sicuri...
○ Ma guardi: qui c'è la vostra etichetta, questa è la vostra busta, dove vuole che sia stato comprato? La persona che me lo ha regalato mi ha detto che potevo cambiarlo e che glielo avevate detto voi.
● Senta, forse non le ho spiegato bene qual è il problema. Lei può cambiare il maglione, ma deve portarci lo scontrino. Senza quello non posso fare niente...
○ Neanche se ne prendo uno uguale di una taglia più piccola?
● No. Senza scontrino, non è possibile.
○ Ma io mica posso andare a chiedere lo scontrino a chi mi ha fatto un regalo!
● Lo so, ma è una questione fiscale. Mi spiace.
○ A me sembra assurdo... Comunque... Se non c'è alternativa mi dovrò tenere un maglione che non potrò indossare. E poi, scusate, ma potreste anche mettere un cartello, scriverlo da qualche parte, dirlo, io che ne so...

B

● Prego.
○ Devo fare un versamento, ecco.
● Sì. Mi dà il numero?
○ Quale numero?
● Il numero. Il 73. Non ha preso il numeretto quando è entrato?
○ No. Veramente ho chiesto a quel signore all'entrata e mi ha detto che andava bene uno sportello qualunque!
● Sì, però deve aspettare che la chiamino. Ora tocca al 73, vede? C'è scritto lassù, su quello schermo...

□ Senta! Io ho il 73, che devo fare?

● Mi scusi, c'è questo signore. Le dispiace lasciarlo passare?

○ E io ora dovrei rifare la fila un'altra volta?

● No. Lei non deve fare la fila, deve prendere un numero laggiù, dove c'è quella macchinetta...

○ Ho capito, ma è un'ora che aspetto dietro a quella signora di prima, lei me lo poteva anche dire! E poi, non c'è scritto da nessuna parte, c'è uno all'entrata che dà delle informazioni sbagliate...

C

● Senta! Lei non può parcheggiare qui, dovrebbe spostarsi più avanti!

○ Come mai? Io ho sempre parcheggiato qui... non c'è mica il divieto di sosta...

● Sì, ma oggi c'è una manifestazione e non si può...

○ Ma io abito qui sopra...

● Senta, se io la faccio parcheggiare, poi viene il collega e le fa la multa, faccia lei...

○ Non ci si crede! Ogni giorno ve ne inventate una!

● Senta, io sto solo facendo il mio lavoro. Se a lei non piace o non è contento scriva alla direzione generale dei vigili urbani ma non se la prenda con me!

○ Ah, e così dovrei pure scrivere ai vigili! È il colmo! Non si può più nemmeno tornare a casa.

● Faccia come vuole, io l'ho avvertita.

○ Che fa, mi minaccia?

● No, guardi, è lei che non vuole capire. Gliel'ho già detto, faccia come crede, ma la prego mi lasci lavorare. Poi però se trova la multa o se le portano via la macchina non se la prenda con me. Io non c'entro niente.

○ Lei non sa chi sono io! Mi dia il suo numero d'identificazione.

● No, guardi, non c'è bisogno. Ora chiamo io la centrale.

D

● Mi scusi, può venire un attimo?

○ Mi dica. Tutto bene?

● Beh... Veramente, questa pizza non è che vada proprio bene... Il prosciutto ha un colore strano...

○ No. Stia tranquillo, è perché viene cotto. Sa, nel forno a legna il calore è molto forte.

● Sì, ma io non è la prima volta che prendo una capricciosa e le assicuro che il prosciutto verdastro non mi è mai capitato...

○ Ma quello è il suo colore, io se vuole gliela faccio rifare ma vedrà che è la stessa cosa...

● Ma come sarebbe a dire il suo colore? Verde? Il prosciutto? Mi sta prendendo in giro?

E

● Chi è da servire?

○ Io. Vorrei quattro panini e...

● Veramente c'ero prima io...

○ No, signora. Guardi che si sbaglia. Io l'ho vista entrare e prima di me c'era solo quel signore che sta pagando. Sono sicura.

F

● Posso consegnare qui questo pacco?

○ No. Le consegne al piano di sopra.

● Ma come? Se sopra mi hanno detto di scendere!

○ Chi glielo ha detto?

● Una signorina, di sopra.

○ Aspetti che controllo... Ufff... Quelli fanno sempre una confusione... Prima ti dicono i pacchi mandateli tutti su, poi ce li mandano giù...

G

● Devo ritirare la carta d'identità.

○ Com'è il nome?

● Pascucci, Rina Pascucci.

○ Mi dispiace, non è pronta. Torni domani.

● Come non è pronta? Io devo partire dopodomani e mi serve per uscire dall'Italia...

○ Va bene, torni domani e vedrà che avrà la sua carta d'identità.

● Ma io come faccio a fidarmi? Mi avevate detto lunedì e non era pronta, poi oggi e non è pronta, e se domani non c'è, io che faccio? Non parto?

dialogo	situazione
A	
B	
C	
D	
E	
F	
G	

Ascoltali di nuovo e trascrivi le forme che ti sembrano caratteristiche dell'arrabbiarsi e del protestare. Poi controlla le tue risposte leggendo anche il testo.

5 Tra le forme ed espressioni che avete trascritto ci sono anche queste? Controllate.

Ma scusi, le pare che +
*ripresa d'informazione data
o presupposta*
Lo so, però/ma +
informazione
Mi spiace, ma +
informazione
Ma guardi che+
informazione
Dove vuole che +
congiuntivo
Signora, forse non le ho
spiegato bene + *spiegazione*
Neanche se + *ipotesi che si
vuol considerare*
Ma io mica + *informazione*
A me sembra assurdo...
Comunque... Se non c'è
alternativa + *informazione*
E poi, scusate, ma potreste
anche + *infinito*
Non + *domanda*?
No. Veramente +
informazione
Senta!

Mi scusi, + *obiezione*
Le dispiace + *infinito*?
E io ora dovrei + *infinito*
E poi, non c'è scritto da
nessuna parte (che +
congiuntivo)
Non ci si crede! Ogni giorno
ve ne inventate una!
Non se la prenda con me!
Ah, e così dovrei pure +
infinito!
È il colmo! Non si può più
nemmeno + *infinito*
Faccia come vuole, io l'ho
avvertita.
Che fa, mi minaccia?
No, guardi, è lei che +
informazione presupposta
Poi però se... non se la
prenda con me. Io non
c'entro niente.
Questa me la lego al dito!
Lei non sa chi sono io!
Beh... Veramente, +
informazione che contrasta

con quanto detto dall'altro
Stia tranquillo + *argomento*
Sa, + *argomento*
Sì, ma + *informazione*
Le assicuro che +
informazione
Se vuole... ma vedrà che +
informazione / predizione
Ma come sarebbe a dire (+
*ripetizione di informazione
data*)
No, signora. Guardi che si
sbaglia, + *argomento* + Sono
sicura.
Ma come? Se + *informa-
zione*!
Come + *ripetizione della
cosa detta dall'altro*? +
argomento
Imperativo + e vedrà che +
predizione
Ma io come faccio a fidarmi?
Mi avevate detto che +
*ripresa di parole dette
dall'altro*

Hai capito bene cosa significano e come si usano queste espressioni? Lo sapresti spiegare?
Prova insieme ad un tuo compagno. Se avete dubbi parlatene con il vostro insegnante.

Hai notato che quando ci arrabbiamo o protestiamo spesso riferiamo parole
dette dall'altro in precedenza? Ascolta di nuovo i dialoghi e facci caso.

6 Ti trovi nelle seguenti situazioni. Parla con un tuo compagno, alternandovi nei ruoli.

Hai comprato un maglione di lana che ti è
costato 180.000 lire. Quando l'hai comprato ti
avevano assicurato che si poteva lavare in
lavatrice, purché l'acqua fosse fredda. L'hai
lavato, si è ristretto ed è diventato la metà.
Vai al negozio a protestare.

Hai portato un rullino di foto fatte in Cina a
sviluppare e stampare. Arrivi nel negozio e ti
dicono che per errore i negativi sono rimasti
troppo a lungo nell'acido e si sono rovinati.
Tu avevi fatto un viaggio in Cina apposta per
fare queste foto!

Sei all'aeroporto di Roma. La tua
valigia non arriva. All'ufficio informazioni
dell'Alitalia ti dicono che non sanno dove
sia e che forse si è persa.

Hai prenotato un tavolo per 10 persone
in un ristorante. Si tratta di un'importante
cena di lavoro. Arrivate, e il tavolo non c'è.

Hai prenotato una stanza doppia in un
albergo. Arrivi e ti dicono che non c'è posto.

7 A volte protestiamo anche per lettera. Leggi questa.

Egregio Direttore,

Sono un affezionato cliente del locale da lei gestito che frequento, come sicuramente avrà avuto modo di constatare, seppure non assiduamente, con fedeltà da oltre 20 anni. Mi è capitato recentemente di dover organizzare una cena di lavoro e, come sempre, mi sono completamente affidato alla vostra organizzazione contando sulla professionalità e sulla serietà che avete innumerevoli volte dimostrato in passato. Mi sono pertanto limitato a prenotare telefonicamente una cena per dodici persone, contando su di voi, erroneamente, come ho poi purtroppo avuto modo di verificare, per tutto ciò che riguardava la scelta del menù. Ho solo fatto presente che alcuni ospiti non gradivano, per motivi religiosi, alcuni piatti di carne, raccomandando di evitare tali pietanze. Il giorno stabilito, il 13 aprile scorso, mi sono recato nel vostro locale con i miei ospiti per scoprire con grande sorpresa che la prenotazione non era stata registrata. Le lascio immaginare il mio grande stupore, subito trasformatosi in imbarazzo. Dopo avere chiesto di lei mi è stata riferita la sua assenza e si è cercato di supplire alla terribile mancanza improvvisando una cena che naturalmente ha incluso anche pietanze a base di quello che avevo esplicitamente chiesto di evitare. Immagino che lei sia già al corrente di questa triste disavventura. Ciò nonostante le scrivo per comunicarle il mio rammarico per la disorganizzazione e la mancanza di stile dimostrata dal personale in questa spiacevole occasione. Il rapporto di stima e collaborazione che ci ha legato per tanti anni deve purtroppo interrompersi.

Distinti saluti.

Mino Raimondi Ruggeri

Mino Raimondi Ruggeri

Cosa è successo al signor Raimondi Ruggeri?
Parlane con un tuo compagno.

8 E tu ti sei mai trovato in situazioni simili?
Scrivi una lettera di protesta analoga a quella che hai appena letto.

9 A volte, nel pronunciare una frase affermativa o negativa, si mette particolarmente in risalto uno degli elementi. Ascolta queste frasi e facci caso.

La penna è nella borsa.
Quello è il problema.
Marisa è una vera amica.

D'ora in poi cerca di notare questo tipo particolare di intonazione.

E per finire...

Leggi questo brano tratto da *Il Gattopardo*, di Giuseppe Tomasi di Lampedusa.

La mattina dopo il sole illuminò un Principe rinfrancato. Aveva preso il caffè ed in veste da camera rossa fiorata di nero si faceva la barba dinanzi allo specchietto. Bendicò posava il testone pesante sulla sua pantofola. Mentre si radeva la guancia destra vide nello specchio, dietro la sua, la faccia di un giovanotto, un volto magro, distinto con un'espressione di timorosa beffa. Non si voltò e continuò a radersi. "Tancredi, cosa hai combinato la notte scorsa?" "Buon giorno, zio. Cosa ho combinato? Niente di niente: sono stato con gli amici. Una notte santa. Non come certe conoscenze mie che sono state a divertirsi a Palermo." Don Fabrizio si applicò a radere bene quel tratto di pelle difficoltoso fra labbro e mento. La voce leggermente nasale del ragazzo portava una tale carica di brio giovanile che era impossibile arrabbiarsi; sorprendersi, però, poteva forse esser lecito. Si voltò e con l'asciugamano sotto il mento guardò il nipote. Questi era in tenuta da caccia, giubba attillata e gambaletti alti. "E chi erano queste conoscenze, si può sapere?" "Tu, zione, tu. Ti ho visto con questi occhi, al posto di blocco di Villa Airoldi mentre parlavi col sergente. Belle cose, alla tua età! e in compagnia di un Reverendissimo! I ruderi libertini!" Era davvero troppo insolente, credeva di poter permettersi tutto. Attraverso le strette fessure delle palpebre gli occhi azzurro-torbido, gli occhi di sua madre, i suoi stessi occhi lo fissavano ridenti. Il Principe si sentì offeso: questo qui veramente non sapeva a che punto fermarsi, ma non aveva l'animo di rimproverarlo; del resto aveva ragione lui. "Ma perché sei vestito così? Cosa c'è? Un ballo in maschera di mattina?" Il ragazzo divenne serio: il suo volto triangolare assunse una inaspettata espressione virile. "Parto, zione, parto fra mezz'ora. Sono venuto a salutarti." Il povero Salina si sentì stringere il cuore. "Un duello?" "Un grande duello, zio. Contro Franceschiello Dio Guardi. Vado nelle montagne, a Corleone; non lo dire a nessuno, soprattutto non a Paolo. Si preparano grandi cose, zione, ed io non voglio restarmene a casa, dove, del resto, mi acchiapperebbero subito, se vi restassi." Il Principe ebbe una delle sue visioni improvvise: una crudele scena di guerriglia, schioppettate nei boschi, ed il suo Tancredi per terra, sbudellato come quel disgraziato soldato. "Sei pazzo, figlio mio! Andare a mettersi con quella gente! Sono tutti mafiosi e imbroglioni. Un Falconeri dev'essere con noi, per il Re." Gli occhi ripresero a sorridere. "Per il Re, certo, ma per quale Re?" Il ragazzo ebbe una delle sue crisi di serietà che lo rendevano impenetrabile e caro. "Se non ci siamo anche noi, quelli ti combinano la repubblica. Se vogliamo che tutto rimanga com'è, bisogna che tutto cambi. Mi sono spiegato?" Abbracciò lo zio un po' commosso. "Arrivederci a presto. Ritornerò col tricolore." La retorica degli amici aveva stinto un po' anche suo nipote; eppure no. Nella sua voce nasale vi era un accento che smentiva l'enfasi. Che ragazzo! Le sciocchezze e nello stesso tempo il diniego delle sciocchezze. E quel suo Paolo che in questo momento stava certo a sorvegliare la digestione di "Guiscardo"! Questo era il figlio suo vero. Don Fabrizio si alzò in fretta, si strappò l'asciugamani dal collo, frugò in un cassetto. "Tancredi, Tancredi, aspetta," corse dietro al nipote, gli mise in tasca un rotolino di "onze" d'oro, gli premette la spalla. Quello rideva: "Sussidi la rivoluzione, adesso! Ma grazie, zione, a presto; e tanti abbracci alla zia." E si precipitò giù per le scale.

2 Ti ricordi che nell'Unità 8 abbiamo visto la coniugazione del *passato remoto*, con alcuni verbi irregolari? Riprendiamo il discorso. Rileggi il brano del punto 1 e sottolinea le voci del *passato remoto* che ti sembrano irregolari.

3 Forse durante le tue letture avrai già notato che molte irregolarità del *passato remoto* sono in qualche modo "regolari", vale a dire si possono ricondurre a gruppi di verbi che si comportano allo stesso modo. Vediamoli a grande linee. Ricordati il numero 133!

La grande maggioranza dei verbi in **-ere** forma la *1ª persona singolare* e le *3e persone* del *passato remoto* in modo irregolare, utilizzando le terminazioni -**i**, -**e** ed -**ero**. Si possono distinguere tre tipi di irregolarità:

passato remoto in -si	passato remoto in -ssi	passato remoto con doppia consonante
chiedere	**vivere**	**volere**
chie**si**	vi**ssi**	vo**lli**
chiedesti	vivesti	volesti
chie**se**	vi**sse**	vo**lle**
chiedemmo	vivemmo	volemmo
chiedeste	viveste	voleste
chie**sero**	vi**ssero**	vo**llero**

Formano il passato remoto in -**si** anche **decidere (decisi)**, **rispondere (risposi)**, **accorgersi (mi accorsi)**, **scegliere (scelsi)**, **mettere (misi)**.

Formano il passato remoto in -**ssi** anche **leggere (lessi)**, **scrivere (scrissi)**, **esprimere (espressi)**, **condurre (condussi)**, **discutere (discussi)**, **dire (dissi)**.

Formano il passato remoto con doppia consonante anche **sapere (seppi)**, **piovere (piovve)**, **conoscere (conobbi)**, **nascere (nacqui)**, e un verbo in -**ire**, **venire (venni)**.

4 Ora ascolta un italiano che racconta una sua esperienza.

Hai notato che in questa conversazione il *passato remoto* viene usato anche nella lingua orale? Questo non succede regolarmente in italiano, ma è comunque abbastanza frequente quando si racconta qualcosa dandogli un valore particolare all'interno della propria esperienza. Di solito in questi casi non si tratta di informazioni che vengono trasmesse con un obiettivo pratico, ma di fatti che per il parlante meritano di essere evocati in quanto tali, e che assumono dunque una particolare dignità "storica". Come nel caso degli usi di *imperfetto* e *passato prossimo*, anche per il *passato remoto* è dunque importante l'intenzione comunicativa di chi parla, lo statuto che vuole dare alla sua narrazione (descrittivo? narrativo comune? narrativo "storico"?). Molto meno importanti sono invece altri aspetti, non legati alla lingua ma al mondo di cui la lingua parla, come la prossimità o la lontananza rispetto al presente, il fatto che un'azione sia ripetuta oppure no, o che si prolunghi più o meno nel tempo, e così via.

5

Tuttavia, il più frequente uso del *passato remoto* rimane quello narrativo scritto. Ecco un breve racconto, a cui manca la parte centrale. Perché non provi a completarlo insieme a un tuo compagno? Ricordatevi di usare il *passato remoto*.

Oreste si svegliò presto quella mattina, e ancora prima di aprire gli occhi seppe che il giorno che cominciava sarebbe stato straordinario. Era ancora buio quando si alzò, come ogni mattina mise la moka sul gas mentre si faceva la doccia, e bevve il caffè pian piano, gustandone il sapore.

Cercava di rispettare le regole delle sue vecchie abitudini - ascoltò il notiziario delle 7.30, si fece la barba e si vestì con cura, preparò la cartella nera, controllò che nessuna carta fosse stata dimenticata. Alle 8.30 uscì, salutò la signora Maffi che saliva al quinto piano con il carrello della spesa già carico, e si fermò a scambiare due parole con la portiera sul tempo. Sì - disse - forse sarebbe piovuto. Fuori dal portone si guardò intorno, come cercando qualcuno. Poi la vide, più lontano, ferma davanti al bar sotto i portici. Avevano rispettato i patti, la ragazza indossava un vestito rosso sotto l'impermeabile bianco, che portava aperto. Ma era molto più bella di come l'aveva immaginata. Involontariamente strinse più forte la cartella nera, e cominciò a camminare verso di lei...

...Nella stanza si fece silenzio quando Oreste entrò. Due uomini si alzarono in piedi, si avvicinarono a stringergli la mano. Senza parlare Oreste li ringraziò, annuendo. Si sedette al posto che gli era riservato attorno al grande tavolo, e ancora senza parlare depose davanti a sé una minuscola lampadina.
- Tutto risolto, il presidente può stare tranquillo. - disse. I presenti applaudirono, e tutti si alzarono a congratularsi con lui. Poco dopo, quando tutti parlavano concitati davanti al camino, Oreste si avvicinò alla finestra e guardò fuori. Era ormai sera, non pioveva più. Una ragazza vestita di rosso con un impermeabile bianco attraversò la strada, giunta davanti alla villa sembrò esitare, come colpita da un pensiero o un ricordo. Ma subito riprese a camminare, scomparve tra la folla. Oreste sorrise, e si girò soddisfatto a guardare la grande sala illuminata.

6

I testi narrativi utilizzano spesso verbi che descrivono il modo o l'atteggiamento con cui si parla. Ci hai fatto caso? Te ne viene in mente qualcuno? Ecco alcuni esempi. Se non ne conosci il significato, prima di chiederlo al tuo insegnante o di consultare il dizionario, parlane con i tuoi compagni. Cercate di dedurne il senso basandovi sul contesto e sulle parole a cui si riferiscono.

«Momi, parla,» lo incitò Antero, dandogli una manata sulla spalla.
(Gianni Stuparich, *Un anno di scuola*)

«Ditemi pure se è morto.»
«No, non è morto, ma è ammalato grave.» Le disse sua figlia, guardando il pavimento.
«Ma ditemi la verità.» Insistette l'altra.
(Giovanni Comisso, *La morte di Fortunato*)

Quando se ne andò voleva evidentemente svignarsela senza salutare ma io mi alzai e mi presentai; mormorò fra i denti il proprio nome che non compresi; ma non mi tese la mano; sulla soglia del caffè, però, si voltò, alzò il cappello e gridò forte: «Ciao, paesano.»
(Giuseppe Tomasi di Lampedusa, *Lighea*)

«Il destino!»
«Eh sì,» sospirò senza muoversi dalla posa di rassegnazione che aveva presa «il destino! *Je ne croyais pas si bien dire*. Proprio destino.»
(Mario Soldati, *Regina di cuori*)

Vanna, come seppe, scongiurò Nenè che non scrivesse. Era una cosa inutile e cattiva. Suo marito non sapeva, non poteva supporre dove lei fosse. Perché dirglielo?
«Io non vi darò fastidio» mormorò spaventata.
(Maria Messina, *Casa paterna*)

E l'avvocato grande singhiozzava: «Perdonatemi, eccellenza!»
(Vitaliano Brancati, *Rumori*)

«Come? Che dici?» balbettava Ada, arretrando. «Ma lasciami!»
(Guido Piovene, *La vedova allegra*)

Diceva la nonna a una signora ancora più vecchia: «Vorrei vedere il mio nipotino con una donna come me». Sorrideva la signora, e il nonno borbottava: «Che storie, che storie!».
(Antonio Delfini, *Il ricordo della basca*)

«Cerco un alloggio,» disse Sandra. Quello neanche stavolta scherzò. Strinse le labbra e disse:
«È difficile.»
«Come, difficile?» esclamò Sandra; «ho già la lettera.»
(Cesare Pavese, *L'avventura*)

«Comincio a stare in pensiero,» disse la mamma. «Non gli sarà mica successo qualcosa?»
«Che cosa gli dovrebbe essere successo?»
«Scherzaci. Oh, Anna,» si lamentò dopo un pezzetto, «perché mi hai portato fin qua.»
(Carlo Cassola, *Le amiche*)

«Dove sei stato?» chiese appena fu a tiro di voce.
«A fare un po' di allenamento,» gridò Mario coperto dal rumore dell'acqua smossa.
«Come?»
«Sto dicendo che un po' d'allenamento ci vuole!» ripeté Mario più forte.
«Mi sto annoiando qui sola!» protestò Luisa.
(Giuseppe Patroni Griffi, *D'estate con la barca*)

«Se mi buttassi giù avrei finito di star male,» disse.
Angiolina lo guardò stranita.
«Ma che cosa stai a pensare? Torniamo a casa.»
Il vecchio non si mosse e brontolò ancora:
«Avrei finito di tribolare per sempre.»
(Luigi Malerba, *Il rospo*)

«Come uomo, è stato un gran generale!» proclamò soavemente la contessa Giuseppina, sicura del fatto suo.
(Carlo Emilio Gadda, *San Giorgio in casa Brocchi*)

«Non mi sento bene» mormorò il signor Pavelich.
«Vi ho sconvolto a tal punto?»
«Non so. Non mi sento bene.»
«Appoggiatevi a me» sussurrò premuroso Gregor.
(Marco Bacci, *Non fosse morto a Praga?*)

UNITÀ 21

7 E ora facciamo un gioco. Scegli tre verbi dalla lista e per ognuno scrivi una frase appropriata in discorso diretto. Poi, senza dire il verbo, leggi le frasi che hai scritto ad alta voce. Se sei un bravo attore, i tuoi compagni dovrebbero riuscire a indovinare i verbi che hai scelto.

brontolare	esclamare	insistere	sussurrare
balbettare	lamentarsi	incitare	borbottare
mormorare	gridare	sospirare	singhiozzare
protestare	scongiurare	proclamare	lamentarsi

8 Ecco ora un brano tratto da un racconto di Alberto Moravia, dal quale abbiamo tolto le osservazioni dell'autore sul modo e sullo stato d'animo con cui i personaggi parlano. Lavorate in gruppi di tre, cercando di immaginare come e con quale atteggiamento vengono pronunciate le parole in ogni caso. Poi discutete le vostre idee con gli altri gruppi.

Per una diecina di minuti l'Amelia, che pareva avere un piano prestabilito, guidò l'automobile per la campagna, poi, ad un viottolo, girò bruscamente, e la macchina discese mollemente, vacillando e rimbalzando sul suolo terroso, fino in fondo ad una valletta erbosa. Nel punto più profondo, la ragazza fermò di botto l'automobile, si tolse il cappello con un gesto deliberato e si voltò verso Silvio. «Ora lei vorrà sapere», incominciò, «perché ieri piangevo...». Il giovane la guardò e non aprì bocca. «Piangevo», ella riprese _____, «perché mia madre mi aveva dato uno schiaffo...»

«Sua madre», disse Silvio _____, «era in pensiero perché lei si era attardata fuori di casa...»

La vide ridere _____. «In pensiero perché mi ero attardata», ella ripeté, «oh sì che questa è buona... si vede che lei capisce proprio tutto! In pensiero certo lo era ma per una ragione molto ma molto diversa...»

«Quale ragione?»

«Ma per la buona ragione«, rispose la ragazza _____, «che è pazza di gelosia... ed io lo sapevo», concluse _____, «ho fatto apposta a far tardi... è vero che ho preso uno schiaffo ma almeno questo gusto me lo sono levato.»

Silvio non capiva e si trovava a disagio. «Ma gelosa di chi? Non comprendo...»

«Ma di Gino, diamine!» esclamò la ragazza _____, «non se n'era ancora accorto? Non ha veduto come lo covava con gli occhi quando siamo tornati?...»

Questa informazione non dissipò lo stupore di Silvio. Anzi lo accrebbe ché ora, come avviene talvolta nei sogni, gli pareva che le persone si scambiassero le parti, rimanendo tuttavia le medesime, con le stesse facce immobili e le stesse membra stecchite. «Non capisco», ripeté, «Mancuso è il suo fidanzato... inoltre sua madre mi è sembrata sinceramente desiderosa che il matrimonio avvenga... perché dovrebbe esser gelosa?...»

«E io che la facevo intelligente» esclamò la ragazza _____. «Perché si è gelosi? Perché si è innamorati... mia madre è innamorata di Gino... che c'è di strano?»

«Ah nulla... nulla di strano infatti», mormorò Silvio _____.

«Quello che non so veramente di preciso» continuò la ragazza _____ «è se Gino e mia madre siano... mi capisce? Forse sì, forse no..., ho cercato mille volte di capirlo ma non ci sono mai riuscita... di sicuro so soltanto che mia madre mi costringe a sposare Gino per averlo vicino... per non perderlo...»

«E Mancuso», domandò Silvio _____, «Mancuso che cosa ne pensa di tutto questo?»

«Oh per Gino tutto quel che vuole mia madre è Vangelo», disse la ragazza _____, «e d'altra parte non ha davvero di che lamentarsi: mia madre gli dà la figlia in sposa, in più gli regala la casa...»

«Ah, è sua madre che pagherà la casa?»

La ragazza parve essersi pentita della sua affermazione. «Qualche volta lo penso», rispose, «ma anche di questo non sono sicura...»

«Ma Mancuso», insistette Silvio, «chi ama? Lei o sua madre?»

Di nuovo il dubbio apparve sul viso della ragazza. Per un momento, con gesto puerile, si mise un dito in bocca e parve riflettere. «Forse ci ama tutte e due... forse né l'una né l'altra e non fa che i suoi interessi... però ci sono alcuni fatti sicuri... il primo è che io non sono un partito disprezzabile... sono bella», ella arrossì suo malgrado, «e anche ricca... il secondo è che mia madre ha realmente un'enorme influenza su Gino... e il terzo è che Gino e io siamo... mi capisce?»

«Come?» esclamò Silvio e, non sapeva perché, _____. «Lei e Mancuso...?»

«Oh, già da un anno», disse la ragazza _____.

«Ma perché», interrogò Silvio _____, «perché... visto che non l'ama?...»

Alberto Moravia, *L'architetto*

Ora guardate la lista delle espressioni mancanti, e cercate di ricostruire il testo.
Erano giuste le vostre ipotesi?

come presa da un dubbio	sconcertato
con una sua acre festosità	un po' impacciato
con la solita artificiosa naturalezza	con vivacità
compiaciuta	con acredine
con una punta di dispetto	con cattiveria
di nuovo sconcertato	gli parve di provare una delusione
che cominciava ad abituarsi a questa strana conversazione	con artificiosa naturalezza

9 Avrai forse già notato che molte parole italiane si formano grazie all'uso di prefissi e suffissi. Un particolare gruppo di prefissi sono quelli che modificano in senso contrario il significato della parola o del tema a cui sono applicati. Si tratta dei prefissi **s**- (scorretto, scostante...), **in**- (insicuro, imperfetto...) e **dis**- (disonesto, disumano...). Nel brano del punto 8 ce ne sono alcuni esempi. Cerca di individuarli.

10 E ora facciamo un gioco. Dividetevi in gruppi di 3 o 4 persone e scrivete tutte le parole che vi vengono in mente con i prefissi **s**-, **in**- e **dis**-. Vince il gruppo che in 3 minuti ha scritto più parole.

UNITÀ 21

11 Leggi questa lettera, cercando di osservare come è organizzata.

Egregio Direttore,

le scrivo per conoscere la sua opinione in merito ad un aspetto della programmazione cinematografica e televisiva del nostro paese che mi sembra ingiustamente e inspiegabilmente trascurato.

Mi riferisco alla quasi totale assenza, nei nostri cinema e nelle nostre televisioni, di film in versione originale. Sebbene, infatti, vi siano sale cinematografiche che li propongono, si tratta di esperimenti isolati, limitati ad alcune grandi città e circoscritti spesso a pochi spettacoli settimanali. Alla televisione poi, come avrà notato, i film in versione originale vengono trasmessi intorno alle tre del mattino, e soltanto saltuariamente. Perché?

Tempo fa ero in Spagna, e accendendo la televisione la mia attenzione è stata attratta da un vecchio film che si svolgeva a Roma. Incuriosita, ho cercato di capire di cosa si trattasse, e soltanto dopo qualche minuto ho realizzato che il protagonista era Alberto Sordi. Perché non l'ho riconosciuto subito? Perché quel vigile urbano di Sordi aveva solo la faccia, ma la voce era tutt'altra cosa, e anche quel che diceva era tutt'altra cosa, appiattito e costretto com'era dalle esigenze del dialogo doppiato. Il film aveva perso quasi tutta la sua carica.

In primo luogo, dunque, la versione originale garantisce il rispetto delle capacità degli interpreti, e salva la sceneggiatura da manipolazioni estranee e artificiali.

Ma non è l'unico aspetto positivo che presenta.

Come insegnante di lingue ritengo che la visione di film in versione originale migliorerebbe notevolmente la familiarità con la lingua straniera, la quale non resterebbe circoscritta all'ambito dello studio o del lavoro, stimolando chi vi si accosta a considerarla qualcosa di vivo e di utile nella vita quotidiana.

Personalmente non credo neppure che la lettura dei sottotitoli possa costituire un ostacolo alla visione del film nel suo insieme, poiché la lettura veloce è solo una questione di abitudine, di pratica, come dimostra la diffusione dei film sottotitolati fuori dall'Italia.

D'altro canto si può pensare di operare una selezione sui film da sottotitolare, privilegiando quelli in cui la sceneggiatura sia fondamentale, e continuando a doppiare le pellicole di minor livello artistico.

Perché gli intellettuali, i registi, i critici - i quali sono di solito pronti a firmare petizioni per qualunque causa - non mostrano maggior sensibilità verso questo aspetto così importante della cultura? Solo in questo modo, credo, si potrebbe stimolare una riflessione nel grande pubblico, il quale a sua volta potrebbe, con le sue richieste, indurre le case cinematografiche ad invertire le tendenze attuali.

In conclusione, mi chiedo, e le chiedo, perché una "consuetudine" come quella del doppiaggio deve continuare ad essere passivamente accettata anche quando ci sarebbero le condizioni oggettive per cambiare, ora che, a differenza di cinquant'anni fa, le lingue non costituiscono più un sapere esclusivo di pochi.

Carmela Leonforte, Catania

È possibile, secondo te, dividere la lettera in diverse parti, secondo il contenuto? Riesci a individuare la presenza di elementi organizzatori del discorso? Parlane con i tuoi compagni e il tuo insegnante.

12 Ti ricordi dei relativi **che** e **cui**? Hai mai fatto caso che ne esistono altri? Riprendi la lettera del punto 11 e sottolinea tutti i relativi che trovi.

Hai notato l'uso di **il/la quale, i/le quali**? Si tratta di un relativo che può sostituire tanto **che** quanto **cui**, ma che viene usato quasi esclusivamente nella lingua scritta. Se vuoi saperne di più, consulta la *Sintesi grammaticale* del *Libro degli esercizi*.

13 Ora scrivi una lettera a scelta tra le seguenti.

Un amico italiano che deve venire a vivere un anno nella tua città ti ha scritto per sapere com'è la situazione degli alloggi. Rispondigli descrivendola e dandogli i tuoi consigli.

Una coppia di amici italiani che vuole fare un viaggio di due settimane nel tuo paese ti ha scritto per chiederti dei consigli. Rispondi descrivendo almeno due possibili itinerari con i rispettivi pro e contro.

Un conoscente italiano dei tuoi genitori vorrebbe imparare la tua lingua frequentando un corso intensivo nel tuo paese. Scrivigli presentando le possibilità che ha e dandogli i tuoi consigli.

Un'amica italiana che vuole praticare la tua lingua ti ha scritto per sapere a quale rivista del tuo paese le consiglieresti di abbonarsi. Scrivile presentando almeno tre diverse possibilità, con i tuoi commenti.

Un amico italiano ti ha scritto perché deve consigliare un libro di italiano per stranieri ad alcuni suoi colleghi. Rispondigli parlando di *Uno* e *Due* (e degli altri libri che eventualmente conosci) e presentandone pregi e difetti.

UNITÀ 1

3

● Va bene, io adesso vi voglio chiedere se mi potete raccontare... magari qualche episodio della vostra vita... particolare, per esempio una volta in cui vi siete sentiti molto importanti oppure vi siete vergognati... eh... non so... vi siete sentiti sollevati da qualcosa, se vi viene in mente... una volta in cui avete avuto fame, paura, eh?... Non avete potuto dormire per diversi giorni...

○ Ah, io sì, io quando ero piccola, più o meno avevo... chissà, forse otto o nove anni, e mi ricordo che in quel periodo, nel mio paese, giù in Calabria, è arrivato un predicatore, e allora mia madre mi ha costretto ad andare in chiesa tutti i pomeriggi verso le sei a sentire questo benedetto predicatore. Perché non ci andava lei, io non lo so. Comunque, lui ricordo che predicava da un pulpito... diciamo abbastanza elevato rispetto ai...

■ ...all'assemblea.

○ ...all'assemblea. E... aveva, eh, veramente una voce potente, e poi gesticolava, per cui metteva proprio del... del... fuoco nel... nella sua predica, e parlava sempre di peccati, peccatori che bruceranno tra le fiamme dell'inferno, ed ogni volta che parlava sembrava che fissasse me, e diceva "Tu, predicatrice [*lapsus: voleva dire «peccatrice»*], morirai e perirai... " e allora io in quel periodo ero proprio terrorizzata dall'idea di... di... di... di morire e di bruciare nelle fiamme dell'inferno per cui avevo degli incubi incredibili, tutte le notti. Questa è stata proprio un'esperienza che mi ha... mi ha segnata direi perché da allora io sono diventata anticlericale ed anche... non so, sarò cattolica ma non sono... non sono praticante, ecco. Preferisco rimanere lontana un po' da... dalla chiesa e dai predicatori soprattutto.

● Alessandro, c'è qualche episodio in cui ti sei vergognato, ti sei sentito importante, ti sei sentito una bestia rara...?

■ Spessissimo in tutte queste situazioni. Forse di più quelle di vergogna... Ma la vergogna è... la provo in maniera estremamente intima, direi quasi scollegata dalla considerazione... dalla considerazione degli altri. Eh... è un autogiudizio, una punizione che spesso mi... mi infliggo, senza dubbio.

● Ma ti viene in mente qualche episodio in particolare?

■ No, qualcosa di interessante da raccontare così... no.

● Alberto?

□ Estremamente banale, direi... quello che mi è capitato... Mi sono sentito importante il giorno del mio matrimonio perché c'era tanta gente che ci guardava, tanta gente che ci seguiva... Però... comunque ne ho goduto, mi è piaciuto.

● Poi ci sono state pure le foto sui giornali...

□ Ecco, fra l'altro, sì, la foto sul giornalino locale semplicemente perché mia suocera ha invitato e offerto un... ottimo pranzo e da bere ad un giornalista buongustaio, per cui...

■ E ha avuto successo...

□ Ha avuto successo, sicuramente.

● Signora Luisa?

▲ Mah, io ricordo una cosa forse un po' banale e un po' sciocca. Per me sorgeva il problema molto serio quando dovevo andare con mia madre a comprare le scarpe... Perché le scarpe... è sempre stato il mio debole, e ogni paio di scarpe che mi piaceva, dicevo sempre che mi andavano bene, anche quando mi erano piccole o grandi e... e poi quando arrivavo a casa c'era... dovevo dire la verità ..."No, mi sono troppo grandi o mi sono troppo piccole" e quello era sempre un grosso problema perché non sapevo rinunciare ad un bel paio di scarpe anche se non mi andavano bene.

● Era più importante comprarle...

▲ Sì, comprarle e portarle a casa, poi se erano grandi... il problema... va be'... era relativo perché poi mi sarebbero andate bene. Ma se erano piccole no, anche perché dopo di me non c'erano più figli, da poterle passare ad altri.

5

● Allora, prima di tutto vi voglio chiedere una cosa legata alle vostre reazioni rispetto a certe cose... C'è gente che è terrorizzata dagli insetti, c'è gente che ha paura di alcune cose, e allora vi volevo chiedere se ci sono delle cose che vi terrorizzano... Avete...?

○ Sì, io ho delle cose che mi terrorizzano... I topi.

● I topi...

○ Sì, perché da piccola son rimasta abbastanza scioccata da fotografie su libri gialli, che io ho sempre odiato, dal momento che questi topi mi han dato veramente... mi fanno stare male, non posso vedere i topi. Del resto no, qualsiasi insetto, qualsiasi animale, anzi mi fa piacere vederlo, se solo solo mi sta in mano lo coccolo pure, ma i topi no, no, è più forte di me.

■ Io amo i ragni, mi piacciono moltissimo.

● Li ami...

■ Sì.

● E cose che ti terrorizzano?

■ Nessuna, praticamente. Posso provare ribrezzo per alcuni tipi di scarafaggio, per esempio, ma secondo il contesto... In vacanza no.

● ...altre cose che ti terro... che non sono insetti o animali?

□ Può essere un'idea anche, no? Per esempio, l'idea della morte, a me mi terrorizza. Forse perché... ho tre figli... e perché... e mio marito è morto e quindi a volte temo... non so... che mi possa capitare qualcosa e i che miei figli rimangano così, un po'... in balia della sorte...

● Certo... Alberto? Ci sono cose...?

▲ ...Sì, è una deformazione... deformazione... ehm... sicuramente qualcosa che è dovuta a... alla mia famiglia insomma, per cui mio padre essendo pediatra ci ha sempre inculcato la paura delle malformazioni, delle malattie gravi, delle... problemi gravi che possono avere dei bambini, quello mi fa molto paura effettivamente.

● Problemi di salute...?

■ A me quello che terrorizza, invece, sono solo le persone.

● Le persone...

■ Non le idee lontane, le persone.

● Ah, proprio... così. E ci sono cose che vi fanno commuovere?

■ Sì, i film stupidi.

● I film stupidi.

■ Solo i film stupidi.

□ A me i bambini.

○ Fanno tenerezza.

□ I bambini mi fanno tenerezza e mi commuovono, specialmente quelli proprio... teneri, in età... tenera.

□ A me commuove molto e mi fa tanta tenerezza quando vedo un fiore che sta per sbocciare e il giorno dopo lo vedo fiorito. Perché non dipende da me e trovo che sia una cosa meravigliosa.

● Certo. Alberto, ci sono cose...?

▲ Sì, sempre nei bambini, certi episodi di

spontaneità, quello mi fanno estremamente tenerezza, sarà perché è un periodo della vita di mio figlio in cui la spontaneità è al massimo della sua espressione, non ha ancora condizionamenti e invece al... si riesce ad esprimere molto bene e a comunicare molto bene, appunto, senza nessun condizionamento e questo mi provoca ogni tanto delle... delle sorprese...

● Certo...

▲ ...delle sorprese che mi... mi danno tenerezza.

■ Ma stiamo parlando di tenerezza o...

● Cose che vi commuovono... a volte...

■ ...o commuov... ah...

● ...a volte la gente si commuove di fronte alla tenerezza o possono essere sentimenti legati, certo. C'è una cosa che se... eh... così, in situazioni... eh... non so, della vita di tutti i giorni, eh...

○ Mah, dipende, le cose tragiche fanno sempre piangere.

● Certo.

○ O sennò ci sono anche altre cose, meno tragiche ma che vengono presentate in un modo che fanno piangere veramente perché fanno riflettere...

□ Ma a volte uno reagisce...

○ Sarebbero tante...

□ ...così, commuovendosi oppure piangendo di fronte a delle situazioni stupide, e invece di fronte a una tragedia non riesce proprio a reagire.

○ Sì, sì.

□ Io... non riesco a piangere quando veramente ho qualcosa che mi...

○ Di violento, forse...

□ Sì, sì, qualcosa di forte.

○ Sì, può essere.

8

● Allora, io questa volta vi leggerò una serie di frasi e voi mi dite se siete d'accordo o non siete d'accordo. La prima: "Bisognerebbe fare il test dell'AIDS a tutti", dell'A.I.D.S.

○ Secondo me... no, non sono d'accordo, è molto meglio la prevenzione.

■ Sono d'accordo con...

○ Alberto.

■ Alberto.

□ Lo trovo una cosa antiscientifica e antieconomica pensare di farlo a tutti. Si deve fare alle persone di cui hanno bisogno [sic], quindi non sono per niente d'accordo.

▲ Sì, sì, anch'io la penso così.

● "La Comunità europea è inutile".

□ Per me è un tema troppo vasto.

○ Sì, è difficile da dire... "Comunità" è una parola che pare sia vaga, però probabilmente un... un'unione, un sistema di collaborazione serve.

■ Io non credo che sia inutile, mi domando solo perché ne stiamo parlando adesso, già da quel dì dovevamo parlarne.

● Beh, dovrebbe essere già fatta allora...

■ Sì, certo.

□ Ottima risposta.

▲ Sì, ma poi chi dice che sia inutile? Se ne parla già...? Ci sono polemiche...?

● Eh, ci sono un po' di polemiche... Sentite... e... "Bisognerebbe legalizzare le droghe", molti dicono che sarebbe la miglior soluzione per questo problema. Che ne pen... ne dite?

○ Io penso proprio di sì. Penso che... sicuramente sarebbe una maniera efficace per... innanzitutto...

togliere tutte quelle che sono le implicazioni di mercato.

■ Beh, io penso che intanto bisognerebbe combattere gli spacciatori di droga. Cominciare da lì.

● Prima di legalizzarle?

○ Non esisterebbero più.

■ Sarebbe la cosa migliore.

○ Non esisterebbero più con la legalizzazione, gli spacciatori.

■ Ah, certo, certo.

□ Io sono perfettamente d'accordo con Alberto.

▲ Ma... Cioè... si parla di tutte le droghe? Ogni genere di droga, anche dell'eroina, legalizzarla?

□ Eh, certo.

○ Soprattutto.

▲ Mah, non so fino a che punto...

□ Quelle che danno maggiori guadagni...

▲ ...combattendo così gli spacciatori si potrebbe debellare il problema della droga... non so fino a che punto.

□ Io penso di no, comunque debellare il problema della dr...

▲ Si eviterebbe un problema, ma forse sussisterebbe sempre il problema dei ragazzi che si drogano.

□ Ma... dipend... eh... c'è sempre il... il problema della dipendenza da qualcosa, dipendenza psicologica da qualcosa...

▲ Sì, sì.

□ ...questo è un altro problema, ovviamente. Penso che toglierla dal mercato, toglierla dal... circuiti di mercato, ci... guadagna...

▲ Ecco bisogna vedere l'obiettivo, sì, sì, questo senz'altro.

● Certo... E... "È giusto che i preti cattolici si possano sposare"...

□ Assolutamente no.

■ Sì!

▲ No, no, sì, sì.

■ Sì...

○ Sì.

■ ...con famiglia, e dodici figli.

▲ Sì.

□ Assolutamente no. Fa parte...

▲ Perché no, scusa?

□ Beh, s... è un discorso troppo lungo, ma comunque la...

■ Sì...

□ ...chiesa cattolica non può assolutamente permettersi questo...

■ Anche il mio...

□ ...non sarebbe la chiesa cattolica romana.

■ ...la mia è una risposta immediata, bisogna riflettere molto. Però io penso che se sapessero molte cose del peso di una famiglia... anche loro vedrebbero un po' in un modo diverso.

□ Che vadano a fare i preti protestanti, allora...

■ Sì.

□ ...non i preti cattolici.

● E "L'insegnamento della religione a scuola dovrebbe essere obbligatorio"? D'accordo o non d'accordo, velocemente...

□ Secondo me l'insegnamento delle religioni sarebbe interessantissimo. Perché la cultura di una... religione che fa parte della propria cultura... della propria... intendo dire... formazione culturale... ce l'hanno in famiglia e nella società in cui vivono, quindi un maggior approfondimento delle altre...

○ Certamente, sì, ehm... Diciamo che nell'approfondimento della storia bisognerebbe senz'altro dare più peso... alle religioni... M... Anche oggi, vediamo quanto sono importanti... le religioni nella storia... attuale.

UNITÀ 2

1

[Trascrizione nella *Guida per l'insegnante*]

4

[Trascrizione nella *Guida per l'insegnante*]

6

● Bisognerebbe fare il test dell'AIDS a tutti.
● La Comunità Europea è inutile.
● Bisognerebbe legalizzare le droghe.
● È giusto che gli omosessuali si possano sposare.
● Bisognerebbe mettere fuori legge tabacco e alcol.
● È giusto che i preti cattolici si possano sposare.
● L'italiano è più difficile dell'inglese perché viene dal latino.
● La cultura è basata principalmente sulle religioni.
● L'insegnamento della religione a scuola dovrebbe essere obbligatorio.

UNITÀ 3

1

A
● Ciao!
○ Ciao, auguri!
■ Buon compleanno!
● Grazie, grazie.
○ Tieni.
● Grazie, ma non dovevate tanto...

B
Tanti auguri a te
tanti auguri a te
tanti auguri Gianluca
tanti auguri a te.

C
● Pronto?
○ Margherita? Sono Stefania...
● Ciao, come stai?
○ Bene, grazie, e tu? Come ti senti?
● Oddio, terrorizzata... mi sembra di non ricordarmi niente...
○ Ah, è sempre così, anch'io l'anno scorso la sera prima ero isterica... A che ora ce l'hai?
● Verso le undici, credo, sono la terza.
○ Se posso ti vengo a prendere... Vabbè, adesso non ti faccio perdere altro tempo, volevo solo dirti in bocca al lupo...
● Crepi.
○ Allora a domani... E stai tranquilla...
● Ciao, grazie della telefonata.

D
● Complimenti, signor Cricco, lei con questa risposta vince dieci milioni!
○ Grazie, grazie...

E
● Alfonso? Tanti auguri!

○ Grazie zia.
● E la sposa? Volevo fare gli auguri anche a lei...
○ Eccola là, sta parlando con un'amica.

F
● Martina!
○ Ciao Gianni! Come va? Ma cos'hai fatto alla gamba?
● Mi sono fatto male giocando a calcio.
○ Ma non mi dire! Quando è stato?
● Tre settimane fa, in Sardegna.
○ E come stai?
● Adesso meglio, ma sono stato operato al ginocchio...
○ Ah...
● Ecco mio padre. Scusa, ma devo salutarti... Ti telefono, così ci vediamo e facciamo due chiacchiere con calma.
○ D'accordo. E auguri per la gamba!
● Grazie.

8

● Oh, ciao!
○ Ciao!
■ Ciao, come va?
● Avanti, avanti...
○ Finalmente vediamo la famosa casetta... beh, mi sembra bellissima!
■ È veramente bella, complimenti!
● Grazie, ma ci sono un sacco di cose da fare, stiamo ancora un po' accampati...
■ Che bel camino! Hai visto, Ettore?
● Ah, ecco Giulio...
□ Ciao, come va?
○ Ciao...
■ Ciao, bene, e tu?
□ E Agata?
● Si è addormentata dopo la poppata, per fortuna.
○ Ah, Flavia, tieni, questo è per Agata...
● Dai, non dovevate... Vediamo un po'... che bello, grazie!
○ Figurati, giusto un pensierino... se già ce l'ha si può cambiare...
● No, no, anzi, pensavo di prenderglielo uno di questi giorni...
...
■ Ti trovo bene, sai?
● Davvero? La sera sono sempre così stanca...
■ Questo taglio di capelli ti sta proprio bene.
● Grazie... ma adesso sono ricresciuti, appena tagliati stavano meglio. Vieni che ti faccio vedere Agata.
■ Facciamo piano piano... Che carina!
...
○ Giulio, complimenti, questo tiramisù è eccezionale!
□ Ti piace? Non ci vuole niente, è facilissimo.

11

A
● Zio Mario, allora, come stai?
○ Mah, come sempre... Siamo qui...

B
● Allora, tutto bene?
○ Mica tanto... stanotte non ho chiuso occhio.

C
● Buongiorno, signora Franca, come va?
○ Come vuole che vada, si tira avanti... E lei, come sta?

● Così così...

D
● Luca! Lo sapevo che ti avrei trovato qui! Come stai?
○ Bene, grazie, e tu?

E
● Come sta, dottor Esposito?
○ Lasciamo perdere, non ne posso più di questa umidità!

13

● Can che abbaia non morde.
● Il lupo perde il pelo ma non il vizio.
● L'ospite è come il pesce, dopo tre giorni puzza.
● Del senno di poi son piene le fosse.
● Non tutte le ciambelle riescono col buco.
● Il diavolo fa le pentole ma non i coperchi.
● Ambasciator non porta pena.
● Chi semina vento raccoglie tempesta.
● Patti chiari, amicizia lunga.
● Uomo avvisato, mezzo salvato.
● Scherza coi fanti e lascia stare i santi.

UNITÀ 4

2/5/7

A
● Hai saputo la novità? Nicola non insegna più in quella scuola.
○ Ma dai! Come mai?
● Eh, è stato assunto alla Mondadori.
○ Beh, che bello! Chissà come sarà contento! Quando l'ha saputo?
● L'altro giorno, ero a casa sua quando l'hanno chiamato. Oramai non se lo aspettava più, gli avevano detto che non avevano bisogno di redattori. E invece si è liberato un posto, così si sono ricordati di lui.

B
● Hai sentito di Marisa?
○ No, cosa ha fatto?
● Si è sentita male, ha avuto una specie di collasso.
○ Non lo sapevo, mi dispiace, poverina. Ma quando è stato?
● Eh, un paio di giorni fa. Mentre era in ascensore, tac, all'improvviso è svenuta. E fortuna che non era sola...
○ Ah, davvero? Poverina, e adesso come sta?
● Meglio, l'hanno già dimessa...

C
● E Anna, l'hai sentita ultimamente?
○ Come no, anzi, te lo volevo dire, non sai l'ultima. Non sta più con Amedeo.
● Ah, ce l'ha fatta!
○ Sì, ma aspetta. Si sposa il mese prossimo!
● Si sposa? E con chi?
○ Con un ragazzo che ha conosciuto quest'estate in Grecia.
● Ma non era andata con Amedeo?
○ Sì, infatti, ma lo sai che tra loro le cose da tempo non andavano, finché una sera lui le ha fatto una scenata delle sue in un ristorante, e allora lei l'ha mollato lì e se ne è andata...
● Ma va? E dov'è andata?

○ In spiaggia, a dormire. Mica poteva tornare in albergo... E in spiaggia ha conosciuto Marcello, il ragazzo con cui si sposa...

D
● Sai che devo ricomprarmi la macchina?
○ Come mai? Non te l'eri comprata nuova l'anno scorso?
● Sì, ma ho avuto un incidente ed è completamente distrutta.
○ No! E come è successo?
● Figurati, l'avevo parcheggiata in via Monteverde e stavo facendo la spesa. A un certo punto ho sentito una frenata fortissima e un rumore di vetri rotti, mi sono affacciato e ho visto la mia macchina distrutta contro un albero!
○ Noo!
● Gli è andato addosso un pullman!
○ Che sfortuna! Beh, comunque adesso ci penserà l'assicurazione, spero...

E
● Eeh, hai sentito che Alcide ha cominciato a lavorare nello stesso ufficio in cui stavi tu l'anno scorso?
○ Sai che allegria! Mi dispiace proprio per lui. E chi è che è andato via?
● Eh, Michetti. Ha vinto un concorso alle Poste.
○ Ma va?
● Eh sì. Già il mese scorso si erano licenziati la Borri e Mario Castagna, e quindi la direzione ha deciso di assumere anche gente senza esperienza...

F
● Hai saputo che Michele è stato bocciato all'esame?
○ Che bello, così non parte più!
● Ma no, dai, non lo dire, l'ha presa malissimo!
○ Perché?
● Quando l'ha saputo si è infuriato, prima ha fatto una piazzata alla commissione, poi ha preso e è andato dritto da un avvocato. Era veramente fuori di sé.

9

● Che hai fatto poi martedì?
○ Ah, martedì poi, non te l'avevo detto?
● No.
○ Sono andata al concerto... all'Opera, c'era un concerto martedì pomeriggio...
● Al Teatro dell'Opera proprio?
○ Sì, sì, veramente interessante. E... dovevo fare delle altre commissioni quando sarei uscita dal concerto, per cui ho preso la macchina fiduciosa di trovare posto.
● La macchina? Per andare al concerto?
○ Eh, eh, cosa vuoi che ti dica, ne avevo bisogno dopo.
● Nel cuore di Roma?
○ Certo. Sono andata e quando sono arrivata in via Torino...
● Sì...
○ ...proprio nei pressi del teatro...
● Sì sì...
○ ...ho trovato un posto che ho detto "Questo stava aspettando me".
● Che meraviglia!
○ Ho parcheggiato in un modo divino, veramente, mh, una manovra stupenda, parcheggio la macchina, la lascio, mi guardo attorno per vedere dove l'ho messa, ed era proprio di fronte ad un bar. Ho detto "Perfetto, vado". Tranquillamente sono andata al mio concerto, un concerto abbastanza breve perché...
● Che cos'era?
○ Era un pomeridiano. Un concerto di arpa, solo di arpa.

● Arpa?
○ Sì.
● Hanno fatto Mozart per caso?
○ Mh, no, ti dirò, hanno fatto un brano che poi non mi ricordo di chi era, però tutto sommato mi è piaciuto molto.
● Sì.
○ All'uscita del concerto vado per riprendere la macchina, imbocco via Torino e guardo via Torino vuota.
● No!
○ Completamente vuota.
● Davvero?
○ Dico "Ma vuoi vedere che forse ho sbagliato strada? Non è, non è qui che l'ho messa". Però vedo il bar.
● Credo di...
○ "Eh no! Ma, eh – dico – io qui l'ho messa, no?". Vado, entro al bar, e in un modo molto aggressivo ho detto al barista "Scusi, ma la mia macchina dov'è?". Questo mi guarda e dice "Ah signo', che vvo'? Io la macchina tua non so dov'è". Dico "Eppure era qui, davanti al bar". "Mah – dice – guardi, è passato un carro attrezzi, adesso, e ne ha portata via una sfilata di dieci".
● No, peccato...
○ "Allora c'era pure la mia?" "Eh – dice – forse c'era pure la sua". "Eh – dico – adesso come faccio?" Io ho cominciato proprio... mi sono trovata in una situazione disperata.
● Vabbè...
○ "Eh – dice – niente, deve telefonare, ai vigili..."
● Sì, vabbè, le solite operazioni. Comunque spero che...
○ Le solite operazioni...
● ...io spero che tu impari...
○ Eh sì...
● ...a non andare più ai concerti in macchina.
○ Infatti.
● Soprattutto se vivi a Roma!
○ Infatti!

11

● Domani è l'anniversario di matrimonio di Peppe e Betta.
● Congratulazioni, Mazzuoli, lei è stato promosso.
● Lietta, complimenti, questi cannelloni sono eccezionali.
● Per favore, vammi a prendere Assia, è ora della poppata.
● Mannaggia, mi sono dimenticato di telefonare a Gabriella.
● Roccaraso è una località sciistica dell'Abruzzo.
● L'orizzonte congiunturale si fa un po' più basso e molto più grigio.
● Peruzzi è il portiere della Juve, e Casiraghi è un attaccante.

UNITÀ 5

1

● Sentite, io ora vi chiedo come reagite in delle... situazioni, così, se vi viene in mente una vostra reazione possibile... sennò... eh... per esempio quando vi pestano un piede... un piede sull'autobus...
○ Io mi giro come una iena e poi... mi placo immediatamente.
■ Mah, può succedere... non... non ci do peso.
□ Io cerco di far finta di niente.

▲ No, quando a me succede dico "In autobus non ci vado più!" e poi ci ricasco.
● E quando in una situazione formale, molto formale, avete bisogno di andare... al bagno?
□ Oddio...
○ Io ci rinuncio se... se è... molto formale ci rinuncio. Se è... appena meno che molto formale lo dico... lo chiedo.
■ Basta chiedere di lavarsi le mani.
○ O incipriarsi il naso.
■ In una situazione molto... molto formale, difficilmente ti faranno lavare le mani in cucina.
○ Ottima risposta.
● Se durante una cena in piedi vi accorgete di avere i pantaloni o la gonna totalmente scuciti?
□ Oddio...
○ Io farei finta di niente anche per dieci ore di seguito.
▲ Io faccio parete... Mi appoggio al muro e cerco di non muovermi più.
□ Mah, io cercherei di minimizzare la cosa, ecco, commentandola con chiunque mi si avvicini...
○ Certo...
□ ...Oh, guarda cosa mi è successo...
○ Certo...
□ ...ma guarda te...
■ Sì, se non è troppo lungo si può anche chiedere un ago e un filo...
● Se dopo aver invitato delle persone a cena in un bel ristorante vi accorgete che non vi bastano i soldi?
□ Beh, dipende da chi sia l'altra persona, no? Mah, se è un amico... gli si dice... guarda... purtroppo... non so... i ragazzi mi hanno preso dei soldi da qui, dal borsellino, per cui adesso guarda, mi trovo in questo problema.
■ Credo che se mi succede probabilmente è in un ristorante che conosco... per cui... penso di poter... ricevere la fiducia del ristoratore... che aspetterà l'indomani.
▲ Io con persone che non conosco cerco di avere del danaro in tasca... Di uscire di casa...
● Di evitare che succeda?
▲ ...mm... cerco di uscire di casa controllando quanti soldi ho, insomma.
● Sentite... e se siete in un... negozio di articoli delicati, porcellane, cristalli, con un bambino che fa cadere delle cose e si s... si rompono... Come... vi comportate?
□ Che fa cadere... cioè?
● Le fa proprio cadere, e... spacca...
□ Le fa cade... a me è capitato una volta... con mia figlia Virginia... Ebbene ho dovuto pagare quello che lei ha rotto... Non c'è verso.
▲ Io cerco di non entrarci in un negozio così con dei bambini...
□ Ma a volte è inevitabile... Cioè se hai... tuo figlio con te e devi... oppure tuo nipote e devi assolutamente, non so, comprare un regalo.. cosa fai? Mica puoi lasciarlo fuori...
▲ No, non entro.
■ Molto dipende dal negoziante, secondo me. Perché è il negoziante stesso che risolve la situazione... o negativamente o positivamente.
● Certo.
■ Per cui se mi sta antipatico posso anche portare... un bambino apposta...
○ Per poi pagare tutto?
■ Beh... Difficilmente.
● Se il vostro vicino vi attacca... un bottone per le scale e avete fretta?
▲ Mah, io...
○ Io... Prego...
▲ Scusa. Io trovo una scusa. Sono io che dico che ho

fretta e... sinceramente con una scusa abbastanza... valida e me ne vado.

○ Mah, eh... a me istintivamente mi si duin... dipinge in faccia un... un'aria freddissima e distaccata. Se quella non funziona sono assolutamente in balia di chiunque mi... mi attacchi un bottone anche se non voglio.

□ A me capita spesso che attacchino bottone con me. Forse perché non ho... non ho il coraggio di dire "Ah, guarda, ho da fare" per cui magari sto sulle spine ma...

■ Io posso provare con un assoluto silenzio, come tutta risposta... sennò... di scuse ce ne sono... migliaia.

● Se un amico vi invita a cena e vi annuncia un piatto... meraviglioso e quando arrivate lì vi accorgete che è una cosa che proprio non potete mangiare e che non... non vi piace e non la sopportate, come fate?

▲ Io lo mangio lo stesso, cerco di non deluderlo, poverino, dopo che ha fatto tanto...

○ Ehm... anch'io lo mangio, perché innanzitutto a me piacciono molto gli... gli esperimenti, le cose assurde e strane. Difficilmente glielo direi ma glielo farei capire, senz'alcun dubbio.

□ Mah, io glielo direi sinceramente.

■ Eh, io cercherei di farglielo capire senz'altro... Comunque lo mangerei.

● Va bene...

5

● OK. Ci sono delle cose che... vi piacciono o non vi piacciono nel comportamento degli altri? Eh... per esempio, c'è gente che non sopporta che gli altri arrivino tardi, oppure non sopportano che gli altri li contraddicano... cose di questo genere?

○ Io non ammetto... quando ho un appuntamento con un'altra persona... aspettare. Io concedo cinque minuti, e poi basta, me ne vado, perché non mi sembra giusto, dare un appuntamento e poi non mantenerlo.

■ A me non piace... la maleducazione e... e l'aggressività degli altri. È intollerabile, proprio.

□ Ed io non sopporto che gli altri... facciano dei piani senza consultarmi... che poi mi... ecco, me li annuncino... ormai a cose fatte.

▲ A me dà molto fastidio la falsità, soprattutto quella spudorata, quello... che a tutti i costi... nega anche l'evidenza.

10

[Trascrizione nella *Guida per l'insegnante*]

11

A
● E Carmela l'hai più vista?
○ No. Dopo quella brutta storia... Tu sai come sono io... A me piace la gente sincera...
● Sì, OK. Ma è successo tanto tempo fa... E poi, dai, che anche tu sei un po' permalosa di carattere...
○ È vero, però guarda proprio non sopporto che mi raccontino storie... Non aveva nessun bisogno di dire tutte quelle balle... è proprio infida come persona.

B
● Allora, signorina Valentini, a quanto pare lei da domani lavorerà con noi. Vedrà che si troverà bene, i

nostri impiegati sono tutte persone professionali e oneste. E anche a me piace che la gente sia precisa, precisa e puntuale.

C
● Dimmi un po' una cosa, ma... Come si chiama? Quel tipo buffo che abitava con te... Marco... Che fine ha fatto?
○ Ma chi? Mario?
● Ah, sì, Mario, non Marco, è vero... Abita ancora con te?
○ Ma scherzi! È un tipo assurdo, è tutto strano, gli piace fare il contrario degli altri...
● Come il contrario degli altri?
○ Mah... Dormiva di giorno e lavorava di notte, se io cucinavo, lui era a dieta, se io lavoravo, lui ascoltava la musica, un disastro, guarda!
● Proprio a te che sei così placido!
○ Beh, in effetti sono un po' abitudinario... Però quando mi cambia qualcosa mi sento tutto strano... Mi ero proprio innervosito...

D
● Ma c'è qualcosa che ti fa arrabbiare a morte? Come fai a essere sempre così calmo?
○ No... no, non è vero... Non sono sempre così... Per esempio, non sopporto che mi trattino male...
● Sì, ma comunque non ti arrabbi...
○ No, non mi piace discutere. Però rimango male, mi offendo.
● Oh, a me invece non piace che la gente si offenda. Preferisco che mi rispondano male e che tutto finisca in pochi minuti...

E
● Ti ricordi di Armando?
○ Chi?
● Armando, non so come si chiama di cognome, il cognato di Laura, Laura Crescimbeni...
○ Laura sì, ma questo cognato proprio no... Aspetta...
● Ma dai, quello insopportabile... Che a Capodanno ha iniziato a raccontare quelle barzellette sceme... Che facevano ridere solo lui... Che fa sempre quegli scherzi pesanti...
○ Ah, chi, quello alto, carino...
● Carino! Oddio... Io lo trovo esasperante...

UNITÀ 6

2

● Allora signor Paolucci, qual è il problema?
○ Lo stomaco, dottoressa. Da un po' di tempo mi fa spesso male lo stomaco. Quando mi prende mi sento veramente male...
● Ne ha mai sofferto in passato?
○ Saltuariamente, ma non in questo modo. Prima ogni tanto esageravo con il cibo, e mi veniva una specie di indigestione...
● Ma di solito digerisce facilmente?
○ Mh, mica tanto. Specie se mangio fuori, per lavoro.
● Prende caffè, alcolici?
○ Un caffè la mattina appena sveglio. Poi, un altro paio durante il giorno...
● E vino? Come stiamo?
○ Un mezzo litro di vino ai pasti...
● E... le capita mai di sentirsi stanco, affaticato?
○ Eh, veramente ultimamente sì. Ho cominciato anche

a soffrire di insonnia.

● E per quanto riguarda il fumo?

○ Una decina di sigarette al giorno. Prima anche un pacchetto, ma, ma poi ho avuto la bronchite e le ho ridotte.

● Beh, certo. Bah... senta, allora, le prescrivo delle analisi del sangue e una lastra al digerente...

○ Sì...

● Poi cominci a prendere questo sciroppo, un cucchiaio dopo i pasti per quindici giorni.

○ Va bene.

● Anche se non vede subito i risultati non si scoraggi, ci vuole costanza.

○ Sì.

● E poi dovrebbe cercare di stare leggero. Anche se mangia fuori non prenda fritti e grassi cotti...

○ Sì.

● ...niente spezie, e veda di non mangiare carne più di due volte la settimana.

○ Il caffè?

● Beh, il caffè dovrebbe evitarlo, soprattutto la mattina a stomaco vuoto. Anche per l'alcol, stesso discorso...

○ Mh.

● ...un bicchiere a pasto può bastare. E non fumi più di due o tre sigarette al giorno, se proprio non ce la fa a smettere...

○ Mhmh.

● Ma secondo me lei... è soprattutto molto stanco, e in ogni caso è bene approfondire le cause del mal di stomaco...

○ Va bene.

● ...in realtà ci vorrebbe una vacanza, ecco, la cosa migliore sarebbe una settimana di tranquillità.

○ Eh, magari!

● Comunque oltre alla dieta e alle analisi, cerchi di non passare tutto il giorno seduto, faccia un po' di movimento fisico, con moderazione, e vedrà che anche lo stomaco andrà meglio.

● Va bene. Quando devo tornare?

○ Mah, appena ha i risultati delle analisi ci vediamo.

3

CHE COSA CI VUOLE

Per fare un tavolo
ci vuole il legno
per fare il legno
ci vuole l'albero
per fare l'albero
ci vuole il seme
per fare il seme
ci vuole il frutto
per fare il frutto
ci vuole il fiore:
per fare un tavolo
ci vuole un fiore.

Gianni Rodari
*Da: Filastrocche
in cielo e in
terra*

10

● Allora, Stefano? Farmacia o Medicina, hai deciso?

○ No, guarda, ancora non ho deciso.

● Mh...

○ Deciderò dopo, non lo so. Te che mi consigli?

● Beh, non lo so, dipende. Quanta voglia di studiare...

○ Poca.

● Beh, allora, forse tra i due Medicina è la più impegnativa, bene o male sono sempre sei anni, più la specializzazione...

○ Quanto dura la specializzazione?

● Eh, dipende, ce ne sono da tre, da quattro anni, così, insomma...

○ Dieci anni di studio?

● Eh, sì, per lo meno. Farmacia, direi, sono cinque, per cui sicuramente se non hai... No, forse quattro, addirittura. Sì, dovrebbero portarla a cinque con una riforma, che stanno... che sta per partire. Per cui sicuramente, ecco, è più, così, una cosa più breve.

○ Ah, sì...

● Poi lo sai quanti esami ci sono a Medicina?

○ No.

● Per chi non ha molta voglia di studiare sono trenta esami.

○ Trenta esami?

● Mh, nei sei anni.

○ E Farmacia?

● Farmacia sono molto meno, sono una ventina, circa. Poi sono quasi tutti di chimica... Certo, poi c'è sempre anche il discorso dell'affollamento, per esempio, no?

○ E chi è... Quale facoltà è più affollata?

● Beh, sicuramente Farmacia è abbastanza, così, più limitato il, l'afflusso. Medicina ci sono dei corsi enormi...

○ Ah...

● ...i primi anni soprattutto, poi via via...

○ All'università... di Roma?

● Sì sì. Beh sì, infatti ci sono anche delle facoltà di Medicina più piccole, non so, in piccole città, dove, così, sicuramente c'è meno gente, però Roma, o Napoli, o Milano, sono... è veramente impossibile. Poi, lo sai cosa ti volevo dire? Dovresti informarti anche di queste lauree brevi che stanno istituendo. Non so, sei...

○ Perché, ne stanno istituendo anche per Medicina e Farmacia?

● Mh, dovrebbe esserci qualcosa, sì, per, per Farmacia, credo. E quindi, ecco, quella sarebbe una buona cosa.

○ E poi lo sbocco nel mondo del lavoro?

● Mah, teoricamente dovrebbe essere migliore. Eh, perché... così, insomma c'è una... è più indirizzato, è una cosa più specializzata, dura di meno, per cui poi uno dovrebbe trovare più facilmente la cosa. Però, ecco, se io fossi in te partirei anzitutto... già tu hai idee chiare nel senso che non hai molta voglia di studiare...

○ Certamente.

● ...tanto a lungo, quindi Farmacia andrebbe meglio di Medicina. E... e poi anche, appunto, mi informerei su

queste lauree brevi per vedere dove ci sono, dove...
○ Eh, sì, è vero...
● ...e quanto durano esattamente, gli esami che sì... comunque gli esami sono quelli, insomma. E poi, ecco, perché forse c'è più possibilità di lavorare, al contrario di quello che succede con Medicina. Farmacia sicuramente dal punto di vista, eh, dell'occupazione è ancora abbastanza buona. E non è difficile, insomma...
○ Medicina è più difficile trovare lavoro?
● Sì, senz'altro.
○ Dopo i quattro anni di specializzazione anche?
● Mhmh. Eh sì, anzitutto la specializzazione è obbligatoria se vuoi poi lavorare, altrimenti...
○ Certo.
● ...non sei proprio praticamente niente dopo i sei anni. E quindi... ecco, sono già dieci anni, e arrivi a trent'anni, e ancora non hai un lavoro sicuro...
○ No. No no, non posso...
● ...non lo so quanto, quanto sia, così, uno dovrebbe avere, deve avere una grande passione, non so se tu, non mi pare di capire...
○ No.
● ...che ci sia questa cosa. Vabbè, sei bravo nelle materie, così, biologiche e chimiche...
○ Sì.
● ...però allora ti conviene veramente... insomma, io penserei più a Farmacia, francamente.
○ Beh, sì, grazie del consiglio. Poi, che devo fare...
● Insomma...
○ ...mi informerò per queste lauree brevi.
● Certo. Può essere una cosa...

13

A
● Ma che cos'hai, sei ancora arrabbiata per stamattina?
○ Certo, vorrei vedere, ma ti rendi conto di cosa mi ha fatto quell'idiota?
● Se fossi in te non me la prenderei tanto, fa sempre così, e poi a quest'ora si sarà già dimenticato tutto...
○ Eh già, lui, ma io no!

B
● Sono preoccupata per Gianni. Ha detto che telefonava appena arrivato, e ancora non si è sentito.
○ Ma dai, avrà trovato traffico... Però potresti provare a telefonare tu, magari è arrivato e si è dimenticato di chiamarti, Gianni è il tipo.

C
● Che hai, mi sembri nervoso.
○ Sì, mi sento abbastanza stressato. È una settimana che non vado mai a casa prima di mezzanotte... È pesante.
● Io al posto tuo mi rifiuterei... Guarda Merli, qualcuno gli chiede mai di restare? Anche tu dovresti essere meno disponibile.

D
● Se sapessi, da quando Mauro è partito mi sento talmente a pezzi... Credimi, non l'avrei mai immaginato.
○ Ti manca molto, eh?
● Eh sì, ti dico, sono veramente depressa.
○ Ti capisco, però cerca di reagire, chiama qualcuno, fatti sentire... Non so, io cercherei di vedere gente...

E
● Guarda, non dirmi niente, sono nero!
○ Sì sì, ho sentito mentre parlavi con Salvi... Secondo me hai ragione tu, però scusa, qui ci vorrebbe una

bella vertenza sindacale, io mi meraviglio che tu non ci abbia ancora pensato!

UNITÀ 7

1

● Mi potete dire cinque cose che vi piacerebbe fare adesso subito, insomma nell'immediato, e cinque cose che vi piacerebbe fare... più... magari... a lunga scadenza, insomma non subito subito ma nei... prossimi... giorni... i prossimi mesi... così, che vi vengano in mente?
○ Cose reali o... cose desiderate...
● Eh, cosa ti piacerebbe fare, appunto, non è detto che tu poi riesca a fare tutto quello che dici.
■ Ma poi che si potrebbero anche fare, insomma...
● Certo, certo.
■ ...non dire "Mah, mi piacerebbe andare sulla luna", insomma...
● No, certo, certo...
■ ...diventerebbe assurdo. Delle cose possibili... Beh...
○ Mah, io non so, nelle prossime ore, dici? Dirigere un'orchestra... eh... leggere... ho in sospeso tipo sette libri, leggerli in un pomeriggio, così me li tolgo perché è anche uno stress pensare di doverli ancora leggere... Penso di averne dette tre, ba... due o tre, bastano.
● E... magari più a lunga scadenza? Questi sono...
  Più a lunga scadenza... eh... conoscere qualche persona nuova.
□ Io ne ho una non a termine immediato, ma domani, di... divertirmi molto in barca e... fare pure una bella figura... ehm...
○ Ma questa è una cosa reale?
□ Sì, sì...
○ Dì qualcosa di... di...
□ ... è reale, realissima...
■ Di impossibile quasi?
○ Una gara...
□ ...no, no, è reale, ed è... non di quattro e settanta ma... un altro tipo di barca...
○ Più grande?
□ ...diversa e... altrettanto divertente. E... eh, a più lungo termine, di rifare un viaggio, perché è troppo tempo che non ne faccio.
■ Io vorrei sapere suonare talmente bene il pianoforte di meravigliarmi di me stessa. Però non è possibile. E poi, niente, fare un viaggio... in posti completamente diversi da quello che è l'Italia, non certo in Europa perché è... troppo simile. Molto lontano, dove... diventa quasi impossibile andarci.
▲ Io... Dunque, nei prossimi giorni, diciamo, trovare il tempo anch'io per leggere dei libri che ho... lì, che mi aspettano. E poi... a lunga scadenza... vorrei rifare un viaggio in Venezuela per rivedere i vecchi amici.

5

● E... se invece sogniamo un po', per esempio, e pensiamo di essere in situazioni... Non so, se... se foste... il presidente della repubblica, c'è qualcosa che vi piacerebbe fare e che fareste... eh... subito?
○ Mah, siccome a me piace molto mangiare, farei dei... molti pranzi di gala... raffinatissimi. È la prima risposta che mi viene.
● Certo.
■ Non ho idea, guarda.

□ Io farei mettere tutto il verde che è stato tolto.

▲ Sì, la risposta di Alessandro è una delle poche risposte, secondo me, che si possono dare, perché... sennò... mi viene subito uno stress... a pensare a tutte le cose che si dovrebbero e potrebbero fare.

● Se foste la persona più ricca della terra?

○ Ehm... Non ci ho mai pensato.

▲ Non ci ho mai pensato nemmeno io, forse non sarei capace di diventarlo...

○ Appunto... O di gestirlo, anche.

▲ ...perché...

■ Sì, soprattutto questo. Io neanche sarei capace di gestire tutto... quel denaro... non credo.

□ Io non ci terrei proprio. Credo che avrei un sacco di preoccupazioni, meglio così.

● Se aveste a disposizione un aereo privato, in questo momento, cosa fareste?

□ Beh, io innanzitutto vorrei saperlo pilotare. Poi, certo...

○ Ah, fantastico.

□ ...con un aereo, che fai? Voli.

▲ Sì, ho tenuto in mano... per ... mezzo minuto... la cloche di un piccolissimo aereo e debbo dire che è estremamente divertente. Per cui non mi dispiacerebbe saperlo pilotare... ehm... andare... abbastanza lontano, ma insomma basta anche il Nord Africa.

■ Io farei quel viaggio che ho in mente di fare.

○ Io invece andrei in Giappone, dritto dritto. Un viaggio in Giappone.

● Se vi chiedessero di pagare una tangente?

▲ Già successo. Ma... non è stato fatto.

□ No, mi rifiuterei.

○ Io mi indignerei a tal punto da fare... un grandissimo casino.

■ Io pure, io denuncerei la persona.

● Se non riusciste a trovare lavoro e non aveste più soldi per vivere?

○ È la mia attuale condizione, quindi... no... non ci trovo nulla... neanche di stressante.

□ Mah, ci sono tante cose oneste. Poi con un po' di fantasia...

■ Sì, anche a me è successo. Poi basta chiedere aiuto anche alla persona giusta...

□ Sì.

■ ...Magari una mano te la dà, poi ti riprendi.

○ Sì.

▲ Sì, non mi pongo il problema di rimanere... senza lavoro... senza una lira, perché... ho sufficiente umiltà per fare anche... lavori... di secondo... "grado" tra virgolette.

● Se vi accorgeste che un uomo armato vi sta rubando la macchina, come... vi comportereste?

○ Lo lascerei fare. Se è armato, lo lascerei fare.

□ Anch'io. Gli direi solamente "Ma proprio la mia vuole?"

▲ Sì, anche, anche per me sarebbe la stessa reazione, perché non è una macchina... particolarmente fantastica. Mi sorprenderei molto di sicuro.

■ Devo rispondere velocemente?

● Mah, se hai...

■ Sì. No, perché a me è capitato, diciamo qualcosa di simile, non... proprio... il furto di una macchina. Però... ecco, quando mi chiedevano cosa avrei fatto io, per esempio, se mi avessero scippata io dicevo sempre ''No, io non saprei reagire, rimarrei di stucco'', e invece poi mi hanno scippata e sono corsa dietro al ladro. Per cui adesso voi mi chiedete cosa farei...

□ Ma questo era armato?

■ ...di fronte ad una pistola che mi minaccia... Non lo so...

▲ E come è andata?

■ ...Può darsi pure, tutto ad un tratto schiaffeggerei il ladro, non lo so.

▲ Come è andata...?

○ L'inseguimento...

■ Niente, sono... sono corsa e qualcuno l'ha acchiappato e ho recuperato la mia borsa.

▲ Ah, bene.

● Se vi trovaste da soli in ascensore con un... personaggio famoso che ammirate? Non so, un politico, un giornalista, un attore o un'attrice?

□ Ah, io lo tratterei in un modo molto indifferente.

▲ Beh, io per lo meno gli direi "Buongiorno, come va?"

□ Sì.

○ Non... non... non ho nessuna... non ho niente da dire insomma, proprio non ho...

□ Non tocca.

○ ...nessun mito di questo tipo, ma neanche lontanamente.

■ Dipende, se io ammiro la persona, può darsi, gli rivolgerei la parola... Non so, gli farei qualche domanda che m'incuriosisce su qualche fatto della sua vita che m'incuriosisce... oppure se... se non mi ha... non mi è simpatico, semplicemente lo ignoro.

○ Se posso aggiungere una cosa... Se però vedo che questa persona cerca... che so, di essere riconosciuto, cerca uno sguardo, un ammicco... con me, penso che mi comporterei in questo modo appunto.

□ Sì, io ho dato questa risposta pensando...

○ Esattamente...

□ Certo non sono stata a dilungarmi...

○ ...come che si aspetti di essere riconosciuto.

□ Sì, sì, di voler essere riconosciuto... "Lei non sa chi sono io", ma no a questo punto, no.

● E se vi trovaste su un'isola deserta con il vostro peggior nemico?

○ Lo eliminerei immediatamente e vivrei felicissimo da solo.

▲ Non ho nemici sufficientemente nemici per... eliminarlo.

□ Mah, io credo che forse quella è l'occasione buona per... per fare amicizia... Si è solo in due... Che si fa?

■ Anch'io, anch'io, sì, penso sarebbe l'occasione buona veramente per dialogare un poco...

○ Ma era la mia risposta anche, eliminare un nemi...

■ ...e cercare di vedere questa rivalità su che cosa sia fondata.

○ Ma eliminare un nemico intendevo anche... anche questo.

□ Anche questo.

▲ È anche... è anche vero che anche io probabilmente sono il suo peggior nemico, per cui... o cercheremmo di ammazzarci tutti e due...

□ Eh, sì.

● Se il vostro superiore, uomo o donna, vi facesse delle proposte? Come... reagireste?

○ Mah, se è bello o bella, ben vengano.

▲ Mah, per un uomo è banale rispondere... se... il mio superiore fosse una donna... Se è bella... Mah, insomma, se non è proprio orribile... uno potrebbe accettare.

■ Beh, io penso che per la donna la situazione sia un po' diversa.

○ Sì.

■ Perché si sente un po' come una merce da comprare, una merce in vendita. A me è capitato una volta e ho reagito abbastanza male.

○ Ma a te è capitato tutto nella vita!

■ Un po' sì, un po' sì.

○ Tutte queste domande assurde...

□ Per me dipende, se sono d'accordo...

■ Non era il mio superiore, eh?

□ ...se sono d'accordo, allora mi fa anche piacere. Ma

se non sono d'accordo, no.
■ Sì.

UNITÀ 8

2

● Lucia, tu fumi?
○ No, ho smesso tre quattr'anni fa, sono molto contenta di averlo fatto.
● E... e tu Francesca?
■ No, no no, neanche.
● E non hai mai fumato?
■ No, sul serio no. Ho sfumacchiato qualche sigaretta, ma scroccandole...
☚ Mhmh.
■ ...mah, per brevissimi periodi, insomma no, direi che non ho mai fumato.
● Valeria, tu bevi alcolici?
□ No.
● Mai fatto?
□ No.
● E il fumo invece?
□ Nemmeno.
● Accidenti...
■ Bugia. È un'etilista.
● E ti è mai capitato di fare una dieta?
□ Di fare una dieta sì, al... al terzo liceo, quando avevo diciott'anni, ho fatto questa dieta per tre giorni, una dieta rigorosissima, eh... dove non si mangiava niente, tant'è vero che il risultato si è visto subito perché la mattina del terzo giorno di questa dieta, che praticamente era un digiuno totale, mi sono svegliata, sono andata in bagno, sono cascata a terra svenuta, cioè, con... sì, proprio, sfregi sul viso...
● Hai smesso...
□ Si vedono i segni qui...
▲ Della dieta! Qui!
□ Qui ci ho un segno perché ho sbattuto a terra, sono cascata a terra...
● Federica, tu fai sport?
▲ Sì, purtroppo meno di quanto vorrei farne, per una questione di tempo.
● Mhmh. E cosa fai?
▲ Mah, eh... arrampico.
● Ahah. E...
▲ Mi piace molto la passeggiata, l'arrampicata... In questo periodo mi sto dedicando all'arrampicata.
● E quando hai cominciato?
▲ Ho cominciato parecchio tempo fa, poi l'ho... l'ho abbandonata e l'ho ripresa quest'estate.
● Mhmh. Tu fai sport, Gabriele?
△ Mh, sì, ma, proprio poco, gioco un po' a tennis, tutto qua, non sono un grande sportivo, non sono, non lo sono mai stato, devo dire la verità.
● Non, non hai mai praticato in maniera...
△ No no, sì, ho nuotato un po', ho giocato a pallone, insomma, cose banali.
● Ahah. E... qualcuno suona uno strumento, di voi?
△ Io sì, suono la chitarra. Difatti, eh, mi sono ricordato di questo posto perché ci sono venuto a suonare un sacco di tempo fa...
● Ah...
△ ...più di dieci anni fa, ormai.
● Ahah, quindi suoni da molto.
△ Cioè, suono la chitarra, la strimpello ora e la strimpellavo allora, all'epoca stavo al liceo e...
● E quando hai cominciato a suonarla?

△ Eh, a dodici, tredici anni. E, gli anni più divertenti sono stati quelli del liceo, che avevamo fatto un gruppetto e suonavamo nelle scuole, queste cose qua.
● Mhmh?
△ Una volta ci hanno pure tirato la, l'imbottitura delle sedie. Hanno rotto delle sedie e ci hanno tirato l'imbottitura!
● Tu, Francesca, non suoni però con la musica hai qualcosa a che fare, no?
■ Sì, è vero, mi piace, mi piace molto la musica e mi piace cantare.
● Ahah?
■ Quindi per ora sto studiando canto. E niente...
● E quando hai cominciato?
■ Mh, beh, a cantare in un coro di musica barocca, come sei, cinque anni fa, quando insomma venni a Roma... Eh, niente, in questo modo un pochino più mirato almeno due anni. In realtà sono un po' di più ma, dico due anni perché credo che sia determinante questa nuova insegnante, quindi, he he, quest'ultima insegnante, quindi credo che siano due anni, i due anni che sto con lei.

7

● Gabriele, tu sei sposato?
○ Sì.
● Mhmh. E da quanto tempo?
○ Ci siamo sposati a luglio, i primi di luglio di quest'an..., dell'anno scorso, eh, il 2 luglio dell'anno scorso, ma vivevamo insieme già da parecchio tempo, tre quattr'anni più o meno.
● Ahah, e da quanto vi conoscevate?
○ Poco di più, cinque... cinque, sei, quasi sei ora, diciamo.
● Mhmh, e come, come vi siete conosciuti?
○ Ci siamo conosciuti perché una mia carissima amica era... eh, che, che aveva fatto con me il liceo, eh, aveva incontrato all'università Lucia, e quindi erano diventate amiche. E proprio il momento materiale in cui ci siamo conosciuti è stato un giorno in cui sono andato a casa di Lucia a prendere questa mia amica per, per andare poi da un'altra parte insieme la sera. Quello è stato il, il giorno preciso, insomma...
● Ahah.
○ ...comunque c'è, ques... questa mia amica è stato il *trait d'union*.
● Ho capito. Francesca, tu sei sposata?
■ No.
● E hai un compagno?
■ Ho un compagno con cui vivo...
● Ahah?
■ ...che ho conosciuto un anno fa, per la verità a Natale dell'anno scorso, quindi un anno e un pochino di più, ma con cui poi si è concretizzato questo legame, a maggio, ad aprile, per la precisione.
● Ho capito. E... come vi siete conosciuti?
■ Si chiama Mario, ci siamo conosciuti perché... è un, è un cantante, un cantante... a suo tempo era un barocco, un cantante barocco, un baritono barocco, allora in questo coro in cui io canto come corista, eheh, è venuto a cantare da, da solista alcune cose. Eh, da fuori perché è argentino... e poi niente, abbiamo iniziato a conoscersi su... a conoscerci subito, per la verità, è stata subito una simpatia, però, insomma, ci sono voluti un po' di mesi.
● Ho capito.
■ Quindi, insomma, io mi ricordo, era il 19 dicembre, era l'Accademia Britannica dove abbiamo fatto questo concerto, e dove ho sentito questa splendida voce, he he, in questo discreto ragazzo... È molto

stanza meravigliosa di questa accademia, in cui studiano i vari, credo, inglesi che vengono a Roma eccetera, delizioso am... am... ambiente, ambientazione molto bella, sì.

● Un bel ricordo, giustamente. Federica, tu sei sposata?

□ No.

● E hai un ragazzo?

□ Sì, ho un ragazzo che ho conosciuto in un'ambientazione tutt'altro che piacevole! Perché l'ho conosciuto alla Scuola di Notariato di Roma, e ci ho studiato insieme per due anni quasi e poi ci siamo fidanzati.

● Ahah, e da quanto tempo vi conoscete, adesso?

□ Ci conosciamo da sei anni e stiamo insieme da quattro.

● Ho capito, e quindi, come, come è avvenuto questo incontro alla Scuola del Notariato?

□ Mah, la... niente, un gruppo di amici ci ha presentato, siamo usciti insieme, abbiamo cominciato a studiare insieme, io ero fidanzata con un altro, e poi... la quotidianità dei nostri incontri mi ha... mi ha portato verso di lui.

10

● Eh, l'altro ieri ci è successa una cosa molto strana, perché siamo rientrati a casa verso sera, tornando dal lavoro...

○ Mhmh?

● ...e... abbiamo visto nella finestra del salotto che c'era un foro, come un buco, un proiettile, praticamente al centro del vetro. Come se qualcuno avesse sparato, diciamo così, dalla strada, da fuori, eh, peraltro senza mandare in frantumi il vetro...

○ Ahah?

● ...c'era soltanto un piccolo forellino, con, con i vetrini del vetro principale che erano un po' sparsi...

○ ...per terra?

● ...sul tappeto, per terra.

■ La cosa buffa è che questa stessa cosa era successa una settimana prima al nostro vicino di casa.

○ Ma va?

■ Lo stesso buco esattamente nello stessa, nella stess... nello stesso vetro, diciamo...

● Nello stesso lato.

■ ...nella stessa posizione...

○ Che...

■ ...della nostra.

○ ...ah, perché è esattamente lo stesso tipo di casa, al piano...

■ Sono, sì, sono i nostri dirimpettai...

○ Ah...

■ ...e quindi era successo che avevano trovato questo stesso buco e avevano fatto la denuncia ai carabinieri.

○ Ah...

■ E, una volta venuti anche i carabinieri, avevano pensato che fosse il proiettile di una carabina, probabilmente...

○ Addirittura?

■ ...sparato forse dal giardino di fronte...

● Però la cosa strana è proprio questa, che, eh... dalla strada che passa sotto la nostra casa non si riusciva, non si può arrivare a... a sparare proprio in quel punto del vetro, perché è un punto del vetro vicino al davanzale, quindi è un punto del vetro basso...

○ Ahah?

● ...e dalla strada non è visibile. Per cui dovrebbe essere stato sparato da, eh, non so, dai palazzi di fronte, ma i palazzi di fronte sono molto distanti da...

■ Troppo lontani.

● ...Sono troppo lontani per arrivarci con un colpo.

○ Ah...

● Per cui c'è questo mistero perché...

■ Abbiamo...

○ Ma voi avete trovato poi il, il proiettile?

● Non abbiamo trovato niente.

● Eh, questa è un'altra cosa strana, né noi né il vicino, nessuno dei due ha trovato nulla, perché...

■ Forse è rimbalzato fuori.

● Potrebbe aver... essere rimbalzato fuori, però è strano, perché in entrambi i casi... Allora ognuno ha dato le sue ipotesi...

○ Ahah?

● ...anche quelle più strane, qualcuno diceva "Forse è un proiettile di ghiaccio"... quindi si è sciolto, però insomma non è verosimile anche perché...

○ E comunque i carabinieri non hanno...

● I carabinieri non hanno...

■ No.

● ...non, beh, poi insomma non è stata una cosa che... a, a cui hanno dato molto...

■ Peso.

● ...peso. Probabilmente si tratta di... qualche...

■ Di una ragazzata, così, qualche...

● ...Sì, qualche ragazzo che avrà... o con una fionda potrebbe essere stato...

■ Abbiamo pensato anche al fatto che sia io che il mio vicino abbiamo dei gatti in casa...

○ Ah...

■ ...quindi magari li vedono passeggiare sul davanzale e, così per gioco...

○ Gli sparano.

■ ...magari provano a tirargli una pietra con la fionda, o un proiettile, o cose del genere...

● Però questa cosa...

■ È un po' strana.

● ...diciamo che è stata un po'... inquietante, allarmante perché infatti da... in questi giorni stiamo sempre con... eh, le serrande...

○ Abbassate.

■ Abbassate.

● ...mezze abbassate perché abbiamo paura...

○ Eh, non si sa mai...

■ Che ci sparino!

● Eh, non si sa mai!

14

● Silvio Berlusconi è nato a Milano il 29 settembre 1936. Dopo la maturità classica si è laureato in legge all'università di Milano. A 23 anni è stato nominato general manager di una società di costruzioni, e nel 1963, a 27 anni, ha fondato la Edilnord, impresa che pianifica e realizza centri residenziali, i principali dei quali, Milano 2 e Milano 3, sono stati realizzati tra il 1969 e il 1976. Nello stesso anno è diventato azionista del quotidiano "Il Giornale", del quale diverrà successivamente l'editore. Nel 1978 hanno inizio le trasmissioni di Canale 5, cui fanno seguito, due anni più tardi, altre due televisioni commerciali di proprietà del "Cavaliere", Rete 4 e Italia 1. Nel 1986 ha acquistato la squadra di calcio del Milan, di cui è attualmente presidente, e nell'88 la catena di grandi magazzini Standa.

● Oriana Fallaci è nata il 29 giugno del 1930 a Firenze. A 13 anni partecipa alla resistenza distribuendo insieme al padre stampa clandestina. Dopo la maturità classica si iscrive alla facoltà di Medicina, che però lascia poco dopo. Nel '49 inizia la sua attività giornalistica, lavorando per "Il Mattino dell'Italia centrale". Tra il '54 e il '76 collabora come inviata speciale con i settimanali "Epoca" e "L'Europeo", assistendo in prima persona ai grandi eventi di quegli anni, ed intervistando le personalità di maggior spicco della storia mondiale. Trasferitasi negli Stati Uniti, ha cominciato a collaborare con importanti testate come il "New York Times" e "Life". All'attività giornalistica ha costantemente accompagnato quella di scrittrice, che negli ultimi anni è diventata prevalente. Molti i romanzi di successo, tra cui ricordiamo *Penelope alla guerra*, del 1964, *Così sia*, pubblicato cinque anni più tardi, fino al celeberrimo *Lettera ad un bambino mai nato*, che nel '75 ha occupato per mesi i vertici delle classifiche. Nel 1980 esce *Un uomo*, mentre 10 anni dopo, accompagnato da un'enorme campagna pubblicitaria, è la volta del suo ultimo grande successo, *Insciallah*. Oriana Fallaci vive a New York.

● Marco Pannella è nato a Teramo nel 1930. Laureato in legge, è entrato in politica giovanissimo: a ventitré anni è presidente dell'Unione nazionale degli studenti universitari, e un anno dopo, nel 1954, promuove la fondazione del Partito Radicale. Diventato giornalista professionista lavora a Parigi, come corrispondente del "Giorno", dal 1960 al 1963. Negli anni 60 e 70 è in prima linea nelle campagne volte a promuovere l'istituzione del divorzio, l'obiezione di coscienza e il diritto di voto ai diciottenni. Impegnato nella difesa dei diritti civili, in particolar modo nei paesi dell'Est Europeo, viene arrestato nel 1968 a Sofia. Nel 1976 è eletto per la prima volta deputato del Parlamento italiano, mentre tre anni dopo giunge l'elezione al Parlamento europeo. Nel 1981 è eletto segretario del Partito radicale. Europeista convinto, nel 1989 ha promosso il primo congresso del Partito radicale transnazionale, i cui lavori si sono svolti a Budapest. Nel 1992 viene rieletto per la quinta volta deputato in una lista che porta il suo nome, la Lista Pannella, ed entra a far parte della Commissione per le riforme istituzionali.

UNITÀ 9

2

● OK. Io adesso vi faccio vedere un'immagine e vi chiederò di dirmi che cosa sono secondo voi questi oggetti. Magari ve ne indico qualcuno, non lo so, per esempio, questo secondo voi che cosa può essere?
○ Non ho idea, assolutamente.
■ Mm... Nessuna idea, proprio.
□ Quello piatto sembra un portasapone rovesciato.
○ Ah, io avevo pensato a un posacenere.
□ Quello bianco piatto.
● Hm, hm.
■ No, ma c'è qualcosa sopra, quindi sicuramente... è...
□ Quello sopra mi sembra un divanetto in porcellana in miniatura.
■ ...una specie di manico, spa... scarpa, forse.
● E questo, secondo voi, cosa può essere?
■ Potrebbe essere un modello di... moto acquatica, così...
○ Sembra un prototipo di questi...
■ ...moto...
○ ...superfuturistici.
□ Quello proprio non ho idea... Boh... Sì, direi anch'io un prototipo di... di qualcosa, di una... moto acquatica. Qualcosa del genere.
● Hm hm. E... questo qui? Avete idea di cosa

potrebbe essere?
■ Potrebbe essere o un collare... un collare... particolare con... non so, una... una... anche una luce al neon...
○ Eh, una lampadina al neon...
■ ...una luce al neon particolare.
○ ...di quelle... circolari.
● Tu, Maria, hai idea? Ti viene in mente...
□ No, proprio no. Direi... mi sembrava... in qualche modo... mi sembrava una calamita, mi ricordava una calamita che avevo visto, però non...
○ Un lucchetto, non potrebbe essere?
■ Eh, un...
○ Di quelli per i motorini, quelli... morbidi... Non la catena.
● Quelli per chiudere i motorini, dici?
■ Quelli per le biciclette e le cose di questo genere...
○ Eh.
● Hm hm, hm hm.
□ Una lampadina, sì.
● Tu dici una lampadina? E questo? Vi dice qualcosa?
○ Beh, quello è il retro di una televisione, secondo me.
● Il ret...
■ O di una radio.
□ No sembra anche il pulsante di... di qual... un pulsante, mah... un campanello...
○ Sì, però ci sono le antenne.
■ Non lo vedi che ci sono le antenne?
□ Lo s... Ah, ci ha le antenne, non le ho viste, allora, sì, è che...
■ ...quindi sicuramente è...
□ ...il dietro della TV o della radio.
■ ...della radio, o una... sì, qualcosa del genere.
● A me fa pensare a un occhio... di qualche essere...
■ Sì, anche, un occhio...
● ...qualche cosa di surrealista...
○ Va be', se vogliamo andare sul...
■ Si può andare...
○ ...sul fantasioso andante, allora...
□ ...Allora sembrava...
○ ...che possa essere un cavallo.
□ ...subito un citofono a me sembrava... un...
● Un citofono?
□ Un pulsante, un campanello di una casa, di...
■ No, no, è vero, comunque potrebbe sembrare benissimo... sai anche...
□ Anche l'obiettivo della macchina fotografica, che... che è circolare.
■ No, anche quelle cineprese... quelle cineprese... quelle cineprese per l'antifurto.
● Hm hm... E... non lo so, per esempio, su questo, vi viene in mente qualche idea?
□ È un porta...
○ Portasigarette.
■ Un port...
□ ...porta, no, porta carta d'identità, porta...
■ Portafogli, in ogni caso.
○ Porta biglietti da visita, secondo me...
● Hm hm...
○ ...che sono simili.
● Porta biglietti da visita... E questo che tiene questo signore in mano, che potrebbe essere, secondo voi?
□ A me sembra... da lontano...hehe... una vecchia altalena, che lui ha tirato su... ha preso, è cascata.
■ No, potrebbe sembrare benissimo una sega elettrica, visto anche l'uomo, oppure... qualcuno che sta manovrando qualche agg... qualche, qualche congegno per...
○ No una sega elettr...
■ ...gli elementi elettronici di qualche cosa.
□ Un vecchio attrezzo.
○ Ma parlate di due cose differenti, comunque, eh... Eh, Massimo sta parlando di questo e tu stai parlando...

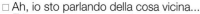

□ Ah, io sto parlando della cosa vicina...

○ E io pure stavo pensando a quella specie di altalena rotta.

■ No. no. abbiamo parlato di quell'uomo che sta tenendo... Non so, mi sembra una specie, una specie di oscilloscopio, o qualcosa di s...

● E loro invece credo che parlassero di questo qui. Questo secondo...

□ Sì.

● Secondo te cosa potrebbe essere?

■ Anche un uomo che tiene in mano una tagliola, o...

● Una tagliola...

■ Sì, una qual... un qualche... trappola per animali.

● OK. Va bene, io vi ringrazio.

10

A

● Io non capisco come la gente possa volere andare a sciare in agosto. Per me lo sci è uno sport tipicamente invernale.

○ A me invece sembra normalissimo. Io non capisco come si possa voler andare al mare quando le spiagge sono tutte strapiene. A volte sembra veramente di stare in città. Per me le vacanze sono fatte per riposare.

B

● A me sembra strano che in Italia la gente ti saluti sempre dicendo "Ci vediamo" e poi non ti richiami mai...

○ Ma no! È che è un modo di salutare, una specie di formula...

● Sì, ma se non hanno nessuna intenzione di rivederti, perché dicono "Ci vediamo"?

○ Sì, certo, ma pensa come sarebbe se ti dicessero "a mai più rivederci"... Dai, sarebbe terribile. Immagino che anche questa sia una forma di rispetto per l'altro...

● Mah, sarà, ma non lo capisco proprio.

C

● Io non capisco perché in Italia uno debba fare sempre tanti complimenti... Per esempio, quando ti offrono qualcosa, prima devi rifiutare, poi l'altro deve insistere, e poi, solo dopo un po', puoi accettare. Non sarebbe più semplice accettare o rifiutare per davvero subito?

○ Mah... Sarà anche questa una forma di timidezza, non credi?

D

● Chissà perché nei paesi, quando incontri qualcuno per la strada, anche se non lo conosci lo devi salutare, e nelle città, invece, se uno saluta la gente che non conosce per la strada pensano tutti che sia pazzo...

○ Probabilmente è perché nei paesi tutti si conoscono...

● Sì, ma io ti sto parlando proprio della gente che non conosci...

○ Mah, sarà perché le grandi città sono più impersonali...

● Sì, forse hai ragione... Anche se devi ammettere che è strano... Comunque sì, è vero... È probabile che sia anche questo un effetto della cosiddetta civiltà...

E

● Non ti sembrano strani quelli che dicono sempre di sì a tutti per non scontentare nessuno e poi devono per forza dare una buca a qualcuno?

○ Oh, non me lo dire... Giacomo è così: prende tre o quattro appuntamenti alla stessa ora... Dice sempre di sì a tutti...

● Io non capisco... Ma perché fanno così?

○ Mah, immagino che sia per sembrare un po' più disponibili...

● O forse queste persone hanno un po' paura di rimanere senza amici e preferiscono...

19

● Il bagno nei pressi del laghetto è chiuso per un problema di allacciamento fognario.

● Il candidato è seduto in prima fila, accanto ai collaboratori più vicini.

● Ho letto nei verbali depositati che molte persone sono andate dal magistrato.

● I turni sono stati raddoppiati per consentire un buon andamento dei lavori.

● Giovanna e Valentina sono state tutto il pomeriggio alle giostre con i cugini.

● Per questa ricetta bastano dei pomodori ben maturi e delle fette di pane abbrustolito.

● Il giudice ha deciso di concedere la libertà condizionale al detenuto.

● I signori soci del circolo sono invitati a contattare urgentemente la segreteria per comunicazioni che li riguardano.

UNITÀ 10

3

● Valeria, tu cosa fai stasera?

○ Stasera? Io tra due ore ho il treno, alle 8, e torno a Firenze... Dove vivo.

● Ho capito. E arrivata a Firenze?

○ Arrivata a Firenze, arriverò a Firenze alle 10 e mezza, credo che vado a letto perché sono stanca, distrutta, perché è da una settimana che sono qui a Roma, ho fatto un corso e sono un po' stanca.

● Ho capito.

○ Questa sera è una serata... sì, tranquilla.

● Lucia, tu invece per Pasqua hai progetti?

■ Per Pasqua no, assolutamente, anche perché lunedì inizio un nuovo lavoro e quindi credo che ferie posso proprio scordarmele per un bel po' di tempo.

● Ho capito. Progetti per l'estate prossima?

□ No, non ci ho ancora pensato. Forse andare in Argentina.

● Mhmh?

□ Questa prima... questa prima, insomma... volta, diciamo.

● E per le vacanze di Pasqua?

□ No, non ci ho pensato, penso che lavorerò, non so, sicuro, quindi quei due o tre giorni li passerò comunque a Roma.

● Mhmh.

...

● Allora... eh, Francesco... che progetti hai per questa sera?

▲ Questa sera... mah, credo che andrò a cena fuori... e poi... forse, se vedo... può darsi che vada a un cinema, a vedere un film, se... se trovo un film che mi va di vedere forse andrò al cinema.

● Ahah?

▲ Basta.

● Tu, Fabrizio?

△ Mah, non lo so, perché è tornata una mia amica, Gaia, dalla montagna, eh, l'altro ieri, e allora ha detto se andiamo a cena a casa sua, eh, penso che andrò lì, anche se io non è che possa mangiare... tutto. Però credo che... vedrò lei.

● Senti, e per Pasqua hai dei progetti?

△ No... Non ho... niente. Anche perché adesso, col lavoro, non so nemmeno se... se avrò, se avrò il tempo materiale di, di fare un viaggetto, qualcosa.

● Mhmh. Tu, Francesco?

▲ A Pasqua?

● Eh.

▲ Mangerò delle uova di Pasqua...

● E questo è tutto quello che sai...

▲ Sì. Poi... ah no, poi, ecco, a Pasqua ho un progetto perché vorrei andare a Verona a vedere un concerto di... Springsteen...

● Ah!

▲ ...che suona a Verona e quindi, siccome a me piace molto, vorrei andarlo a vedere... il 12, l'11 aprile...

● Ah, proprio il giorno di Pasqua stesso.

▲ Il giorno di Pasqua, a Verona.

11

● È cominciato ieri lo smantellamento della base USA di San Vito dei Normanni, in provincia di Brindisi. Inaugurata nel 1960, la base sarà chiusa entro il 30 settembre 1994, secondo il piano di riduzione delle forze aeree USA in Europa.
San Vito dei Normanni, una delle 27 basi principali che le forze aeree degli Stati Uniti hanno in sette paesi europei, ospita attualmente 3.500 persone. Attrezzata con ospedale, scuole, impianti sportivi, la base sarà consegnata allo stato italiano dopo la sua dismissione.

● Nuovo caso, a distanza di pochi giorni, della cosiddetta "sindrome da videogame". Vittima, questa volta, un bambino di dieci anni abitante in un piccolo centro della provincia di Lucca. Dopo aver passato diverse ore al suo passatempo preferito, il piccolo Christian è stato colto da malore. Accompagnato in ospedale, è stato trattenuto per accertamenti.
Secondo gli esperti, sono i bambini detti "fotosensibili" ad essere colpiti dagli impulsi elettronici e dalle luci lampeggianti dei videogame. Per molti studiosi sono soprattutto i minori con tendenza ad attacchi epilettici ad essere esposti ad eventuali choc da giochi elettronici. Il fenomeno è già noto in Gran Bretagna, Francia e Giappone, dove le autorità sanitarie hanno registrato addirittura una media di quattro bambini al mese "folgorati" dal computer.

● Palermo. Quattro pregiudicati sono stati arrestati mentre rubavano una fontana di marmo del XIII secolo nell'atrio di Palazzo Mezzojuso, un edificio barocco del centro storico. I malviventi sono stati bloccati ed arrestati dalle forze dell'ordine mentre caricavano la fontana su un camion.

● Roma. Sulla tavola pasquale del Pontefice ci sarà anche quest'anno il tradizionale agnello, cucinato da una delle cinque suore polacche addette alla cura della sua persona. Le religiose, appartenenti alla congregazione del Sacro Cuore di Gesù, per l'occasione prepareranno cibi semplici e rigorosamente polacchi. Il pranzo si terrà nell'apposita sala, posta al terzo piano degli appartamenti pontifici, dopo la messa celebrata dal Papa in San Pietro, la recita dell'Angelus e la formulazione degli auguri che il Pontefice farà come ogni anno affacciato ad uno dei balconi della basilica.

● Roma. Un'indagine presentata al convegno dell'Istituto di medicina sociale dall'Istituto di igiene ambientale dell'università La Sapienza, rileva che la città italiana con il più alto indice d'inquinamento acustico da traffico è Messina, seguita da un comune di 600 abitanti in provincia di Ravenna, Castelbolognese. Napoli è al quinto posto, Firenze al tredicesimo, Roma al quarantaduesimo, Milano al cinquantaduesimo. Dall'analisi è risultato, tra l'altro, che la soglia di tolleranza dei romani e dei palermitani al rumore da traffico è maggiore rispetto a quella degli abitanti di altre città francesi o inglesi.

● L'attore Giancarlo Giannini darà il volto al giudice Paolo Borsellino nel film di Giuseppe Ferrara sull'attività del giudice Giovanni Falcone, che sarà invece impersonato da Michele Placido. Le riprese cominceranno a Roma il 13 aprile e proseguiranno a Palermo. Il film, prodotto da Giovanni Clemente, è sceneggiato da Armenia Balducci e dallo stesso Ferrara, che ha già firmato la regia del film "Cento giorni a Palermo" sul generale Carlo Alberto dalla Chiesa.

UNITÀ 11

6

● Buongiorno.

○ Buongiorno. Senta, noi volevamo qualche informazione per un televisore...

● Sì. Avete già un'idea delle dimensioni, di quanto volete spendere...

■ Mah, veramente no... Ci serve un televisore medio, non so, da guardare da una distanza... di... mah, saranno tre metri, no? Tipo quello, tu che dici?

○ Sì, o anche un po' più grande...

■ E non vorremmo spendere troppo, anche perché dobbiamo comprare anche un videoregistratore...

● Questo è un Grundig 21 pollici, è stereo, ha il televideo, è un ottimo televisore...

■ Ah, sì, eh, infatti lo volevamo con il televideo...

○ E quel Sony?

● Anche quello è un 21 pollici, ma costa un po' più del Grundig.

■ E quanto viene?

● Un milione quattro e novanta.

■ E il Grundig?

● Il Grundig... 880 mila lire.

○ Beh, ma c'è tutta questa differenza anche qualitativamente?

● Beh, Sony è un'altra tecnologia, poi la parte audio di questo modello è senz'altro migliore.

■ E senta, e qualcos'altro che costa un po' meno?

● 21 pollici ci sarebbe questo Philips, è uno dei modelli che vendiamo di più, viene 675 mila lire.

○ E rispetto al Grundig?

● Rispetto al Grundig non c'è una grande differenza come immagine, hanno uno schermo abbastanza simile, però il Philips ha meno funzioni e non è stereo...

○ Ho capito. Senta, e lei che ci consiglia?

● Mah, sono tutti e tre ottimi apparecchi, sono marche famose, non danno problemi... Il Sony costa di più perché dà di più, ha più funzioni, è più potente, però, che vuole che gli dica, noi ne vendiamo un sacco pure degli altri e non si è mai lamentato nessuno...

○ Mh... Va bene, grazie, ora ci pensiamo un momento e poi magari ripassiamo la settimana prossima. Non avrebbe un *dépliant*, così possiamo studiarli un po' meglio?

● Sì, dunque, non so se ce l'ho di tutti e tre. Però almeno del Grundig dovrei averlo di sicuro...

9

● E ora vediamo questi tre frullatori.
○ Io penso che prenderei il primo. Perché vedo che oltre a fare, appunto, a frullare, c'è anche una cosa tipo tritacarne, spremiagrumi, e non costa troppo, mi sembra anche abbastanza carino esteticamente, ha una linea un po' vecchia, antica, così...
□ A me piace il secondo, perché, è...
● Quello da muro?
□ Quello da muro, perché come è scritto anche nella descrizione, è basato su un disegno originale dei vecchi frullatori...
● Ahah?
□ ...e a me piace molto come oggetto, il frullatore, soprattutto quelli vecchi originali. Questo è cromato...
● Ahah...
□ ...mi piace molto, poi sono un patito dei frullati, per cui...
■ Secondo me andrebbe visto, però, perché magari queste cose rifatte su modelli anni Cinquanta non vengono benissimo...
● Mhmh?
■ ...o sono proprio quelli vecchi originali, allora magari uno...
○ Mhmh.
■ ...se lo tiene anche come oggetto proprio...
○ Abbastanza caro!
■ Eh, carino.
● E tu quale preferisci?
■ Forse preferirei il terzo, magari ha più die... ha più velocità, più cose da fare, forse...
○ Tecnologico...
■ ...prenderei quello.
● E poi anche questo ha uno stile un po'...
■ Sì, sembra anche questo un po' anni Cinquanta.
● Mh.
▲ Io invece comprerei come Raffaella il primo, per il fatto che ha tanti accessori supplementari, e rispetto al, mh... dal punto di vista del prezzo è...
○ ...è il migliore.
▲ ...conveniente, sì...
● Mh.
▲ ...proprio per il fatto di avere tutti quegli accessori.
△ Mh, no, io anche comprerei il secondo, invece, quello che ha questa linea...
□ Quello da muro.
△ ...questo design un po', un po' passato, perché è un oggetto quasi un po' di arredamento in cucina, per cui...
□ Sì...
△ ...mi piacerebbe di più.
□ ...poi costa anche molto di più degli altri...
○ Sì.
□ ...probabilmente deve anche essere fatto bene, probabilmente è anche buono. Spero, perché...
○ O forse è solo un problema estetico...
□ Se è solo un fatto estetico, certo è un po'...
○ Mah, da muro è...
□ ...no, ma probabilmente sarà anche buono come meccanica e tutto il resto.

● Allora, quale preferite fra queste tre lavatrici? Mh?
○ Mah, io penso che prenderei questa, l'ultima, questa del... la Indesit, perché vedo che ha più programmi di lavaggio, e poi una cosa che mi potrebbe servire molto, ed è il programma di asciugatura, per cui, così, non potendo asciugare

fuori si può usare.
□ Forse però contiene pochi chili di... di panni... due virgola cinque.
○ No, sono cinque.
■ No, due virgola cinque.
□ E poi è un po' ingombrante.
○ Per asciugarlo sì, però sono cinque.
■ Ah, solo per asciugarlo, sì...
▲ Però io, per esempio, non sono d'accordo sull'asciugatura, perché ritengo che rovini le cose, per cui io sceglierei, anche per motivi di spazio, abito in una casa piccolissima...
□ Sì...
▲ ...la Castor.
△ Sì, anch'io.
□ Sì, o la prima o la seconda perché sono più piccole...
△ Sì, ma poi soprattutto perché si carica dall'alto, e... a me costa molta, molta fatica piegarmi, il mal di schiena, guarda, sposta la testa, invece così è più facile, apri da sopra, metti i panni...
■ È più comodo.
△ ...li tiri fuori, è più comodo.
□ Comunque c'è la seconda che costa anche meno, perché...
● Mh.
□ ...è piccola, infatti la Rex Pocket Mini è piccola, e costa, mi sembra, duecentomila lire di meno di quella che si carica dall'alto. Comunque sì, anch'io prenderei una piccola, sicuramente. Perché sennò... nella cucina...

● E quale preferite, quale comprereste, tra queste quattro automobili?
△ Io comprerei la Nissan, un po' perché sono patito della tecnologia giapponese, e poi perché è una macchina divertente, buffa, è tutta tonda, eh... ci ha un sacco di... di optional, un sacco di... di cose in più che le altre macchine non hanno. Perciò prenderei quella.
□ Sì, anche a me è quella che piace di più, poi credo anche che come tutte le macchine giapponesi, ci ha un rapporto qualità prezzo migliore delle altre...
● Mhmh...
□ ...quindi per, non so quanto costa, sedici milioni, ti dà sicuramente tantissime cose che sono invece degne di altre macchine che costano di più, tipo servosterzo, credo abbia tutte queste cose qui, è un sedici valvole, eccetera.
■ Sì... Io forse preferirei la Golf, invece, perché, pur essendo una macchina molto affidabile, molto sicura, eh, dotata di molte cose, eccetera, poi insomma è una Volkswagen, quindi...
● Mhmh...
■ ...ottima in molte cose, è anche molto femminile...
● Ah, ha un carattere!
■ ...quindi mi ci troverei bene dentro.
○ Però consuma abbastanza, eh?...
□ Anche la Micra è femminile però...
○ ...in città...
■ Trovi?
□ Sì.
○ No, io tutto sommato la Micra non la conosco perché non ce l'ho presente, però vedendo, così, la scheda, la presentazione, mi potrebbe piacere perché consuma poco, quasi, forse è una di quelle che consuma di meno, in città.
● Ahah?
▲ Io invece comprerei sicuramente la Cinquecento perché di macchine non capisco nulla, e sono terrorizzata dal parcheggio, non vado spesso fuori città con la macchina, quindi mi serve solo per girare

in città e comprerei la Cinquecento.
● Ho capito.
□ Nessuno ha scelto la Renault, perché... quella Renault lì perché...
△ È carissima...
■ Costa troppo! È troppo cara.
□ ...è carissima, costa cinquanta milioni, forse per quella cifra esistono delle macchine...
△ ...migliori.
□ ...credo, non so...
○ Mh.

10

● Buonasera.
○ Buonasera, si ricorda di noi? Siamo venuti la settimana scorsa...
● Sì sì, come no, era per un televisore, no?
○ Sì, un 21 pollici. Alla fine abbiamo deciso di prendere questo Grundig.
● Perfetto. Ora ve lo faccio portare su... Mario, mi porti su un Grundig 55 550?
○ Senta, voi fate consegne a domicilio? Perché siamo venuti in autobus...
● Sì, però prima di mercoledì non ve lo posso mandare.
○ Va bene, non c'è problema, tanto giorno più giorno meno...
● E qual è l'indirizzo?
○ Allora, Corso della Repubblica 10.
■ E senta, la garanzia com'è?
● Eh, un anno.
■ E dobbiamo spedire qualcosa, o compilare...
● No. Basta conservare lo scontrino fiscale e per qualsiasi cosa lo presentate al centro di assistenza.
■ E l'assistenza è buona?
● L'assistenza Grundig? Ma vuole scherzare? Questi un altro po' hanno più centri di assistenza che rivenditori! A parte gli scherzi, non si preoccupi, signora, questi sono tedeschi...
○ Va bene. Allora erano 880 mila, no? Le posso fare un assegno?
● Come no!
○ Dunque... Ottocentottantamila... Come lo intesto?
● Campagnoli Elettronica Srl.
○ ...Srl. Ecco qua.
● A posto.
■ Allora ce lo consegnate mercoledì mattina?
● Mercoledì verso le 10 il ragazzo dovrebbe essere da lei.
○ Va bene. Grazie, allora, buonasera.
● Eh, grazie a voi. Buonasera.

13

● Eh, allora, le screpelle sono un piatto abruzzese tipico, quindi per me è un piatto legato, così, alla famiglia di mia mamma, appunto, che sono originari dell'Aquila.
○ Mhmh?
● Eh, è un piatto molto semplice da fare, abbastanza veloce, e tipicamente invernale, perché la base è il brodo. Eh, si fa quindi un brodo fatto bene, buono, con carne... di manzo, pollo e verdura...
○ Ahah?
● ...patate, eccetera, sedano, carota, e... e poi a parte si preparano delle piccole sfoglie, sembrano come delle *crêpes*, diciamo...
○ Mhmh?
● ...e queste si fanno, ehm... dunque, si mette farina, uova e acqua, e si fa prima una pasta, abbastanza dura, poi piano piano si aggiunge dell'altra acqua per farla ritornare invece piuttosto liquida, e poi...

○ Mhmh. Ma, con quante uova, per esempio, per quattro persone?
● Mh... dunque, io metto due uova per avere quindici, circa quattordici quindici sfogliatine...
○ Ahah?
● ...per cui questa è un po' la base, la media, poi uno si regola. Io ne, ne posso mangiare anche quindici da sola, di, di queste screpelle, poi dipende... Eh... dunque, poi quando c'è questa, diciamo, questa...
○ Pasta.
● ...questa pasta, molto liquida comunque, si tira su con un mestolino e si mette in una pen... in una padella piccolina antiaderente, e in minuto circa si, si cuoce, è come una frittatina, è proprio una *crêpe*...
○ Ma devono essere sottili?
● Sì sì, molto sottili...
○ Mhmh.
● ...più è sottile e meglio è.
○ Mhmh.
● E poi queste frittatine vengono cosparse, sp... polverizzate di parmigiano, e si arrotolano su se stesse...
○ Come dei cannoli, tipo?
● Come, sì, come dei cannoli, molto stretti.
○ Mhmh?
● Eh... e bo... e poi, basta, si mettono nel piatto possibilmente caldo, con questo brodo molto, molto molto caldo, dev'essere proprio bollente, fumante e...
○ Si mette prima il brodo? O...
● Eh, sì, o si possono mettere prima le, le screpelle nel piatto e vi si... e ci si versa sopra il brodo...
○ Ahah?
● ...si mette dell'altro parmigiano, e si aspetta un momento che tutto si sciolga, e la screpella assorba bene il, il brodo e poi si mangiano e sono molto buone.

UNITÀ 12

3

● Carmen. Qual è la regione d'Italia che ti piace di più?
○ Questa per me è una domanda imbarazzantissima, perché per campanilismo dovrei dire che mi piace la Sicilia, più di tutte le altre, però direi una bugia perché ce ne sono anche molte che non ho mai visitato, quindi non precludo nessuna...
● Beh, diciamo per la tua esperienza.
○ Per, per la mia esperienza sì.
● La Sicilia, quindi.
○ Sì.
● E perché, quali sono gli aspetti...
○ No. E vabbè, da un punto di vista, se mi chiedi un punto di vista geografico, il panorama è bellissimo. Poi, vabbè, ti ripeto, ci sono delle ragioni affettive per me, per cui...
● Certo.
○ ...magari ogni volta che ritorno è sempre bello ritrovare gli stessi luoghi... gli stessi colori, no?
● Ahah...
○ E quindi, comunque penso che effettivamente da un punto di vista del panorama sia...
● Quindi na..., dal punto di vista naturale.
○ Naturale, sì, sì, sì.
● Ahah. OK.
○ Mi piace moltissimo il mare, io ho avuto esperienza di mare all'estero, non l'ho mai trovato bello quanto la Sicilia, quello della Sicilia... per cui...
● È bellissimo. OK. E... per te, Francesco, qual è la regione più bella d'Italia?

■ Mah, eh, anche, io, anche io ho delle preferenze magari personali... non so, a me piace molto la montagna per cui... eh, mi piace molto il Trentino Alto Adige perché mi piacciono le Dolomiti, eccetera, però forse, se dovessi dire una regione che contiene un po' tante caratteristiche belle dell'Italia forse potrei dire la Toscana perché ha tante... ha una bella collina, ha il mare, ha soprattutto tante città, piccole, grandi, importanti, con molta arte...

● Mhmh?

■ Quindi forse la Toscana. Però la mia preferita rimane, siccome mi piace la montagna, eh...

● Il Trentino.

■ ...il Trentino, sì.

● E Raffaella, per te?

□ Io sono d'accordo con lui. Volevo dire anch'io la Toscana perché... insomma, i paesaggi sono bellissimi, è una regione molto dolce, ha un buon clima e... appunto ci sono per esempio queste colline, con i paesi ancora con tanta storia, con tanta arte, eh... mi sembra molto bella. Anche l'Umbria, forse ha delle caratteristiche simili alla Toscana, però un po' più selvaggia. Quindi molto verde, così...

● Mhmh?

□ ...fresca, boscosa, mi piace, abbastanza, anche l'Umbria.

● Fabrizio. La tua regione favorita.

▲ Mah, a me piacciono le regioni del Centro Italia, anche a me. Soprattutto anch'io Toscana e Umbria perché sono... le regioni più, più riposanti, più tranquille, sono molto morbide, e poi anche questi borghi...

● Medievali.

▲ ...antichi, medievali, molto caratteristici. Perché è un posto dove si sta molto tranquilli.

● Quindi anche per viverci, proprio?

▲ Soprattutto per viverci, perché magari turisticamente è bellissimo anche, non so, andare in Veneto, a Venezia, ci sono dei posti stupendi, però sia per il clima che per il tipo di vita penso Toscana e Umbria siano i posti più belli.

● OK. Letizia?

△ Io non ne conosco moltissime di regioni, ho visitato solamente queste che hanno nominato anche loro, tipo la Toscana, il Trentino, l'Umbria, eccetera. Forse mi piacerebbe, anche per le descrizioni che ho sentito da amici o, insomma, ho letto libri, eccetera, la Sardegna, probabilmente, che non ho mai visitato, però so che ha delle spiagge bellissime, molto ventose, con un mare molto estremo, quindi se ti piace un po' questo genere...

● Certo...

△ ...di, di vacanza, o anche di vita, probabilmente mi piacerebbe molto la Sardegna, ed è, mh, forse una regione che visiterei volentieri in una prossima vacanza.

7

● Raffaella, eh, in quale città italiana vorresti vivere?

○ Mah, credo che... un posto che mi ha sempre affascinato moltissimo è Venezia, anche se c'è un problema di clima, io sono molto freddolosa, mi piace molto il sole e a Venezia, soprattutto d'inverno, c'è tanta nebbia, fa freddo. Però credo sia un posto... così, talmente particolare per le atmosfere, non so, il clima, i cl..., il clima proprio... così, l'ambiente, che c'è. Poi per quello che so c'è anche abbastanza vita perché ci sono tanti locali, la gente ama vedersi, stare insieme, eh... anche fuori casa, una cosa che qui a Roma, per esempio, non succede tanto. Eh... per cui penso che mi piacerebbe, è una città molto viva culturalmente, ci sono mostre, eccetera, per cui

credo che sarebbe Venezia.

● Mhmh? E per te, Fabrizio?

■ Mah, io non lo so, ho sempre vissuto a Roma, che è un posto bellissimo, però adesso vorrei, vorrei poter cambiare. Eh... sceglierei istintivamente un posto più piccolo, dove si sta più tranquilli, dove c'è meno caos, meno confusione. Però, se dovessi scegliere una città, forse Firenze.

● Mh.

■ Firenze perché è un bel posto... il clima è abbastanza... mite, non è che faccia molto freddo. E poi, è più piccola, è una città stupenda, culturalmente è una città viva, perciò... forse Firenze, forse sceglierei Firenze.

● Letizia, tu? Andresti via da Roma?

□ No, mai. Infatti questo stavo per dire. Invece, forse è l'unica città italiana dove vivrei, o forse anche Milano, non lo so. Comunque sicuramente in una città molto grande, eh... perché non ho, affronto abbastanza bene i problemi di traffico...

● Ahah?

□ ...di città caotica, non so, forse perché magari uno è ancora giovane, non, non senti tanto questa...

● Certo.

□ ...insomma, le difficoltà. Però sicuramente Roma, che ti dà anche il vantaggio del clima, e che è una bellissima città, insomma, quindi ci stai bene, e perché, per quanto non tantissimo, ti offre tanti cinema...

● Mhmh?

□ ...insomma, diverse cose da fare, eccetera. E poi è una città grande, non potrei vivere in una città piccola, non mi piacerebbe. Anzi.

● Tu, Francesco?

▲ Mah, io, non so, anche io forse, almeno per ora, a quest'età, insomma, ancora giovane, preferisco rimanere in una città grande. Per cui, tutto sommato, se dovessi andar via da Roma... sceglierei una delle grandi città che ci sono in Italia, magari... Milano.

● Mhmh.

▲ Non lo so, però forse... ma forse Bologna di più, perché mi sembra una città un po' più... vicina anche allo spirito... che c'è a Roma, una città un pochino più ridente rispetto invece a Milano, dove si lavora, un po' più...

● Mhmh?

▲ ...seriosa. Sennò, se dovessi proprio cambiare vita sceglierei una città un po' più piccola, e allora forse andrei a Siena perché è una città che mi piace molto. Più simile a un paese, quasi, che a una città... Quindi, forse, Sie... quindi Siena o Bologna, insomma, dipende un po' da...

● Mhmh?

▲ ...dal...

○ Dal momento.

▲ ...dal, dal momento, sì.

● Carmen. La tua città preferita.

△ Guarda, io, veramente, ho un pro... avrei un progetto diverso, quello di vivere un anno... ogni anno in una città diversa. No, vabbè, io sono d'accordo con lui su Siena, perché a me Siena è piaciuta molto, poi un'altra città che mi piace tanto è Perugia, nessuno qui l'ha nominata, è molto...

● Mhmh?

△ ...mi piace. E, vabbè, mi piace anche Firenze, quindi veramente mi piacerebbe vivere un anno in ognuna di queste città, anche se poi però come scelta radicale forse, se dovessi veramente andare via da Roma, io andrei a vivere in campagna, che...

● Ho capito...

△ ...non c'entra niente con le città. Però, ecco, queste città mi piacciono.

● OK.

10

● Albergo del Sole, buongiorno.
○ Buongiorno... Vorrei prenotare due stanze...
● Certo, per quando?
○ Per il fine settimana di Pasqua... Da venerdì 9 a lunedì 12 aprile. Tre notti.
● Sì... che tipo di stanze?
○ Una doppia e una singola...
● Sì... allora... Per la singola non ci sono problemi... Invece per l'altra mi dispiace, ma l'unica doppia ancora disponibile è libera da sabato 10... Però aspetti un momento, vediamo... Sì, per la prima notte una doppia ci sarebbe, ma ha il bagno privato al piano...Se non è troppo scomodo, potrebbero trasferirsi nell'altra stanza la seconda notte...
○ Mah, sì, potrebbe andare bene... Senta, sarebbe possibile aggiungere un letto per un bambino piccolo?
● Sì, certo...
○ Bene... Quanto viene questa stanza?
● La doppia con il bagno al piano viene 130.000 con mezza pensione, e 85.000 con sola prima colazione. L'altra invece viene 150.000 con mezza pensione e 110.000 con la prima colazione. Ah, per il terzo letto dovrebbe aggiungere un dieci per cento in più... Per quanto riguarda la singola, sono 70.000 con mezza pensione, e 55.000 con la prima colazione. Tenga presente che nel prezzo è compreso anche l'uso della spiaggia privata dell'albergo, con ombrellone e cabina.
○ Ho capito... E senta, le stanze danno sul mare?
● La doppia sì, l'altra invece si affaccia sul giardino interno.
○ Mh... Un'altra cosa, accettate cani?
● Purtroppo no, mi dispiace, ma il regolamento non lo permette...
○ Ho capito... allora guardi, per favore, mi prenoti sicuramente la doppia con il letto in più per il bambino. Per la singola, invece, la faccio richiamare al più presto dalla persona interessata.
● D'accordo... Il suo nome?
○ Mancini... Pietro Mancini.
● Benissimo, allora ...

13

● Venerdì sono a Pesaro. Che posso fare?
○ Mmh, guarda, quanto tempo hai?
● Due giorni.
○ Mmh, perfetto. Allora ci sarebbe un bel giro che puoi fare a partire da Pesaro, e... verso Rimini, una specie di percorso circolare. Dunque, da Pesaro, vabbè, ci sono delle cose da vedere, interessanti... Così, la piazza con il Palazzo Ducale, una chiesa molto bella con un portale gotico. Poi ti consiglio, prendi l'autostrada per Ancona, mh?
● Mhmh.
○ Vedi, qui? Eh, esci a Fano, la prima uscita, e da Fano la provinciale per Fossombrone, segui l'indicazione. Fossombrone è anche una... un altro posto molto bello, con delle residenze rinascimentali, una pinacoteca abbastanza interessante. Poi a 14 chilometri, eh, da, da Fossombrone c'è Urbino. Naturalmente Urbino, vabbè, non so, ci sono troppe cose da vedere. Lì ti puoi fermare, io mi fermerei a dormire, se ti va.
● Mhmh.
○ Ehm, beh, c'è questo Palazzo Ducale, c'è una pinacoteca interessantissima, con dei quadri di Raffaello, Tiziano, Piero della Francesca, eccetera. Eh, puoi, quindi puoi dormire a Urbino, la mattina dopo

ripar... puoi partire per Urbania...
● Mhmh.
○ ...che... anche ci sono delle, degli edifici conservati molto bene, delle chiese, sempre rinascimentali, delle strade, tutto molto ben conservato. Ecco, vedi, da Urbania, ehm, che è qui, abbastanza vicino a Urbino, puoi andare fino a San, a Sant'Angelo in Vado, eh, Piendimeleto, Sassocorvaro. Quindi qui adesso ti inoltri un po' nella zona più montuosa...
● Mhmh.
○ ...e che è veramente bellissima. Sassocorvaro, anche qui c'è una fortezza, di nuovo, ti fai la cura delle fortezze. E... però è un po' diversa, perché è anche una residenza, dove risiedeva il signore del luogo. E comunque la vedi in po... poco tempo. Mmh...
● Mhmh.
○ ...dopodiché, da Sassocorvaro puoi prendere per Pennabilli.
● Mhmh?
○ E, Pennabilli – vedi? – è qui, ci puoi... ci arrivi, più o meno ci sarà una mezz'ora di macchina, all'incirca, forse qualcosa di più, è su questo fiume Marecchia...
● Sì.
○ Ehm... non so, poi puoi andare a San Leo, per esempio, non so se lo conosci.
● E vale la pena *ver* San Leo?
○ Sì, senz'altro. C'è una, un duomo romanico, e poi una rocca meravigliosa, forse la più bella di tutta la zona, qui ce ne sono moltissime in tutti i borghi medievali e rinascimentali, però sicuramente San, a San Leo è la più bella.
● Mhmh.
○ E, tra l'altro c'è la cella in questa fortezza in cui morì, morì il... Cagliostro, e poi naturalmente a questo punto San Marino, senz'altro. A San Marino puoi comprare delle cose anche abbastanza, così, a buon prezzo, soprattutto, non so, radio, cose del genere...
● Mhmh.
○ ...di, tecnologiche, e poi senz'altro Rimini. Quindi scendi da San Marino su questa strada, è molto, così, è un po' antipatica, con tante curve...
● Ma è pericolosa?
○ Eh eh, dipende se... come hai mangiato e bevuto a San Marino, dato che in tutta la zona si mangia molto bene, attento a bere. E, niente, a Rimini ci sono tante cose, c'è questa piazza rinascimentale di nuovo, e poi il Tempio Malatestiano di Leon Battista Alberti. Sicuramente io mi fermerei alla... a visitare questo tempio e poi... beh, c'è tutta la notte nelle discoteche della costa, della... tra Rimini e Cattolica, Gabicce.
● Bene.

UNITÀ **13**

1/2

A
● Senta, scusi, da che binario parte il diretto per Ancona delle 2 e un quarto?

B
● Prego?
○ Senta, avrei bisogno di un furgoncino per il week-end.

C
● Buongiorno. Patente e libretto, prego.

D
● Il comandante informa che tra qualche minuto atterreremo. Vi preghiamo di non fumare, di controllare la chiusura del tavolinetto, e di mantenere lo schienale delle poltrone in posizione verticale.

E
● Treno espresso proveniente da Napoli delle ore 22.42 viaggia con circa 15 minuti di ritardo.

F
● Senta, potrebbe darmi un'occhiata alla marmitta? Fa uno strano rumore...

G
● Aeroporti di Roma?
○ Buongiorno, senta, volevo sapere se il volo AZ 721 da Copenaghen è in orario.

H
● Diretto 3063 proveniente da Firenze delle ore 18.35 è in arrivo al binario 12.

I
● La sua carta d'imbarco, prego.

L
● Saronno, prima classe.

M
● Fumatori?
○ No... Sarebbe possibile avere un posto vicino al finestrino?

N
● 40 mila verde, per favore.

O
● Intercity 522 per Milano delle ore 9.00 è in partenza al binario 3. Effettua servizio di prima e seconda classe con supplemento rapido.

P
● Regionale per Nettuno delle ore 11.45 è in partenza al binario 16 anziché 20.

4

● Buongiorno.
○ Buongiorno.
● Senta, vorrei sapere che treni ci sono per Chieti nel primo pomeriggio.
○ Vediamo... per Chieti... ecco, ce ne sono due. Uno alle 14 e 18, e uno alle 15. Ma con questo... sì, con questo deve cambiare a Pescara.
● E quanto tempo ci vuole in più rispetto all'altro?
○ Solo dieci minuti, arriva a Chieti alle 18, l'altro alle 17 e 50. È che uno è rapido, mentre quello che parte alle 14 e 18 è un espresso, ferma a tutte le stazioni.
● La ringrazio.

● Buongiorno, vorrei un biglietto di seconda per Chieti, il rapido delle 15.
○ Ecco, sono 15.000.
● Può dirmi da che binario parte?
○ Dal 17.

○ Salve.
● Buongiorno, vorrei fare una prenotazione.
○ Per che treno?

● Il rapido per Chieti delle 15.
○ Quando parte?
● Domani.
○ Fumatori?
● Se possibile no.
○ Ecco a lei.

7

● Buongiorno dal «CIS – Viaggiare informati». Apriamo subito il notiziario con una comunicazione appena giunta. Il traffico è bloccato sull'Autosole nel tratto Roma-Napoli, in direzione Roma, per un incidente accaduto tra Magliano e Roma Nord, quindi è bloccata la carreggiata Sud. Sul posto si sono formate già lunghe code.
Un'altra notizia urgente è che in Calabria, per una manifestazione di protesta, è ancora bloccata la statale 106 Jonica nei pressi di Crotone. Il traffico viene deviato su strade secondarie locali, con non pochi disagi per gli automobilisti.
Ed ora le altre notizie. Traffico intenso con rallentamenti sulla tangenziale Est di Milano, dove per lavori ci sono restringimenti di carreggiata all'altezza del viadotto dei Parchi, tra Linate e Lambrate. Restiamo in zona per ricordare che sulla diramazione della tangenziale Est di Milano è ancora inagibile per lavori lo svincolo di Sesto San Giovanni in entrambi i sensi di marcia. Altri disagi al momento vengono segnalati sulla A8 dei Laghi, dove per traffico intenso si procede a rilento tra Busto Arsizio e la barriera di Milano Nord. Sulla A4 Torino-Milano, per lavori si incontrano code nei pressi di Galliate, in direzione di Milano. Incolonnamenti anche sulla Milano-Brescia, alla barriera di Milano Est, in uscita dall'autostrada. Per la transitabilità ricordiamo che sulla A6 Torino-Savona per lavori si viaggia su carreggiata ridotta, tra la barriera di Savona e l'allacciamento con la A10 Genova-Ventimiglia in direzione Sud. Sulla A4 Venezia-Trieste è ancora chiuso per lavori lo svincolo di Sistiana, in uscita per il traffico che proviene da Trieste.
Traffico intenso anche al Centro, sia intorno a Firenze che a Roma. Sulla A11 Firenze-mare per lavori code in direzione Firenze tra Chiesina Uzzanese e Montecatini. Scambio di carreggiata lungo il raccordo Firenze-Siena, nel tratto San Donato-Poggibonsi, con inevitabili rallentamenti. Sul Grande Raccordo Anulare di Roma brevi rallentamenti in carreggiata interna tra la Flaminia e lo svincolo per la Nomentana. Uno scambio di carreggiata può provocare disagi per il traffico sulla A25 Torano-Pescara tra Cocullo e Pratola Peligna. Restiamo su questa autostrada per segnalare che, per lavori, tra l'allacciamento con la A24 Roma-L'Aquila e Magliano dei Marsi, in direzione di Pescara si procede sulla sola corsia di marcia, con possibili code nelle ore di maggior traffico. Sulla statale 3 Flaminia si viaggia a senso unico alternato, per lavori tra Magliano Sabina e l'innesto con la A1 Milano-Roma. Infine al Sud abbiamo circolazione molto intensa sia intorno a Napoli che a Salerno, e in particolare lungo tutta la tangenziale di Napoli.
Ennio La Malfa dell'ACI vi ricorda il prossimo appuntamento alle 11:27 su Radio Due.

9

A
● Allora, che problemi ci sono?
○ No, nessun problema. Dovrei solo fare il tagliando dei 10 mila chilometri a quella Panda.
● Me la lascia?
○ Per quando è pronta?

● Mah, provi a chiamarmi domani mattina.
○ Sì, però giovedì mi serve. Non è che poi mi lascia a piedi?
● No no, non si preoccupi, domani gliela do.
○ Mmh, senta, quanto sarà la spesa?
● Mah, se non c'è niente di strano, sulle 150.
○ OK. Allora ci sentiamo domani.

B
● Buongiorno.
○ Il pieno, per favore. Senza piombo.
...
● 63 mila... Acqua e olio a posto?
○ Sì, grazie. Ah, senta, mi può controllare la pressione delle gomme?

12

● Letizia, a te capita spesso di viaggiare?
○ Eh, beh, sì. Diciamo sempre nel periodo di agosto, perché è quando ho le vacanze anche dal lavoro, però sì, quando posso faccio volentieri dei viaggi.
● Ahah, e che tipo di mezzo di trasporto preferisci?
○ Mah, succede questo, che a me piace molto andare all'estero, in America, per esempio, quindi per arrivare negli Stati Uniti prendo l'aereo...
● Certo...
○ ...su questo non c'è dubbio, però una volta lì mi piace molto usare la macchina...
● Ahah...
○ ...e quindi percorrere queste grandi strade con la macchina, insomma, queste macchine grandi americane che hanno loro, è, insomma, è divertente.
● Ho capito...
○ Quindi questo è sicuramente il mezzo di trasporto che preferisco. La macchina.
● Quindi dovendo visitare un paese...
○ Dovendo scegliere, anche in Italia, anche in Italia sicuramente preferisco andare in macchina...
● Mmh?
○ ...anche perché ho il terrore di, dell'aereo...
● Ah, ho capito...
○ ...quindi lo prendo se sono costretta, però se posso evitare, lo evito volentieri.
● Ho capito. Fabrizio, tu viaggi? Per lavoro, ad esempio...
■ Io sì... No, per lavoro no. Però... non so, quando vado in vacanza anche a me piace fare dei viaggi e andare in posti che non conosco...
● Mhmh?
■ ...quindi all'estero, dei posti diversi da quelli in cui abitualmente vivo. Ehm, certo, l'aereo è un mezzo comodissimo, però delle volte ci sono gli inconvenienti, perché ci sono ritardi, e... è anche abbastanza più caro...
● Mhmh?
■ ...degli altri mezzi. E la macchina, ti dà, ti dà la possibilità di, di spostarti a tuo piacimento. Viaggi, parti, arrivi quando vuoi, ti fermi dove vuoi, puoi vedere dei posti un po' nascosti, per cui, insomma... Dipende un po' dal tipo di viaggio che uno vuole fare.
● Mhmh... Carmen?
□ Guarda, io viaggio spesso in treno e devo dire che è il mezzo con cui mi piace di più viaggiare. Per esempio io non amo fare dei lunghi viaggi con la macchina...
● Ahah?
□ ...perché ci soffro e poi...
● Non ti piace guidare?
□ ...non mi piace guidare, non mi piace essere portata dagli altri per lunghi tragitti...

● Ho capito.
□ ...quindi in treno mi muovo molto bene. Ehm... volevo dire una cosa a proposito dell'aereo, anche io lo prendo quando devo coprire delle distanze molto grandi, però mi è successa una cosa, mentre quando ero più piccola, ero adolescente, magari erano le prime volte che cominciavo ad andar fuori, e lo prendevo... eh, era divertentissimo, OK...
● Certo...
□ ...adesso invece ogni volta che lo devo riprendere devo dire che devo superare un'enorme paura.
● Mh.
□ Non so se è la coscienza che è venuta dopo, o comunque, tante volte ho preferito prendere il treno piuttosto che... quando, quando ho potuto, insomma...
● Ho capito. Francesco?
▲ Secondo me, per esempio, un bel me... un bel mezzo di trasporto per fare un viaggio è la moto. Anche se è un po' scomoda. Perché... ovviamente il viaggio diventa, assume tutte altre caratteristiche, diventa un po' più un'avventura, quindi anche un po' più scomodo però ha un altro sapore.
● Tu hai una moto?
▲ Io ho una moto con la quale non posso fare un viaggio perché è un po' vecchia...
● Ah...
▲ ...però in passato per esempio ho fatto un, un lungo viaggio in moto. Devo dire che, tutto sommato... ogni, ogni anno che riparto d'estate, vado a fare un viaggio, non vado mai in moto per cui mi rendo conto che l'aereo, la macchina, anche il treno sono i mezzi migliori, forse, per fare un viaggio, però, ecco, la moto ti dà quel sapore che magari gli altri mezzi di trasporto...
● Di avventura...
▲ ...eh sì, gli altri mezzi di trasporto non gli danno.
● Raffaella.
△ Dunque, io sono terrorizzata dall'aereo, e ogni volta è peggio, non so perché però veramente... Ecco, devo essere veramente costretta a prenderlo, altrimenti preferisco comunque un altro mezzo. Eh... che è normalmente la macchina, anche se appunto dipende un po' dal viaggio, la macchina è una grande libertà, ci si può fermare, ripartire, vedere un po' tutto quello che si vuole senza legami di orari, e poi è comoda anche per i bagagli, eccetera. Mi piace molto anche il treno perché mi sembra, eh... di entrare più in contatto per esempio con le persone di un posto...
● Ahah...
△ ...allora anche se sono all'estero, così, tante facce diverse, mi incuriosisce molto, così, questo tipo di... eh, contatto che si crea con il posto. Eh... così, mi piacerebbe, chissà, forse fare un viaggio a piedi una volta...
● Ah...
△ ...eh... naturalmente non il giro del mondo, però, così, un po', qualche giorno, visitare una regione, non so, sarebbe strano, curioso.

UNITÀ 14

1

A
● Ti va di andare a trovare Paola?
○ Adesso? Sono stanchissimo... Oggi non mi sono riposato neanche dieci minuti... Andiamo a prendere un gelato invece...

● Ma... come sarebbe a dire? Sei stanco per andare da Paola e vuoi camminare fino alla gelateria?

B
● Pedro non mi parla più, mi sfugge...
○ Forse è per quella storia di Virginia...
● Macché! Abbiamo chiarito tanto tempo fa...
○ Allora dovresti parlare con lui... Chiamalo.
● Sì. Forse hai ragione.

C
● Per me questo è l'assassino.
○ Ma chi? Il fratello?
● Sì perché secondo me quello non è il vero fratello... Pensaci un attimo... Se fosse il vero fratello non avrebbe mai accettato di andare alla cena con gli indiziati...
○ È vero, forse hai ragione.

D
● Per me il marito la tradisce, sa?
○ Prego?
● Il marito, il dott. Martini... tradisce la moglie, guardi, guardi com'è pallida...
○ Dice?

E
● Io credo che non è assolutamente possibile imparare più di una lingua bene da adulti.
○ No, scusi, io non sono d'accordo. Con una buona preparazione è possibile...
■ Sono totalmente d'accordo. Io ad esempio ne ho imparate due dopo i vent'anni...
● Sì però c'è sempre il problema della pronuncia che è...

5

A
● Allora, professor Marzetti della Bovere, ci vuole spiegare perché è contrario agli investimenti dell'impresa nel settore edilizio?
○ Certamente. Ritengo che, vista la situazione attuale della borsa e le fluttuazioni finanziarie che si sono verificate nelle ultime 48 ore in questo campo, sarebbe un grossissimo errore entrare nel mercato proprio in questo momento.
● Il fatto è che questo è il momento più favorevole proprio perché comporta un certo rischio...

B
● Ma si può sapere perché non mi vuoi mai dire dove vai?
○ Innanzitutto perché non è importante e poi perché penso di avere il diritto di uscire con chi e quando voglio...

C
● Ti piace?
○ Ma cos'è?
● Ma che cafona! Come cos'è!? Non lo vedi che è una torta di frutta?
○ Mi sembra un po' povera come torta di frutta, e poi la crema dov'è?
● Beh, veramente... Avevo finito le uova...

D
● Chi vince?
○ Non lo so. Ho appena acceso e per di più non ho voglia di parlare con te...
● Ma perché, cosa ho fatto?
○ Beh... mi sembra che dovresti saperlo, no?
● È per quella storia di prima?

○ Tu che dici?
● Ma dai... è una sciocchezza...
○ Io credo che se io ti dicessi che sei una scema mi chiuderesti fuori casa...
● Beh... ero un po' nervosa, scusa... dai...

10

A
● Dai, a me Irene piace un sacco...
○ Io non sono sicuro. Innanzitutto mi ricorda una persona che mi sta antipatica e poi...
● Ascolta! E Gloria, ti piace Gloria?
○ Sì... Gloria è carino... ma scusa, se poi è maschio?
● Eh già, è vero...

B
● Perché non la Spagna?
○ Perché ad agosto è piena di italiani... dai, andiamo in Grecia...
■ No, per favore, io ci sono già stato tre volte...
□ E in Corsica? Che vi sembra della Corsica?

C
● Per me questo progetto non è fattibile.
○ Neanche per me si può fare. Innanzitutto è troppo costoso e poi anche se riuscissimo a trovare i fondi sarebbe troppo lungo...

D
● Va bene questa giacca?
○ No, quella per me non ci sta per niente bene...
● Ma è dello stesso colore dei pantaloni...
○ Sì, ma dammi retta, è meglio un altro colore, quella nera. Mettiti quella nera.

15

● Sentite, adesso vi chiedo invece di darmi un po'... dirmi... la vostra opinione su alcune cose... Per esempio... L'eutanasia è un modo di aiutare le persone a morire evitando le sofferenze oppure è un delitto, secondo voi?
○ Va be' io... è difficile formarsi un'idea di un problema così complesso. Io ultimamente pensavo questo, ma aggiungo subito che non ho esaurito l'argomento, la vita di una persona non è soltanto, purtroppo, o non so per quale altro motivo, non è... non è un bene personale della persona, è anche un bene sociale. Tanto quanto uno stato come una tribù, in fondo, difende i singoli, che so, dal suicidio, in questo senso la vita di una persona è la vita del grup... anche fa parte della... della... della vita... di un organismo più complesso... ehmm... in questo senso... poi io, essendo quasi medico, io non posso tollerare che... di... che fare esattamente il contrario, cioè non di togliere ma di aggiungere qualità alla vita...
■ Sì, io sono d'accordo, basta che questo non diventi espers... esasperazione...
○ Questo lo escludo a priori.
■ ...per puri scopi eh... utilitaristici...
○ Certo.
■ ...e scientifici...
○ L'accanimento terapeutico è una bestemmia...
■ Certo.
○ ...umana.
■ Certo.
□ Io vorrei che ci fosse qualcuno che lo facesse a me. A me sì. Per gli altri non posso accettarlo... Ma quando arriva un certo momento, che ci fosse

qualcuno che... mi facesse un'iniezione, sarebbe la cosa più bella.

▲ Sì, anch'io sono d'accordo con lei...

□ Sì.

▲ Cioè, io non avrei il coraggio di farlo agli altri anche se me lo chiedessero, ma...

□ Che qualcuno lo facesse a me...

▲ Io lo chiederei.

□ Io ho provato a chiederlo a uno dei miei figli e a mio marito, medici tutti e due... Purtroppo non ci sono più... Per cui... E con loro dicevo "Tanto io poi non lo dico a nessuno... Tanto io non lo dico a nessuno..."

■ Scusami, ma... Dunque... ehm... se qualcheduno...

□ Lo facesse a me?

■ ...ti facesse esattamente la stessa domanda e volesse che fossi tu...

□ No, non potrei.

■ E allora perché pensi di riuscire a trovare...

□ Per me sì.

■ ...una persona... che sia disposta di farlo... a farlo nei tuoi confronti.

□ Lo so, forse è difficile, però... sarebbe molto bello. No? Nel momento... nel momento in cui... si ha una gioia stupenda e si pensa di non avere più una gioia come quella, quello sarebbe il momento giusto per poter dire "basta" alla vita.

○ Io, se permettete, vorrei... aggiungere anche un'altra cosa... Che mi sembra un po' meccanicistico pensare che la... che la vita sia solt... stiamo parlando praticamente, anzi state parlando soltanto della vita biologica. Da togliere o da non togliere o da continuare. Non è solo quello. Io parlavo prima di un valore sociale, di gruppo, ma anche un valore mistico, e a questo punto il problema è estremamente più complesso... quindi... auspico che quando uno affronta questo problema non... non lo prenda solo dal punto di vista della vita o morte biologica.

□ Beh, certo, allora qui è un discorso molto... molto profondo...

○ Lo è, infatti.

□ ...che va preso... va preso da tanti angoli. Così, una risposta immediata...

○ Certo.

□ Per una risposta immediata, io dico questo...

○ E io ho risposto, infatti...

□ ...se trovassi la persona che è disposta a farmi un'iniezione al momento giusto... io veramente sarei molto contenta. Per gli altri, non sarei capace e addirittura arrivo al punto di... di non ammetterlo. Forse la mia è una forma egoistica, perché...

○ No, no, è una contraddizione estremamente significativa e...

□ Ecco.

○ E chiara...

□ Più di tanto non...

○ E onesta...

● Un altro argomento sul quale possiamo parlare è: è giusto secondo voi rispondere a tutte le domande dei bambini?

○ Io non ho bambini, eh... comunque reputo di no, che non sia giusto rispondere a tutte. Penso che sia giusto rispondere a quelle che uno ritenga opportuno rispondere e che abbia anche la capacità... eh... per rispondere...

□ Eh, io...

○ Prego.

□ Io dico che invece è giusto, e anche doveroso rispondere in modo adatto all'età dei bambini...

○ No, ma io...

□ ...però mai lasciare una domanda sospesa, mai.

○ Io penso che a volte... credo teoricamente che può

esse... possa essere anche educativo non rispondere a certe domande perché il bambino ha delle pulsioni... eh... enormi, continue... eh... con un continuo... con una continua voracità di conoscenza... Penso che sia anche... affermare dei ruoli, ecco, l'adulto sa anche scegliere e deve anche scegliere. Ci sono delle domande c... nella vita, a cui anche non è... non solo necessario, addirittura inutile rispondere. Ci sono. Non parlo ovviamente delle domande essenziali che fanno i bambini e quelle son d'accordissimo, più uno può rispondere, meglio è. Certo è difficile rispondere che ... c... "Papà che cos'è il fuoco"...

□ Sì, però io ricordo che quando ero bambina e non mi veniva risposto... innanzitutto cercavo di darmi una risposta io e il più delle volte era una risposta sbagliata...

○ Certo, sì.

□ ...e poi... rimanevo molto dispiaciuta nei confronti della persona adulta che non mi sapeva rispondere, cioè incominciavo a mettere in dubbio le sue capacità.

○ Ma io... effettivamente intendo una cosa estremamente personale, cioè un silenzio... che possa essere educativo. Quindi è una scelta estremamente difficile.

□ Certo.

▲ Ma... secondo me bisogna, bisogna rispondere a tutte le rispos... ah... le domande dei... bambini. Certo, quando uno non ha la risposta, anche ammetterlo...

○ Ecco.

▲ ...dire "No, guarda...

■ Certo.

▲ ...in questo caso non te lo so dire...

□ Sì, sì.

▲ ...sinceramente non so cosa risponderti."

■ È... esattamente la stessa cosa che volevo dire, comunque bisogna... sempre rispondere e mai mostrare indifferenza...

○ Certo.

■ ...di fronte a una domanda difficile... comunque cercare di dare una risposta e cercare di approfondirla il prima possibile, insieme.

● Mio figlio...

■ Anche attraverso altre persone... che possano dare quella risposta.

● Mio figlio qualche mese fa ci ha chiesto perché l'acqua spegne il fuoco...

○ Eh...

● ... questo è stato un... bel problema.

○ Le domande sul fuoco dei bambini sono sempre terribili...

● Comunque ci sono domande anche difficili...

○ Io spero che tu non ce lo chieda a noi adesso...

■ Mah, senz'altro... senz'altro... ci sarà il modo di rispondere.

● Ah, uno deve inventare qualcosa...

■ ...più o meno approfonditamente.

□ Sì, sì, certo.

● Certo, però...

○ Dipende dall'età del bambino, io non ho espe... voi tutti avete figli, io non... son l'unico che non ce l'ha. Ma è chiaro che se ha tre anni uno risponde in un modo e se ne ha sette risponde in un altro...

□ Certo.

○ ...perché è pur sempre un bambino...

▲ Ah, beh, sì, eh...

○ ...a sette anni che ha bisogno di... di... non solo di informazioni ma anche di attenzione.

● Sentite, spesso si dice che i giovani di oggi sono più egoisti e meno interessati alle questioni importanti che toccano l'umanità. Siete d'accordo, che pensate di questo?

○ I giovani non fanno altro che vedere gli esempi che gli si presentano davanti... per cui... hanno imparato molto bene quello che hanno fatto i loro genitori... che... certamente, negli ultimi dieci anni si sono occupati di... di... vivere con valori sicuramente... principalmente materiali... e anzi proprio nei confronti dei giovani amplificano queste cose perché soffrono anche di complessi di colpa.

○ Quindi la tua risposta è praticamente affermativa. Sono egoisti.

■ Sono egoisti.

○ Però come conseguenza di quello che facciamo noi...

■ Sono egoisti ma non è colpa loro... Hanno subito, purtroppo... Hanno anche molte più risorse perché sono comunque meno egoisti dei genitori. Possono cambiare molto più facilmente, sono più plasmabili.

□ Mah, io penso che i giovani sono sempre egoismi... egoisti. In una parte dell'età che può andare... non so, verso i tredici quattordici fino ai diciotto, fino a che non comincino a maturare, qualsiasi generazione, devono crescere, devono pensare a se stessi.

▲ Sì anch'io penso... l'... l'egoismo è qualcosa di inerente proprio alla gioventù.

□ Certo.

▲ Poi piano piano si impara a...

□ Certo quando cominciano a maturare...

▲ ...a convivere con gli altri, a cedere, a pensare agli altri, è una cosa... che va...

□ È innata, proprio.

▲ Sì. Sì, anch'io la penso così.

○ Io penso che... poi che sia veramente impossibile... giudicare una generazione nel mentre si svolge... Quindi... io sospendo il giudizio sui giovani, è difficile dire... sembrano egoisti, comunque quest'anno... quest'annotazione, questo problema, è un problema veramente... grosso, importante, però... però è ambiguo, è difficile dirlo, non so quali analisi portano a questo. L'impressione è un po' che lo siano, però hanno dei valori diversi dai nostri e quindi è difficilissimo giudicarli, difficili... io posso giudicare gli adolescenti o i giovani che conosco. Non la generazione...

▲ Solo che... quello che ho notato io nei giovani oggigiorno è che questo egoismo si associa spesso e volentieri con la maleducazione. Cosa che invece non succedeva nelle generazioni passate.

○ Secondo me c'entra il discorso di Alberto.

▲ Sì, ecco, per esempio io non sopporto il fatto che un ragazzo di quattordici anni rimanga seduto in un autobus quando vede che una persona anziana sta... sale, magari traballante... e sale sull'autobus e quello tranquillamente continua a chiacchierare con il suo compagno.

○ Questo ritengo che non sia colpa sua.

▲ Questo è egoismo unito a maleducazione e questa è colpa di noi genitori e anche... non so... dei... dei... dei professori e delle persone adulte che stanno attorno a questi ragazzi.

■ Sì, è un problema che secondo me risale alla famiglia, non c'è il minimo dubbio.

○ Sì.

▲ Anche, sì.

○ Sono d'accordissimo.

▲ Sì, senz'altro.

■ Come colui che non spegne mai la luce... in un posto pubblico... o in un ufficio... perché non gliel'hanno mai insegnato.

○ Sì.

▲ Sì.

□ Eh, un po' tutti i problemi nascono sempre e prima dall'ambiente familiare. È da lì che si forma un

bambino, poi piano piano esce...

● Certo.

□ E vede l'ambiente che lo circonda.

○ Ma anche... una formazione civica... data dalla scuola. La conoscenza di certe regole e leggi, sapere di appartenere a un gruppo. Che oltre... Dovrebbero imparare che oltre a contenere delle limitazioni, questa cosa, contiene delle grandissime possibilità di libertà e di espressione. Quindi io penso che l'educazione civica cosiddetta, ai miei tempi si chiamava educazione civica...

▲ Sì, sì.

□ Sì, anche oggi.

□ sia una grandissima carenza. E in questo senso sono egoisti.

16

Luisa, architetto.

● Mi può dire sulla pena di morte, la sua posizione... cosa... come vede questo problema.

○ A una domanda fatta così, freddamente a bruciapelo, mi viene una risposta... che posso considerare una risposta assurda, perché la risposta è "mandiamoli al rogo". Poi bisogna essere ragionevoli e pensare che la vita non è che... che va trattata in questo modo, ci deve essere ben qualcun altro che decida e per fortuna, per fortuna che c'è qualcun altro che decide e che fa di noi, in fondo, quello che vuole. Però il primo impulso è questo. Se la risposta deve essere impulsiva, poi se la risposta è ragionata, allora ci si riflette... Bisognerebbe non fare di ogni erba un fascio... Bisognerebbe poter giudicare individuo per individuo, colpa per colpa. Ma poi siamo noi che ci possiamo permettere di giudicare? Però la realtà, il mondo è fatto così, l'umanità è fatta così, ha bisogno anche dei giudici... che mi sembra giusto relativamente... ma ci sono tanti punti da vedere, è molto difficile.

Alessandro, studente in medicina.

● Alessandro, tu sulla pena di morte che opinione hai?

■ La pena di morte mi fa orrore. Mi fanno orrore le... gli stati e le società che la contemplano come uno strumento di convivenza. Solo che il discorso sulla morte è... sulla pena di morte è un discorso sulla morte... e... ed è un argomento duro, vasto, ubiquitario perché esistono le morti accidentali, esistono le guerre, esistono le morti per legge, esistono anche altri tipi di morte che non sono quella biologica. Quindi in generale penso che una società non debba attribuirsi o arrogarsi il diritto di dare la morte, né tantomeno i singoli, solo in situazioni... assolutamente... io dico "speciali" ma lo direi fra virgolette perché non sono situazioni speciali, situazioni di guerra o di terrorismo, noi viviamo in Italia, abbiamo vissuto questo pericolo a lungo temp... per lungo tempo... ehm... esiste, sotto varie forme, la morte e quindi è un... è un... fa parte... dei pensieri normali... fa parte delle riflessioni... da una certa età in poi penso che faccia parte delle riflessioni direi quasi giornaliere. Sotto varie forme, ripeto, sotto varie vesti, sotto vari fantasmi e la morte ricompare o come paura di perdere la salute, o come paura di perdere qualcuno, e... ripeto dal punto di vista ideologico è una orribile cosa la morte data attraverso una pena... di morte.

Domenica, insegnante.

● Domenica, e... tu, sulla pena di morte... qual è la tua posizione?

□ Eh, questa è una domanda un po' difficile perché... ehm... pensare su come giudicare gli altri è sempre un... un qualcosa di... di... di difficile. ecco. Eh... certo, ci sono dei delitti che veramente non riesco a tollerare come per esempio quello degli spacciatori di droga. Soltanto in questo caso forse... forse forse... contemplerei la pena di morte perché mi sembra che proprio danneggino la gioventù in un modo irreparabile. Soltanto in quel caso, forse. Forse sempre.
● Grazie.

Carlo, magistrato.
● Senti, mi puoi dire la tua... posizione riguardo alla pena di morte?
▲ Sono... mm... convintissimo che sia una cosa immorale ed inutile. E probabilmente il... due argomenti si intrecciano perché è tanto più immorale quan... in quanto è inutile. Io non credo che spetti allo Stato stabilire chi debba vivere e chi debba morire... qualunque cosa egli abbia fatto. Ma soprattutto è inutile perché non ci sono altre sanzioni che hanno ugualmente una capacità deterrente. Non è che si possa pensare che l'assassino nel momento in cui ammazza pensa ''Vabbè, certo se ci fosse la... la pena di morte non ammazzerei, ma in fondo, male che mi vada mi becco vent'anni di galera, tanto vale che ammazzo''. È ovvio che l'assassino nel momento in cui decide di ammazzare lo fa perché è assolutamente convinto dell'impunità, manco si pone il problema delle conseguenze del suo gesto... Perché se pensasse che viene punito anche con vent'anni di galera, noi possiamo stare sicuri che lui non farebbe quello che fa. Quindi non ha senso come deterrente. E in più è un fatto che moralmente ripugna... E io mi chiedo, con tutto il rispetto per il boia, ma chi è d'accordo alla pena di morte se la sentirebbe di irrogarla lui stesso personalmente? Credo che poche persone risponderebbero di sì a questa domanda.
● Certo. Grazie.

17

IO NO
(Jovanotti ● S. Celani ● L. Cersosimo)

C'è qualcuno che fa di tutto
per renderti la vita impossibile
c'è qualcuno che fa di tutto
per render questo mondo invivibile
c'è qualcuno che fa di tutto
per renderti la vita impossibile
e c'è qualcuno che fa di tutto
per render questo mondo invivibile
io no, io no, io no, io no
c'è qualcuno che dentro a uno stadio
si sta ammazzando per un dialetto
e c'è qualcuno che da quarant'anni
continua a dire che è tutto perfetto
c'è qualcuno che va alla messa
e si fa anche la comunione
e poi se vede un marocchino per strada
vorrebbe dargliele con un bastone
ma a questo punto hanno trovato un muro
un muro duro molto molto duro
a questo punto hanno trovato un muro
un muro duro molto molto duro
siamo noi, siamo noi, siamo noi, siamo noi
C'è qualcuno che fa di tutto
per renderti la vita impossibile
c'è qualcuno che fa di tutto

per render questo mondo invivibile
e c'è qualcuno che in una pillola
cerca quello che non riesce a trovare
allora pensa di poter comprare
ciò che la vita gli può regalare
io no, io no, io no, io no
ci sono bimbi che non han futuro
perché magari qualcuno ha deciso
ci sono bimbi che non nasceranno
e se ne vanno dritti in paradiso
perché da noi non c'è posto per loro
o solamente non erano attesi
ci sono bimbi che non nasceranno
perché gli uomini si sono arresi
C'è qualcuno che fa di tutto
per renderti la vita impossibile
c'è qualcuno che fa di tutto
per render questo mondo invivibile
ma a questo punto hanno trovato un muro
un muro duro molto molto duro
a questo punto hanno trovato un muro
un muro duro molto molto duro
siamo noi, siamo noi, siamo noi, siamo noi
vorrei vedere i fratelli africani
aver rispetto per quelli italiani
vorrei vedere i fratelli italiani
aver rispetto per quelli africani
per quelli americani
per quelli africani
e quelli americani per quelli italiani
quelli milanesi per quelli palermitani napoletani
Roma Palermo Napoli Torino
siamo noi siamo noi

Per gentile concessione di D.J.'s Gang srl, Canal 5 Music, Sony Music Publishing

UNITÀ 15

1

Luisa, architetto.
● Io posso dire onestamente che sono un architetto mancato. Perché io ho lavorato, nell'ambito della mia professione, però tutto sommato ho costruito quattro figli. Non ho costruito case. Ho solo costruito la mia casa. E quattro figli. Non mi dispiace d'aver fatto quello che ho fatto, d'aver fatto delle scelte proprio all'inizio di questa mia carriera. E oggi però posso godere dei quattro figli che ho costruito all'inizio della mia vita e anche della mia professione. Per cui adesso lavoro nel campo della mia professione perché i quattro figli sono già cresciuti e da soli. Io gli ho dato l'avvio. La mia giornata adesso è abbastanza particolare perché alla mia età, non sono più giovane, direi che sono abbastanza avanti perché a sessantacinque anni ci sono certe cose che non si fanno più quando invece c'è molto spazio per farne altre che avevo desiderato prima e che non ho potuto fare. Per cui adesso mi dedico molto al disegno, alle cose creative, a costruire quel qualche cosa che prima non avevo tempo perché dovevo pensare solo alla famiglia. Questa è un po' la mia vita di oggi. La mia giornata... La mia giornata adesso è tutta presa da... da un certo tipo di cultura... non religiosa, ma dalla storia delle religioni. E poi disegno molto, dipingo, leggo, faccio un po' di pianoforte, timidamente, solo per me, perché io mi accontento. E basta, cerco di stare vicino molto anche al mio

prossimo perché si ha bisogno di stare vicino al prossimo.

Alessandro, studente in medicina.
○ Beh, per me è difficile parlare di una... di una giornata in particolare. Potrei parlare così... di una media in una settimana. Perché ovviamente non avendo un lavoro fisso e non avendo una famiglia, vivo da solo, ehm... le mie giornate sono una diversa dall'altra. Io sono per metà studente in medicina e per metà musicista. Cioè divido i miei interessi, soprattutto dedico il mio tempo alla medicina, ma il resto del mio tempo, il mio vero hobby in un certo senso è proprio la musica. Quindi io passo le mie giornate a... studiare quando ho tempo, soprattutto quando ho archi congrui di tempo per studiare. E... poi ho due hobby, praticamente, che sono il canto gregoriano, lo studio e la pratica del canto gregoriano e poi... accompagnare una mia amica cantante, facciamo dei lieder di Mozart. Questo ormai da due anni è un... un rito quasi del sabato. Per il resto, la mia vita è fatta anche di... spesa da fare, camicie da lavare e da stirare e... casa più o meno da pulire, eccetera. Quindi... vado molto ai concerti, ehm... ehm... ho moltissimi amici ed è a volte difficile sottrarsi a... cioè fare tutte queste cose insieme e dedicare il tempo... giusto agli amici anche. Ecco, ci sono molte variabili in... in questa... in questa mia vita, ma queste sono le costanti.

Domenica, insegnante.
■ Eh... allora, la mia giornata tipica, diciamo, è... dunque... io devo conciliare prima di tutto due attività: quella di madre e quindi responsabile di una famiglia e quella di insegnante e traduttrice... Ehm... per cui, diciamo, la mia giornata tipit... tipica sarebbe questa. Dunque, io la mattina, lavoro in una società internazionale e precisamente nella sezione ispanofrancofona. Poi il pomeriggio mi dedico alle mie lezioni e se trovo qualche tempo libero... eh... devo far la spesa, occuparmi dei... dei problemi dei ragazzi, di guidarli, sentire un pochino quello che hanno fatto durante la giornata, eccetera. e... poi, ecco, insegno di solito fino alle otto di sera, per cui poi non ho neanche né voglia né tempo di vedere la televisione perché magari ho una traduzione in sospeso... o ecco preferisco stare con... con i miei figli e parlare un po' con loro, anche con mia madre, sentire come ha trascorso la giornata, eccetera. Tutto qua, non... Diciamo questa è la mia giornata tipica, poi il fine settimana già... la dedico un pochino più a me stessa, ecco, a fare quello che mi piace, a leggere, a camminare un pochino perché il mio lavoro è abbastanza sedentario e quindi... non so... cammino per Roma... esco con qualche amico, vado al cinema, eccetera.

Carlo, magistrato.
□ Allora, Carlo, adesso ti volevo chiedere se ci... se mi puoi raccontare un po'... com'è la tua vita, il tuo lavoro... le tue giornate come sono organizzate, così... in un minuto insomma, non tanto...
▲ Mm... non è... una vita particolare, come... quella di... tanta gente che... che lavora... Eh... fatta... di... molto tempo dedicato ahimè, appunto, al lavoro, poco tempo dedicato al resto... ehm... e di tanto desiderio di invertire l'ordine delle... la proporzione delle due grandezze. Ehm... mi piacerebbe avere molto più tempo libero da dedicare innanzitutto alla famiglia, alla mia bambina, e invece, ahimè, non lo faccio, non lo posso fare, non lo so fare e comunque... non viene fuori. Eh... Non mi rimane che

sperare che le cose cambino, e soprattutto darmi da fare per... perché questo avvenga.
□ Mi puoi parlare un po' del tuo lavoro, in cosa consiste, cosa fai...?
▲ Io faccio il giudice. È un lavoro... forse la gente non lo pensa, ma è un lavoro stressante. La gente magari è abituata, e giustamente, a pensare che stressati siano quelli che sono davanti al giudice. Ma ovviamente anche il giudice dall'alta... dall'altra parte la sua porzione di stress ce l'ha. Perché si tratta di capire bene quello che ti chiedono, di... capire se ti dicono cose vere o ti dicono... scuse, di... sforzarsi di... questo sempre in tempi ristrettissimi, di arrivare ad elaborare una decisione che sia la più giusta, la più conforme a legge, la più opportuna, la più equilibrata. Se uno ci si mette d'impegno si stressa. Ehm... però, insomma, non è mai morto nessuno e... mm... alla fine si supera e alla fine... si hanno anche delle belle soddisfazioni, ecco.
□ Ma da un punto di vista... pratico, il tuo lavoro come è organizzato, cioè tu... fai molto lavoro d'ufficio, oppure...
▲ Sì...
□ ...più tempo in tribunale...
▲ Beh, il mio lavoro... eh... si svolge nel mio ufficio in tribunale e... consiste in udienze, cioè appunto, persone che vengono, ti raccontano le loro cose, avvocati, in genere le persone non vengono personalmente ma... rappresentate dagli avvocati e... espongono le loro cause e... tu cerchi di... di... di capire, di decidere per il meglio. C'è una mole enorme di carte da... da guardare, da esaminare, da studiare e questo è un lavoro che in genere si fa a casa perché in ufficio non c'è la tranquillità per farlo... ehm... si svolge... buona parte... ecco, nello studio che uno si allestisce in casa perché c'è un momento della... c'è il momento della meditazione, della riflessione, della lettura attenta di questi documenti che poi produce la decisione.
□ OK.

6

Gabriele
● Allora, Gabriele ci racconti un po' una giornata qui all'Arcobalena com'è strutturata, com'è organizzata?
○ Certo. Penso che si può dividere la giornata qui alla scuola in quattro grossi momenti. Il momento dell'accoglienza dei bambini a scuola, un momento dell'attività del mattino, un momento del pranzo e un momento dell'attività del pomeriggio.
● Ah, ah.
○ Ovviamente, ecco, l'accoglienza dei bambini a scuola è un momento fondamentale perché appunto i bambini... vengono portati a scuola dai genitori, lasciano i genitori, li salutano e rimangono a scuola da soli. Quindi, ecco, si può immaginare quanto è importante questo momento.
● È dura... molto questo...
○ Diciamo, ecco, l'entrata della scuola è dalle otto alle nove e mezza, ecco sì, ci stavo arrivando agli orari... dalle otto alle nove e mezza si può... si può entrare a scuola e i bambini vengono accolti dai loro maestri... Dopo che... che vengono accolti dai maestri, salutano i genitori e cominciano a giocare nella scuola. Bisogna dire, ecco, che in questo... in quest'ora e mezza della mattina i bambini non sono divisi per gruppi, diciamo, possono girare liberamente per la scuola, giocare anche nelle stanze dove ci sono gli altri bambini più piccoli o più grandi. Quindi c'è molto... molto movimento nella scuola, anche se l'atmosfera è

abbastanza tranquilla e silenziosa.
● Certo.
○ Abbastanza. Ehm...
● Poi?
○ Diciamo... questo... questo... momento diciamo di... non strutturato, così, in cui i bambini possono giocare, poi al limite possono fare delle attività che proponiamo noi, dura fino alle nove e mezzo. Alle nove e mezzo i bambini devono essere tutti a scuola e si formano i gruppi... Si formano i gruppi, e si comincia diciamo a radunarsi per... per fare quella che noi chiamiamo l'assemblea, che è un momento, diciamo, comunitario, appunto, un momento di... di gruppo della s... ne... nella scuola, che ormai è stato istituzionalizzato e che funziona bene e... in cui ci si riunisce tutti insieme in cerchio, con un maestro o con due maestri a seconda del tipo di attività che si deve preparare quel giorno e si comincia a raccontare le cose che si sono fatte il giorno prima, le cose che si faranno e ci si scambiano delle idee su di ognuna delle cose, cercando di... di fare in modo che parlino un po' tutti e che, insomma, ognuno rispetti un po' il suo turno per parlare senza sovra... sovrapporsi...
● Sì...
○ E... durante questo momento che chiamiamo l'assemblea si mangia anche la frutta... le mele, le arance, a seconda della frutta della stagione che c'è in quel momento. Dopo questo momento si va al bagno, un po' per volta...
● Ahah...
○ ...e... e poi dopo si comincia l'attività del mattino, che è l'attività, diciamo, portante del... della giornata, quella che è stata programmata in un momento precedente, all'inizio dell'anno... poi di questo ne parlerà poi meglio Luisa.
● Sì...
○ E... dopo... quest'attività, diciamo, dura... un'oretta, diciamo, diciamo dalle dieci e mezza... alle undici e mezza oppure da un quarto alle undici fino al... anche un po' dopo, a seconda di quanto... di che... di che tipo di attività si tratta.
● Sì.
○ E... finita quest'attività i bambini poi escono in giardino, di solito, se c'è bel tempo, e... possono giocare... una mezz'oretta oppure un quarto d'ora a seconda... l'ora che si è fatta. In questo momento, ovviamente, di... gioco in giardino, ecco, i gruppi si... si sciolgono un'altra volta e i bambini sono liberi di giocare o dentro scuola o fuori come vogliono loro. Ecco, l'altro momento poi importante è il pranzo, che comincia di solito verso... a preparare... si comincia a prepararlo verso le dodici meno un quarto, i bambini entrano dentro scuola, si tolgono la giacca, vanno al bagno, eh... mentre un altro maestro prepara i tavoli per il pranzo...
● Ma apparecchiate voi o i...
○ Eh, sì... i bambini poi... si possono sedere al tavolo, diciamo, scegliendo loro il posto e scegliendo il maestro. E poi ecco, una cosa importante è che apparecchiano i bambini... e si fa a turno, non so, uno prende le posate, un altro prende l'acqua, e così via finché non si finisce... di mangiare...
● Ahah...
○ Poi sparecchiano loro alla fine del pranzo e portano le sedioline a posto e poi escono in giardino a giocare. Poi, il pomeriggio è... è organizzato come momento libero dall'una alle due in giardino o dentro scuola, altro momento libero, e poi alle due ci si riunisce di nuovo per... raccontare una storia. Ecco, altro momento di quiete, di tranquillità in cui ci si recupera un po' da... la stanchezza della mattinata...
● Certo.

○ E quindi... questa storia, diciamo, si racconta... con tutto il gruppo riunito o disteso sui matera... sui tappeti oppure sulle sedie seconda se sono stanchi o meno stanchi e questo dura fino a verso le due e mezzo o un quarto alle tre e poi comincia un'attività del pomeriggio, un pochino più tranquilla.
● Ahah...
○ ...Non so, ritagli, collage, e cose... più... più semplici e più tranquille... Fino al, a verso le tre e m... alle tre e mezza, in cui finisce l'attività del pomeriggio, e c'è un altro momento di una mezz'ora di... di libertà, di tranquillità, insomma, senza... senz'attività strutturate e poi si fa la merenda alle quattro. Si va al bagno, poi si fa la merenda, i bambini si siedono, anche qui, scelgono loro il posto, diciamo, in cui... in cui vogliono mangiare.
● Tutti insieme fanno la merenda, oppure il pranzo?
○ La merenda tutta la scuola insieme, sì, si uniscono tutti i gruppi, anche i bambini piccoli che invece fanno il pranzo nella loro stanza...
● Ahah...
○ ...e... comunque questo, ecco, dopo... qua col bel tempo a maggio giugn... maggio, diciamo, i bambini piccoli, anche loro vengono a mangiare con gli altri bambini...
● Ahah...
○ Anche prima se il tempo è buono... quando mangiano in giardino. E poi il pomeriggio, dopo... praticamente dopo la merenda...
● Finisce con la merenda...
○ ...si gioca in giardino, finché non vengono i genitori a prendere i bambini.
● Perfetto... Allora... adesso aspettiamo che Luisa... ci racconti...
○ Sì, sì.

Luisa
● Luisa, ci parli un po' del... delle diverse attività, i diversi tipi di cose che fanno i bambini in questa scuola?
□ Sì. L'idea di fondo di questa scuola è sempre stata quella di un approccio globale del bambino con la conoscenza. La scuola è divisa in tre gruppi, piccoli, medi e grandi, omogenei per fasce di età. I piccoli vanno dai due anni fino ai tre anni e mezzo, i medi fino ai quattro anni e mezzo e i grandi fino ai sei anni, età di ingresso alla scuola elementare. Nel gruppo dei bambini piccoli l'approccio con le attività è sempre mediato dal corpo. Quindi ci sono le conoscenze con vari... materiali, la farina, l'acqua, la segatura, i colori spalmati con le dita, su varie superfici come la carta, il vetro o la plastica. Poi ci sono i primi percorsi come strisciare, rotolare, incominciare a salire, delle semplici attività musicali di percussione, conoscenze con l'ambiente interno ed esterno in quanto la scuola è circondata da un giardino... che è nello stesso tempo sicuro ma anche abbastanza selvaggio nelle sue piante, c'è una sabbiera... eh... c'è un lungo tratto con dei piccoli sassolini... Invece nel gruppo dei medi si passa da queste conoscenze... meno strutturate a delle richieste più precise da parte dei maestri. Quindi quella che era stata la conoscenza di elementi come l'acqua, la farina, il sale e lo zucchero si evolve in laboratori di cucina nei quali i bambini portano poi a casa... delle pizze oppure... dei dolci. Eh... La conoscenza con il colore si trasforma piano piano in delle vere e proprie attività di... di pittura, come per esempio i percorsi diventano piano piano più... elaborati. I bambini cominciano, oltre che ad ascoltare sempre le storie da parte dei maestri, ad elaborarle loro stessi con uno stimolo... per esempio di un'immagine o di una diapositiva. È di questi giorni un grosso lavoro che è stato fatto sulla nascita, per

esempio, con la proiezione di alcune diapositive prese da un libro di una... psicomotricista abbiamo... ideato un percorso simbolico della nascita nel quale si alternano delle immagini, diciamo di carattere più strettamente scientifico con altre che riproducono disegni fatti da altri bambini. Quindi lo sforzo è stato quello di sposare degli aspetti scientifici lasciando però al bambino che ha ancora un grosso bagaglio per elaborare, rielaborare e fantasticare su quello che è all'origine della sua stessa vita... I... percorsi di cui dicevo prima, quando finiscono vengono poi disegnati dai bambini, i quali piano piano imparano ad organizzare lo spazio e... anche qui c'è una forte componente psicologica perché poi i bambini privilegiano per esempio le cose che gli hanno creato più difficoltà nel movimento, oppure le cose che li hanno gratificati di più. Nel gruppo dei grandi c'è invece un lavoro di preparazione per quello che riguarda le prelettura e la prescrittura. Noi siamo contrari all'insegnamento sia della lettura che della scrittura...
● Così precocemente...
□ Così precocemente, prima dell'ingresso nella scuola elementare...
● Certo.
□ Quello che noi gli diamo è innanzitutto un amore per il libro, per cui i bambini stessi cominciano a confezionarsi dei piccoli libri, nonché poi dalla lettura sempre di queste famose storie, ogni giorno. Poi... l'organizzazione, prima del suo corpo nello spazio, ma innanzitutto del foglio...
● Sì...
□ Il... la coordinazione oculo-manuale, quindi come mantenere la penna, in modo poi da non avere successivamente dei problemi rispetto a... a grafie. C'è poi un approccio alla matematica dando al... bambino una concezione molto concreta e per niente astratta del numero...
● Ahah... Contando oggetti, cose...
□ Contando oggetti, per esempio quando apparecchiano oppure quando si conta il gruppo dei bambini per dirlo in cucina alla cuoca che deve poi preparare la mensa...
● Certo.
□ Oppure facendo il gioco del mercato, per i bambini che incominciano a classificare degli oggetti molto diversi tra... tra loro scegliendo un criterio di omogeneità tra gli oggetti... stessi...
● Certo.
□ ...imparando il significato della parola "poco", "tanto", "molti" e così via. Un'altra cosa importante rispetto al numero, anche nei percorsi si cominciano a dare dei... segnali per cui il rotolare, il saltare, il correre vengono poi espressi con delle... forme, per esempio geometriche.

18

● Ho comprato le mele.
● Non ho comprato le mele.

● Il teatro è qui dietro l'angolo.
● Il teatro non è qui dietro l'angolo.

● Ho letto un romanzo di Moravia.
● Non ho letto un romanzo di Moravia.

● Mio fratello è medico.
● Mio fratello non è medico.

● Mia sorella scrive romanzi.

● Mia sorella non scrive romanzi.

● Non sono mai stato a Parigi.
● Non ho mai visto niente del genere.
● Non ha telefonato nessuno.
● Non ho comprato niente.
● Non ho incontrato nessuno.
● Non ho capito niente di quel che hai detto.

UNITÀ 16

6

[Trascrizione nella *Guida per l'insegnante*.]

UNITÀ 17

14

● A volte avvengono cose che lasciano stupefatti.
● La vittoria del nostro partito è essenziale per il rispetto della democrazia.
● La corte costituzionale esaminerà la correttezza dei ricorsi presentati dalla procura.
● Certa gente si lascia raggirare e truffare senza batter ciglio, per pura sprovvedutezza.
● Da quando la nettezza urbana è in sciopero, i cassonetti sono pieni da scoppiare, e la gente comincia ad ammucchiare l'immondizia fuori.
● Secondo me è assurdo che tutti sappiano e tacciano.

UNITÀ 18

2

A

● Studio del professor Ferrari, buongiorno.
○ Buongiorno. Qui è Blarzino del comitato organizzativo della Conferenza sugli effetti dell'inquinamento industriale sui cardiopatici. C'è il professore?
● No, mi spiace. Il professore è già andato via. Tornerà nel pomeriggio.
○ Lo trovo a casa?
● No. Purtroppo aveva un impegno per il pranzo, ma se vuole può dire a me.
○ Allora, guardi. Il professore dovrebbe aver ricevuto già da tempo un invito per questa conferenza che si terrà a Genova mercoledì prossimo. Mi dovrebbe gentilmente confermare o disdire la sua partecipazione a qualunque ora e al più presto allo 010/25.31.47.
● Quarantasette... D'accordo. Riferirò il messaggio.
○ Al più presto, mi raccomando...

B

● Tu lo sapevi che Carlo e Antonella si sono separati?
○ Come???
● Mhmh. Carlo e Antonella si sono separati... Lei si è messa con un altro... Ma scusa, credevo che tu lo sapessi, credevo che tua sorella e Carlo ancora fossero in contatto...

○ Sì. Cioè, no... qualche volta si telefonano, ma insomma! Non credo che per una cosa così uno telefoni alla sua ex...
● Beh, ora glielo dovrai dire tu a Betta...
○ Già... ne farei volentieri a meno.

C
● Geofonia, buonasera.
○ Buonasera. Posso parlare con la signorina Mattei, per favore?
● Chi la desidera?
○ Sono Giulia Rocchi.
● Mi spiace ma la signorina è già andata via. Vuole lasciarle un messaggio?
○ No... no, grazie. La richiamo io stasera a casa sua. Grazie.

D
● Giuliana! Giuliana!
○ Dario!... Che sorpresa... Come stai?
● Bene.
○ E che fai da queste parti?
● Sono venuto per un lavoro... e tu? Come va?
○ Bene, bene. Noi abitiamo qui dietro, lo sai, no?
● Sì, sì, certo.
○ Bisogna che una sera tu e Betta venite a trovarci. Venite a cena, magari...
● Sì, ma intanto venite voi da noi. Mercoledì è il mio compleanno e ci saranno anche Giorgio e Lisa...
○ Eh... ne devo parlare un attimo con Marco, non lo so. Però te lo faccio sapere domani stesso... e Betta come sta?

E
● Beh, allora ci vediamo domani alla solita ora.
○ OK. Ah! A proposito, ma tu come fai a venire?
● Come "come faccio a venire"?
○ Eh, domani c'è sciopero degli autobus.
● È vero! Stasera chiedo un passaggio a mia sorella.

5

A
● Domani non potrò venire. Sai, poco fa mi ha telefonato Armando e mi ha chiesto di accompagnarlo alla stazione.

B
● E allora vieni o no?
○ Ma dove? Ancora non me l'hai detto.
● Ma sì, andiamo a mangiare una pizza... a Trastevere.
○ Non lo so... Sono un po' stanco e devo finire tutto questo lavoro.

C
● Robi, ti posso chiedere un favore?
○ Sì, certo. Dimmi.
● Non è che potresti dettarmi questo testo, così faccio prima?

D
● Pronto?
○ È la pizzeria "Il forno di campagna"?
● Sì, dica pure...
○ Volevo ordinare due capricciose e una napoli da portar via...
● Va bene... due capricciose e una napoli... tra dieci minuti, va bene?

E
● Ma ti rendi conto che Grazia ha avuto il coraggio di telefonarmi ancora? Dopo quello che ha combinato

l'ultima volta! Che perlomeno abbia il buonsenso di sparire!!!

10

[Il primo dialogo è trascritto in *Uno, Libro dello studente*, p.211.]

A
● Mi voleva vedere signor Gianni?
○ Sì Katia. Siediti un attimo. Ho appena ricevuto una telefonata da un certo signor... aspetta... sì, ecco: signor Giacchini, Furio Giacchini. Dice che è venuto questa mattina e che lo hai servito tu...
● Ma signor Gianni... stamattina sono entrati perlomeno sei o sette signori...
○ Questo signore ha chiamato per protestare con il proprietario del negozio perché dice che è stato trattato in modo... aspetta, me lo sono scritto... ah, sì, ecco... "in maniera inequivocabilmente inadatta allo stile e alla fama del nome e del marchio" che noi rappresentiamo...
● Ma sì! Aspetti... forse ho capito chi è... È quel signore strano che voleva i mocassini neri e poi quelle altre scarpe, quelle con i lacci e poi...
○ D'accordo. Va bene. Allora è vero che è venuto. E perché sarebbe stato trattato male? Sono tanti anni che lavori qui da noi...
● Ma signor Gianni, io non ho fatto nulla per offenderlo. Era un signore proprio strano... Prima voleva una scarpa nera numero 42, ma non gli entrava e allora gli ho preso il 43, ma poi ha detto che erano troppo care e io gli ho preso quel modello color sabbia, quello più conveniente, ma non gli piacevano nemmeno quelle. Poi ha scelto un altro modello con i lacci e allora gli ho preso direttamente il 43, ma lui...
○ Ma lui... ma lui... Lui sostiene che non abbiamo abbastanza varietà di modelli e poi che non abbiamo tutti i numeri... insomma: dice che il servizio è scadente e i prodotti anche!
● Ma no, signor Gianni. Non deve preoccuparsi, il fatto è che che quel signore è molto strano... è un po'... criticone, ecco. È uno che non riesce mai soddisfatto da un negozio... è un po' pignolo...

B
□ Sei tu, Katia?
● Sì, mamma.
□ Come stai? Come mai così tardi?
● Non me lo dire! Per favore... mi ha chiamato il signor Gianni.
□ È successo qualcosa?
● No. Niente di grave. Tutta colpa di uno che è venuto stamattina e non è rimasto contento...
□ Ma chi? Un cliente?
● Sì. Un pazzo furioso...
□ Un pazzo?
● Ma sì. Ti giuro mamma che era completamente matto. Uno psicopatico. Prima voleva delle scarpe, poi avevano il tacco alto, poi erano care, poi ne voleva altre ma il 42 non gli entrava e gli ho portato il 43... ma no! Erano care! Allora gliene ho fatte provare non so quante altre e ce n'era sempre una! Sempre una! Alla fine volevo portargli il 43 e si è messo a urlare che lui, lui ha il 42!!! E invece no! Ti giuro che ha il 43 e infatti... il 42 non gli entrava e allora sai che ha fatto? Si è messo a dire che non eravamo seri e poi dopo ha telefonato al direttore per lamentarsi...

C
■ Fernanda? Fernanda? Sei in casa?

△ Sì Furio. Sono qui in cucina. Ma cos'hai fatto?
■ Sono molto infastidito, sai?
△ Perché? Cosa è successo?
■ Sono andato a comprarmi un paio di scarpe e sono capitato nel negozio peggiore della città!
△ Ma...
■ No. Non cominciare a contraddirmi, eh? Ora per prima cosa telefono al proprietario del negozio... Ma cosa crede? Quella strega maleducata la deve pagare...
△ Ma quale strega? Di chi stai parlando?
■ Della commessa, no? Una ragazzetta indisponente che si è messa a discutere con me! Quella maleducata! Lo sai che mi ha detto a un certo punto? Che se ho un piede come un elefante non è colpa sua! Che improvvisamente il 42 non mi va più bene, che porto il 43! Come se non dipendesse da quelle brutte scarpacce che vendono loro... ma ti rendi conto? Un elefante! Io!!!

15

● Alla cena di Fabbri ci saranno state su per giù cinquanta persone.
● Non ti preoccupare, ho valutato attentamente i pro e i contro.
● E va bene, fa come ti pare, ma dopo non dirmi che non ti ho avvisato.
● Chi se la sentirebbe di approfittarne, in quella situazione?
● Per alleviare il bruciore le ho fatto degli impacchi.
● Il capufficio ha fama di dongiovanni.
● Guarda bene anche in soffitta, qualche cosa deve essere rimasta.
● Ciò detto, è uscito sbattendo la porta.
● Ma mi faccia il piacere!
● Qui stiamo stretti, e abbiamo bisogno di spazio per lavorare.

UNITÀ 19

4/5

● Hai letto ieri sul giornale di Jack lo squartatore?
○ No, ma su quale giornale era pubblicata questa notizia?
● Eh, sul "Messaggero".
○ Ah no, io leggo il "Corriere della Sera". Che... che c'era scritto?
● Eh, finalmente hanno... finalmente, insomma, dopo cento anni hanno scoperto la sua vera identità.
○ Ma Jack lo squartatore quello... noto, diciamo?
● Sì sì, quello noto, quello del... del secolo scorso.
○ Ah! Quindi morto e sepolto.
● Infatti. E hanno scoperto chi era, che era un... commerciante, insomma, una persona... non, non uno di questi famosi... eh, si era parlato addirittura di parenti di Churchill, o discenden... legati alla casa reale che erano sospettati, invece questi praticamente...
○ Uno qualunque, quindi.
● Sì, questi li hanno scagionati e... e niente, questo era un commerciante, era un tipo strano perché, insomma, andava spesso in bordelli, si drogava, insomma, proprio qualunque non era, però hanno ritrovato...
○ Ma l'epoca esatta l'hanno definita? Più o meno come...
● Sì, un... più o meno un secolo fa, qualcosa di più.
○ Mh.

● E niente, hanno... praticamente hanno trovato il suo diario. Nella sua casa, nella sua ex-casa, hanno ritrovato il suo diario dove lui fedelmente trascriveva tutte le prostitute che ammazzava, ne ha ammazzate cinque, e... e la cosa buffa, però, dell'articolo, era che praticamente questo tipo, eh... la moglie l'ha ammazzato, cioè è morto ucciso dalla moglie...
○ Ah.
● ...per cui proprio...
○ Ma il diario è autentico o è la solita cosa...?
● No no no, pare che sia autentico e... anzi, poi uscirà un libro, faranno un film, insomma, tutta una cosa del genere su questa vicenda...

7

● Formentini è il nuovo sindaco di Milano. Secondo i sondaggi della Doxa il candidato leghista avrebbe ottenuto il 57,1 per cento dei voti. Dalla Chiesa fermo al 42,9 per cento.

○ A Torino capovolto il risultato del primo turno: Castellani batte nettamente Novelli.

● Testa a testa a Catania: secondo il primo sondaggio exit poll, sarebbe leggerissimo il vantaggio del candidato repubblicano Enzo Bianco sul retino Claudio Fava.

○ Brivido per il papa a Foligno. Un polacco di 33 anni con un pugnale nello zaino fermato tra la folla dai carabinieri.

● Vertice di Copenaghen. I capi di Stato e di governo europei si riuniscono oggi. La Cee si rassegna alla spartizione della Bosnia.

○ Somalia. Caschi blu in attesa. La parola alla diplomazia.

● Tragico fine settimana sulle Dolomiti di Brenta. Un alpinista morto e otto feriti a causa di una frana, forse provocata da altri escursionisti.

○ Lo sport. Tennis: al via il torneo di Wimbledon tra le incertezze dei pronostici.

11

● Allora, parliamo un attimo di mezzi di informazione, mh? Quali sono i mezzi di informazione che voi seguite normalmente, TV, radio, giornali, mh? Fabrizio?
○ Mah, per una conoscenza diretta della notizia pura e semplice magari la televisione, perché è più immediata, è più... è più veloce. Se poi, invece... uno vuole...
● Qualsiasi canale televisivo? O preferisci...
○ Mah, sì, più o meno sì, penso che i canali RAI o quelli Fininvest per... siano uguali per questo. Poi magari per una conoscenza più approfondita della notizia, per una fase di commento, magari i giornali sono più... più utili perché la notizia viene, così, esaminata più in profondità.
● Mhmh. E che giornali leggi tu?
○ Mah, il "Corriere della Sera", "La Stampa", sono quelli che preferisco.
● Mhmh. Raffaella?
■ Dunque, io, eh, tutte le mattine praticamente sento il giornale radio, su Radio 2, il secondo canale della radio, perché, insomma, è il momento in cui sto in

cucina, faccio colazione, mi fa piacere. Spesso sento le... così, il sommario delle notizie, poi passo a un altro canale, invece, il terzo, sempre della radio, dove si leggono i giornali e si dà una panoramica, così, dei giornali della mattina, per cui, così, mi interessa, anche un po' i punti di vista diversi...

□ Ma solo la mattina la senti?

■ Sì, la mattina. Eh, spesso...

□ Anche in macchina?

■ No, mai. No, perché, vado al lavoro a piedi, praticamente, quindi... Talvolta, comunque, anche, per esempio, all'ora di pranzo, sempre la radio. La televisione la guardo molto poco, i telegiornali li trovo... eh, non so, faccio fatica a seguirli perché...

□ Beh, sì. Poi io... io anche da quando lavoro, per esempio, i telegiornali non... non li vedo praticamente più. Posso vedere quelli della sera, ma poi uno non sa mai se sono... così attendibili, alla fine c'è anche questo problema, perché ultimamente, siccome, c'è l'informazione pubblica che... insomma, è un po' gestita dai partiti e allora, hai sempre paura di sentire notizie un po'... distorte.

▲ Bisogna dire che, mh, i radiogiornali riescono sempre a essere sempre più sintetici...

● Mh.

▲ ...mentre invece i telegiornali sono molto lunghi, ti distrai, eccetera, con la radio riesci ad avere più...

■ Sì, infatti questo è proprio il mio problema, io mi concentro sull'immagine e non sento più la notizia, per cui alla fine...

□ Invece io uso il telegiornale come un radiogiornale, perché...

● Non lo guardi...

△ ...accendo la televisione e vado a fare un'altra cosa, ed è l'unico momento in cui mi posso un po' informare, anche perché non amo affatto, purtroppo devo confessarlo, leggere i giornali...

○ Ah.

△ ...per cui se mi pia... cioè se ho tempo, mh, per leggere qualcosa preferisco prendere un libro in mano. Infatti non ho mai capito come fanno quelli che comprano due, tre quotidiani, soprattutto, per esempio, d'estate, in vacanza, fanno tutti i paragoni degli articoli, cioè io...

○ Sì, in effetti ci vuole un po' di tempo per leggerli...

△ Sì, sì, e poi, non... devo dire... che... preferisco appunto soltanto avere la, la notizia diretta, così.

■ Però...

△ Mi piace anche quella della radio, scusa, mi piace anche quella della radio, però ho poco tempo, diciamo, per ascoltarla e quindi giusto la sera accendo...

● Ahah. E che quotidiani leggete?

▲ Mh, sì, infatti volevo dire che, mh, forse l'unico modo però per approfondire un argomento, per saper-ne un po' di più su un tema particolare che ti sta a cuore...

● Certo...

▲ ...sicuramente il giornale è l'unico modo, per farlo. Io leggo più spesso "la Repubblica" perché ha, diciamo, tutta la parte dedicata allo spettacolo, al cinema fatta molto bene, con dei bravi giornalisti, quindi mi piace leggere le loro opinioni, le critiche dei film...

● Mhmh...

▲ ...eccetera, quindi più, in questo senso mi, mi sod-disfa di più il quotidiano.

□ Io leggo il "Corriere della Sera", perché, un po' per tradizione, perché, insomma, l'ho sempre letto, fin da quando ero piccolo. Secondo me il giornale è un fatto molto di abitudine, di... anche di abituarsi al... formato e alla... alla tipografia, proprio, diventa un'abitudine,

una cosa che ti accompagna nel corso degli anni, per cui è difficile poi cambiare radicalmente e passare a un altro giornale. Leggo il "Corriere della Sera", anche perché poi tra l'altro mi sembra, forse, tutto sommato ancora un po' il giornale più autorevole che ci sia...

● Mhmh?

□ ...in Italia, per cui mi piace sapere che quando leggo una notizia quasi certamente... è una cosa vera e non è stata scritta per magari prendere qualche lettore in più. È fondamentale.

● Mhmh...

■ No, però a volte, per esempio su alcune notizie di impatto forte, io sono abbastanza incuriosita e vado a cercarmi invece l'opinione, diciamo, controcorrente, e allora magari prendo "Il Manifesto" o qualcosa... perché bene o male uno sa qual è l'impostazione del giornale, la tendenza, per cui in qualche modo già prevede anche che tipo di taglio dà a certe notizie. Non lo so, a me piace un po', così, anche seguire una... la polemica in qualche modo, nel senso che sento diverse campane o... cose del genere. Non so, io, non compro... tutta la settimana non compro mai, quasi, lo stesso giornale, perché, eh...

□ Ti piace variare?

■ Sì...

○ No, anch'io sono abbastanza affezionato. Ma soprattutto è un fatto proprio di... abitudine visiva. Cioè, ad esempio, "La Stampa" ha un impostazione grafica, eh, molto, molto limpida, molto netta, per cui è molto facile da leggere, altri giornali invece non riesco proprio ad abituarmi...

12

● Tra pochi giorni ci sarà un'eclissi di sole.

● La polizia ha fermato due sospettati per la rapina all'esattoria comunale.

● Per ma va tutto bene, tranne il diagramma riassuntivo.

● Fa malissimo a trattarla con tanto disprezzo.

● Fonti ufficiali affermano che non ci sarebbero vittime nell'attentato di stamani.

● Tu sai come divento quando sento certe stupidaggini.

● Sarebbe meglio soprassedere e prendere tempo, se siamo tutti d'accordo.

● Continua a credere a certa gente, e vedrai.

UNITÀ 20

1

A

● Eh, scusi, dovevo fare un versamento.

○ Sì, guardi, uno di quei moduli sul tavolo in fondo. Poi va in uno qualsiasi degli sportelli aperti.

● Grazie.

B

● Mi scusi, per fare un prelievo, va bene qui?

○ Sì. Mi fa un assegno o vuole un modulo per cassa?

C

● Certo che è proprio incredibile! Mezz'ora di fila per una raccomandata!

○ Ma guardi che per le raccomandate deve andare a quello sportello laggiù, che è libero. Qui si pagano i conti correnti.

● Beh, potrebbero pure scriverlo!

D
● Mi dà un modulo per raccomandate?
○ Ecco. Vuole anche la ricevuta di ritorno?
● Sì, forse è meglio.
○ Allora tenga. Deve riempire anche questo.

E
● Senta, io dovrei mandare dei soldi all'estero. Come posso fare?
○ Eh, guardi, può fare un vaglia internazionale, chiedere un assegno in valuta alla sua banca e spedirlo, o fare un bonifico.
● E cos'è più veloce?
○ Se lo fa tramite banca, non lo so... deve rivolgersi alla sua banca. Se fa un vaglia ci vuole circa una settimana. A meno che non faccia un vaglia telegrafico.

F
● Eh no senta, più di cinque non può. Deve rifare la fila.
○ Come sarebbe a dire?! Per fare due raccomandate e pagare sei conti correnti devo fare tre volte la fila? Ma uno non può mica perdere tre ore così!
● Lo so, lei ha ragione. Ma anch'io è mezz'ora che aspetto per pagare una sola bolletta.

G
● Volevo fare la denuncia che mi hanno rubato la macchina.
○ Ma è sicura?
● Beh, era parcheggiata qui dietro, in via della Stelletta.
○ Ha provato a chiedere ai vigili al terzo piano? Vada a vedere se per caso non gliel'ha portata via il carro attrezzi.

H
● Per fare il permesso di soggiorno come devo fare?
○ Per lavoro?
● No, per coesione familiare. Mio marito lavora qui.
○ Deve venire qui la mattina con due foto, un foglio di carta da bollo da quindicimila e il passaporto valido, insieme a suo marito. Le consiglio di venire molto presto. Gli uffici aprono alle otto, ma la fila comincia alle sei.
● E ci vuole molto?
○ Dipende. Se arriva presto, no, ma se viene alle otto finisce all'una.

UNITÀ **21**

4

● Dunque, si sono ammucchiati parecchi anni da quel lontano 1941, dal gennaio del '41, quando rimasi appiedato nel deserto. Perché...
○ Dov'eri?
● Ero... ero a... nei pressi di El Ageila, che in arabo significa La Maledetta.
○ Ahah.
● Ed eravamo in ritirata, cioè era la ritirata che è chiamata, cosiddetta, "secondo fugone". Gli inglesi alle spalle...
○ Ah.
● ...ci, ci incalzavano, io ero con la divisione "Pavia", e a un certo momento, vero, ero già tornato da un lungo viaggio sbagliato, che avevo fatto, proprio, dalla ritirata. Avevo fatto già mille chilometri all'andata, dovetti rifarne altri mille al ritorno. Quando ebbi, ebbi, avemmo l'ordine di, di ripartire per una, per una località ignota...
○ Mhmh?
● ...nel deserto, nel deserto, della, di, libico...
○ Sì.
● ...nel deserto libico, nei pressi di El Ageila, come ho detto... della Sirtica. Dunque allora, eravamo partiti, dovevamo trasferirci quindi da Agedabia in questa località desertica. Partimmo, io non, non... Facevo parte di una colonna composta di, di sei autobus...
○ Mhmh?
● Sei camion.
○ Camion.
● Sei camion. A un certo punto, è vero, in mezzo, proprio in mezzo al deserto, io mi fe... la colonna si fermò. Io comandavo un camion, ogni ufficiale, eravamo sei ufficiali, comandavamo ognuno un, un camion.
○ E che è successo?
● Successe che io, allora, la colonna si fermò, siccome non avevamo scritto a casa da parecchi, parecchi, da parecchi giorni, mancavano notizie perché eravamo, come dicevo, in ritirata, io pensai di scrivere una cartolina a mia moglie, alla mia famiglia. Scrivere... volevamo... Vidi... c'era un'indicazione, ufficio... ehm... posta ehm... ufficio postale numero tale.
○ Sì.
● Anzi si chiamava, veramente si chiamava posta militare numero tale, il numero non me lo ricordo. Allora io ho detto, "Adesso la colonna si è fermata, io scendo un minuto, scrivo la cartolina, 'Tanti saluti, sto bene' e basta, che non è che si poteva dare notizie di dove eravamo.
○ E pensavi di risalire subito e ripartire.
● E pensavo di ripartire subito, e vedevo a distanza, vedevo a distanza questi sei... e tenevo, tenevo l'occhio pure a, a questa distanza di due trecen... un paio di centinaia di metri, sarà stato, di questa piccola colonna di sei camion. A un certo momento, mentre stavo scrivendo la cartolina, avevo finito di scrivere, mi voltai, vidi che la colonna di camion non c'era più.
○ E come hai fatto?
● Allora mi sono allarmato, ho detto, "Ma dove è andata a finire? Forse mi sarò sbagliato." Perché in quel momento, è vero, proprio in quel momento la sfortuna volle che si era alzato un ghibli terribile, si era...
○ Il ghibli? Sarebbe?
● Il ghibli, si era alzato il ghibli, cioè un, un, una tempesta di sabbia.
○ Ah, il vento del deserto.
● Il vento del deserto, che alzava tutta... "Allora", dissi io, "si vede che non ci vedo più io", perché... perché c'era di mezzo questo ghibli...
○ Certo.
● ...allora a tentoni sono tornato nel punto, saranno stati duecento metri, cento metri, mah, non... cominciai a perdere l'orizzonte, non c'era più, gira e rigira, non...
○ Erano spariti.
● Erano spariti.
○ Partiti.
● Spariti nel nulla, erano partiti. Allora io dico, "Come faccio adesso qua?" Ero sceso dal camion, così, col pastrano, che era d'inverno, era il mese di gennaio, come ripeto, del 1941, io sono sceso senza niente...

○ Avevi solo il cappotto.

● Il cappotto, avevo un cappotto e basta, e non mi ricordo neanche...

○ La valigia?

● Macché valigia! Avevo lasciato... ma non esisteva più valigia, perché era, eravamo in ritirata, avevamo perso tutta la roba e andavamo in giro da soli, così, senza niente, naturalmente in quel periodo non si dormiva, si dormiva per terra, non ci si cambiava, si mangiava quello che si trovava, insomma, non, non, un pasticcio. Erano stati... E a un certo punto vado là, non c'era, non c'era più nessuno. Allora io mi sono visto perduto. Sono tornato in questo, a questa posta militare, ho detto, "Scusi sa", dissi al comandante della posta militare, "io sono rimasto così e così, mi è capitato questo, vuol dire che adesso poi riprenderemo contatto col mio reparto, con la mia sezione di Sanità, e ospitatemi voi." Dice, "Guardi, se si tratta di mangiare, vi diamo, le diamo qualche galletta, gal... un pezzetto di pane, qualche sca... e una scatoletta di carne, ma se si tratta di bere, assolutamente non se ne parla".

○ Come mai?

● "Perché, perché l'acqua è razionata, ogni soldato ci ha mezzo, mezzo litro d'acqua al giorno che deve lavarsi, deve bere, deve fare, quindi non c'è niente da fare, e non troverà nessuno che è disposto a privarsene perché... è una questione..." E allora dissi, "Come faccio adesso", allora dico io, "a mangiare senza bere? E allora preferisco non mangiare per niente e stare a digiuno, perché se tu mangi ti viene la sete, no?" Naturalmente, io...

○ Certo.

● ...rimasi. E passò il primo giorno. Ma io, dopo il primo giorno, ritornavo sempre con la speranza di..., che in quel punto, dove, dove m'avevano lasciato, ripassasse qualche camion di quelli che m'avevano lasciato. Ritornavo sempre lì.

○ Certo.

● Naturalmente, con gli occhi tutti arrossati, la, la – si può dire? – la bocca tutta arsa, tornavo lì e passò la prima notte. Passò la ..., era passata la prima notte dormendo per terra, naturalmente...

○ Certo, certo.

● ...perché, come t'ho detto, non è che, che c'era altra possibilità in quel periodo. Il primo giorno, passò il primo giorno, non trovai, non passò nessuno lì, in quella piccola pista, perché era una piccola pista dove c'è la diramazione delle vie...

○ Nel deserto.

● Il, il secondo giorno non passò nessuno. "Accidenti allora, qua il terzo giorno mi tocca denunciare la mia presenza...

○ Certo.

● ...al comando generale di divisione, perché sennò mi...

○ Eri come disertore.

● ...mi dichiarano disertore. Non mi vedono arrivare, 'Questo se n'è scappato, è andato, non si vede'...". E feci dare la comunicazione che io ero al tal posto, alla posta militare numero tale, che ero smarrito, senza, non sapevo dove stare, se mi potevano far sapere dove si trovava il mio reparto. Combinazione però volle che il terzo giorno a mattina...

○ Sì.

● ...il terzo giorno, dopo aver fatto 'sta comunicazione, cominciai a vedere che c'era una specie di nuvolaglia...

○ Sì.

● ...e io capii subito, "Qua va a finire che piove,

dopo, dopo cinque sei mesi che non piove", perché non piove quasi mai lì...

○ Certo.

● ...nel deserto non piove. Allora io ebbi l'avvertenza di dire ai soldati,"Fate presto", cioè ai soldati che stavano lì, "mettete tutte, tutte le vostre gavette, i vostri recipienti, metteteli sotto le tende, perché adesso scenderà l'acqua, pulisce tutte le tende, naturalmente, e scende l'acqua".

○ Sì.

● "Poi non facciamo altro che raccogliere l'acqua, io sono chimico farmacista, quindi so come debbo fare, la debbo filtrare..."

○ Purificarla?

● Purificarla. "Se voi ci avete lo Steridrolo, non lo so, che, che possiamo fare", dissi io... Oh. E allora cominciò un acquazzone tremendo, lì, capito, successe quasi una specie di miracolo...

○ Sì.

● Scese quest'acqua, venne raccolta quell'acqua sporca, io allora la feci filtrare con un po' di cotone, qualche altro mezzo, un fazzoletto...

○ Sì, sì...

● ... non so, la feci filtrare, e poi la feci bollire per tanti minuti, per renderla sterile.

○ Certo.

● Così poi dissi, "Adesso con quest'acqua", dissi ai soldati, "fateci, fatemi un caffè, prima di tutto. Perché dopo due giorni e mezzo che..."

○ La prima cosa un caffè.

● La prima cosa, "e poi dopo datemi un pezzetto di pane e una galletta". Il terzo giorno, mentre mi trovavo lì a confabulare con questi, ogni tanto ritornavo nel punto...

○ A vedere.

● ...dove dovevano passare le macchine...

○ Ahah...

● ...perché c'era un punto dov'era quasi obbligato...

○ Sì sì...

● ...dove dovevano ripassare le macchine, non è che si poteva...

○ Ho capito...

● ...perché sono le cosiddette piste, che ce ne sono poche...

○ Sì.

● ...però si sapeva che le...

○ È lì.

● ...che l'automobile può passare, il camion può passare soltanto sulla pista...

○ Sì sì sì.

● ...non può passare in mezzo alla sabbia che circonda il deserto. Ripassò proprio questo comandante di questa colonna, che era un certo capitano Cipolla. Io benché ero tenente, naturalmente, lo investii di male parole...

○ Beh...

● ...e io non so com'è che questo non mi ha denunciato.

○ ...eri abbastanza arrabbiato.

● Non so come fece a non denunciarmi. Gli dissi, "Ma insomma" gli dissi, insomma gliene dissi di tutti i colori. "Mi avete abbandonato, mi avete lasciato." E così, "Eh", lui disse, "io non sapevo niente, a me mi avevano dato l'ordine di partire, a un certo momento avevo detto cinque minuti, sono partito, che ne sapevo tu che stavi in un altro camion".

○ Certo.

● "Ma il soldato che stava là, non gliel'ha detto il caporale?" "Non mi ha detto niente nessuno, sa, in questo caos, che, che ci... è un caos..."

○ Una confusione.

● ...una confusione. E così...

Finito di stampare
dalla TIBERGRAPH s.r.l.
Città di Castello - Maggio 2001